日常からみる周縁性

ジェンダー、エスニシティ、セクシャリティ

李恩子

関西学院大学研究叢書　第 233 編

三一書房

まえがき

　何年か前にある在日3世の若手の研究者に出会った。「専攻は？」と聞くと「在日朝鮮人史」だという。そのように自らの研究を特化し自負することに驚いた。というのも、戦後の日本で日本人や在日朝鮮人による研究は植民地期を中心にした近現代史であり、政治学としての韓日関係、あるいは歴史学としての韓日関係史が中心だったからだ。もちろん、在日朝鮮人史といえども朝鮮半島の歴史や政治から離れて研究することは難しい。しかし、このように単一の領域としての「在日朝鮮人史」を自負するかのようにして答えるその研究者が何かまぶしく感じられ、世代交代の時代になったと実感した。一方で「在日」に関する書物や研究書は多岐にわたり韓国でも日本でも増えている。これまでも「在日」による文学や自己史、そしてエッセイなどは随分早くから出版されてきた。その多くは「在日」の置かれている状況がそうさせるのだろうが、日本社会の差別問題や自らの差別経験の話が多い。差別のことを書いても書いても変わらない日本社会の中で、さらに植民地主義の問題や差別についての書物は必要なのかと自問自答しながら本書の原稿を書いてきた。

　本書は在日2世世代の私が日本、米国そして、韓国での人びととの出会いと経験から思考してきたものをまとめたものである。発刊にあたって書きおろしたものと既発表の論考から構成されている。それぞれの体験を事例として日本社会を再考するというのが出版目的の1つである。手法としては副題にあるジェンダー、エスニシティ、セクシャリティに関連する理論から経験や記憶を分析する研究書としての体裁を取ることはしなかった。理由は私の能力不足もあるが、私にとって「在日」として生きることは研究でも社会運動でもないからだ。翻っていうと私にとって「在日」として生きることそれ自体が研究／思考であり運動である。

　私は米国でキリスト教社会倫理学という分野で学位を得た。しかし、

博士論文にはキリスト教的なアプローチではなく、歴史としての在日朝鮮人差別、すなわち日本型レイシズムを天皇制イデオロギーと繋げて書いた。ただ、そのテーマを更に深めることはしてきていない。結果として中断したままとなっている。今回、原稿と格闘する中で、キリスト教や宗教学の枠で私の問題意識をさらに広げて表現活動ができたのではないかと思いつつ、後悔とともに啓示のようなものを得た気がする。

　本書を手にした人はすぐわかるだろうが、各論稿の根底にある問題意識は在日朝鮮人の経験から日本の近現代を問うというものである。しかし、その構成は想定する読者やテーマも違っていて整合性がない。一方、違う場での既発表論考は重複する内容のものとなってしまった。これは、「在日２世女性」として生まれ育った私の問題意識の「雑居性」の反映なのかも知れない。違う言い方をすれば在日朝鮮人として他者化された重層的な差別から解放され、自由になるためには知り得たいことが多いためだからともいえる。様々の主題に対する私の関心は結果的には、昨今アカデミックな領域でよく言われる学際的な視点と関心への発展的につながるものの、広範囲にまたがる領域やトピックスへの関心は、良く言えば学際的だが、常に中途半端な結果になる危険性を伴ってきたのではないかという自戒の思いがある。

　在日１世は、がむしゃらに働くことで辛うじて家族を養い、子どもたちには何とか教育の機会だけは与えたい、そうすることで子どもたちには自分たちと同じような運命を生きなくてすむ「原資」のようなものが与えられると信じた。しかし、私たち２世の時代はまだ高等教育を受けても自らの夢を追求する機会は限られていた。しかも、自己実現に向けて走り出す勇気は内面化した差別の結果、だれもが持ち得るものではなかった。仮に持ちえたとしても、日本社会で朝鮮人が活用される機会はほとんど閉ざされていた時代だった。

　私は勇気があって渡米したのではなく、追い詰められてというのが実

際である。計画性もなく無我夢中に生きてきたが、たまたまそういうことが功を奏し現在の職に就けたにすぎない。

　本書は構想してきた内容を時間的制約から変更せざるを得なかった部分もある。しかも、既発表の論考は時間的に随分前のものもある。特に第6章は関東大震災80周年を迎えた時に書いたもので、すでに20年も前の論考である。しかし来年100周年を迎えるにあたって、事の本質を理解するために改めて考えてみたいと思った。また、関東大震災時における日本政府・行政の対応は20年前よりさらに後退していることに最近特に危惧を覚えているからだ。東京都知事が小池氏になってからは、朝鮮人虐殺の犠牲者を追悼する慰霊祭への追悼文すら寄せられなくなった。そのことが右派を「勢いづかせる」政治的アピールになっているのではないだろうか。被害者そしてその遺族に思いをはせるためにも意味があると思い、今回収録した。

　本書は、こういったことも含めて、私の問題意識の根底にある、周縁から社会を見るというテーマに沿ったものとなったと思う。

　構成予定の変更の一番大きい部分はジェンダーについての章立てをすることができなかったことだ。しかし、本書はすべてに亘ってジェンダーの視点に依っていると思っている。それは男女の性役割の問題やそのアイデンティというものではなく、私にとってのジェンダー視点は具体的なコンテキストの中で、最も抑圧されている個人や集団の視点から社会、そして諸々の関係性を見ていくということである。それは、日常の中の権力関係を常に流動的であるという視点であり、「男女」や「民族」を越える立ち位置だと思っている。

　＊本書で使われている「在日」、朝鮮人、韓国人など全て日本の植民地時代に渡って来た人々の末裔を指している。

目　次

I部　アイデンティティをめぐる物語

第1章　名前とアイデンティ

名前は人格権の1つか

　夫婦別姓（戸籍に両姓記載登録）法案が与野党間で合意が得られないため国会で通過しない。そんな現状の中で、2015年夫婦別姓を求める訴えに対し、初めての最高裁判決が出た。最高裁は、夫婦間で1つの名前が合憲だとした。この判決を受けて、夫婦別姓問題についての論文や論説が近年増えている。

　日本には婿養子という制度があるため、結婚で結ばれた夫婦はどちらかの姓を選んで、戸籍に登録することが、戦後まもない1947年に、認められるようになった。しかし、妻の姓で登録するケースは、未だ4％ほどと非常に低い。この裁判では、原告側の主張の根拠は夫婦同姓が女性のアイデンティティを喪失させ、精神的、感情的不利益になるという点だった。最高裁は「名前を選び表現することは人格権の侵害に当たるものだと認めつつ、他の保護されるべき権利と比較して、補償されるべき強い権利ではない」などという理由から夫婦同姓使用は合憲だという判決を下した。

　私は、最高裁の合憲判決そのものや、女性側の姓を選択したケースが4％という数値の低さよりも、別姓を求める理由として精神的、感情的側面において悪影響を及ぼしかねないアイデンティティの喪失を挙げているのに驚いた。もちろん、そうした理由以外にも夫婦別姓をめぐっては、私なりに思いがあってこの問題がニュースに出て来る度にいろいろ思いめぐらすことがある。

　夫婦別姓を希望する女性たちの数の低さに表れているように、女性自

らが日本の近代に特有ともいえる「家制度」の精神や価値観を内面化している人は多い。その結果、夫婦同姓の問題は無自覚のまま1つの「当たり前」になっている。その現実に対し、参政権がない韓国人の私が日本における夫婦別姓の問題に対して、それを自分の問題としてどう向き合うべきなのか戸惑いのようなものがある。単純に普遍的ジェンダーの問題だから共闘すべきという結論を出していいのだろうか。言い換えれば、ジェンダー意識やフェミニズム思想に共鳴している日本人女性の中には、考え方において現在も続く日本の植民地主義が生み出している問題群に無関心な人が少なからず存在する。そのような人たちと手を携えて共に闘えるのか私には明確な答えがない。つまり、日本人女性、少なくとも女性学研究者たちは西洋のフェミニスト理論でいう race、gender、sexuality そして、class の問題の相互間の関係性を意識し、行動しているのだろうかという問いが私にはある。

　日本で生まれ育ち、日本人女性と類似する「女」の経験をしてきた者にとって、この社会の男性優位の文化的、制度的不平等に対する共通の怒りは私にもある。「嫁」という漢字が示すように女性は結婚後、夫の家に「入り」嫁の役割を担わされることも含め、夫の姓を名乗ることが期待されている。その期待は男性中心的な不平等なものである。だからといって、夫婦同姓が不平等だと主張するその主要な根拠や理由が、アインデンティティの喪失感による精神的打撃だと知ると、その喪失感なるものがどういうものであるのか当事者から聞いてみたくなる。つい、そう思わせるのは「女」というサブカテゴリーとしての女以外に朝鮮人という私の背景と立ち位置のためだ。

　私のゼミ生の中には親から引き継いだ姓を結婚後も継続して使いたいと話す学生も多い。しかし、アイデンティティの喪失と関係しているからだと説明した学生はいない。また、私自身も夫婦同姓が精神への影響をきたすとは考えたことがなかった。夫の姓を名乗るという行為が女性自らの

存在基点、あるいは、実存的意義に影響するのかは、当事者の声を聞いたことがないのでわからない。夫の姓を名乗ることで、夫の付属物になったような抵抗があるのは理解がいく。しかし、夫の姓を名乗ることが個人の存在の根拠であるアイデンティティの否定にまでなるとは、私には理解がいかないことだ。なぜなら、「旧姓」や日本人であることを隠す必要性はないからだ。また、旧姓をそのまま使い続けても法的、行政的な手続きはともかく、生活上の不都合はほとんどないのではと思う。配偶者の名前を強要される精神的苦痛より自己の朝鮮人姓を隠すという行為は、卑屈な思いや不安、自信喪失につながり精神に悪影響を及ぼす。その隠すという行為に迫られる状況に産み落とされたのが在日朝鮮人である。だからと言って在日朝鮮人のほうが日本人女性よりも精神的苦痛が重いと主張したいわけではない。

　精神的であれ、身体的であれ苦痛、痛みの感覚の度合いは、同じ経験をしてもその個々人によって違う。場合によってはその痛みは心の傷として残り、癒され難いトラウマとなる場合もあればそうでない場合もある。しかし、在日朝鮮人にとって朝鮮名で生きることは日本に住む限り、物理的にも精神的にも多分に不利益や苦痛の伴う選択である。朝鮮名を名乗ることでアパートの入居が不可能になるといった物理的な差別が起こるのは現在もままある。精神的な面では個々人に程度の差があるだろう。しかし、本名を隠すという行為からくるアイデンティティの動揺は、精神的圧迫となって誰であれ、そうする者の心を曇らせる。朝鮮人であることを隠さず本名で生きている者は、関係性が出来ている場合はともあれ、日常生活の中で名乗る度に、相対する日本人の反応や態度いかんによっては傷ついたり、気分を害したりと苦い思いをする。一方、日本人女性の場合、男女差別は不問に付しても日本社会で「日本人」という特権性は名前を変更しても享受でき、名前によって物理的不利益を被るような不愉快な事態は回避できる。日常生活において本名を隠すような行為は不要のため、自己否定

の感覚や偽りがばれるという不安感とは無縁に生きることができる。隠す行為には罪責感や卑屈な思いが伴う。そして、そういう思いは朝鮮人として原則的に生きていないという自責となり、そのことがまた自己を苦しめたりするのだ。逆に本名を名乗ることで、屈辱的な経験をする可能性は高くなるという隘路に置かれたような不条理が在日朝鮮人には存在する。アイデンティティの喪失は、制度的な排除や強要からではなく、他者からの承認がない時に自滅するような喪失感に襲われるように思う。入籍という制度を通して、1つの家族になるため「個」としての苦悩はこのような事態を引き起こすのだろうか。

　在日朝鮮人にとって名前にまつわる問題は、日本社会の民族的差別構造と結びついたものだ。この差別構造は言うまでもなく韓日の過去の不幸な歴史的関係の「清算」ができないまま、今日にいたっていることに因るものだ。その構造はその中に生きる在日朝鮮人にとって「個」のアイデンティティ形成に大きな影響を与えてきた。もちろん、日本人の子どもたちの中にもその姓や名前ゆえに、からかわれ、いじめられ傷ついた経験を持つ者もいるだろう。しかし、この場合、名前による個人への単なるいじめと、民族の違いによって生じる名前にまつわる外国人差別とは、差異化しなければならないだろう。その理由は、上述したように日本人の場合、名前変更などがその個人の属性、つまり、日本人としての「特権」まで奪うことはないからだ。また、その属性について否定的に扱われることもない。しかし、朝鮮人の場合、スティグマ化された「民族集団」ゆえに本名（朝鮮名）を隠したり、通名（日本式名）に変更したりすることは自己否定の意味合いを持ってしまうため精神の均衡を崩すこともありうる。

　加えて、在日朝鮮人の名前をめぐる複雑さは、「民族的」に生きようと思う人びとが、自分の名前を気にいらないから変えるということに覚悟が必要となる。つまり、「在日」にとって個の人生は、集団を背負っているかのような思いになりやすい。ヒロイズム的にコミュニティを背負うとい

う意味ではない。慢性化した、あるいは、変容して再生産される朝鮮人に対する実像とは違う否定的表象と社会差別が継続しているため、集団の置かれている歴史的状況を無視したり、それと分離して「個」を考えにくい状況にあるためである。私はこのような被差別の集団にアイデンティファイする事と、ナショナリズムとは区別している。また、名前だけではなく世代や国籍など在日社会の様相も多様になっている。しかし、日韓の歴史に向き合うことから自己肯定の道が開き自己解放につながる一歩になりうるため名前の問題は、在日朝鮮人にとって今後とも大きな課題だろう。

在米韓国人との比較から

確か1982年のことだったと記憶している。印象的な出会いがある。初めて米国に行った時のことだ。どういう経緯だったのか覚えていないが、在米韓国人3世の双子に会った。ここでいう在米韓国人とはコリアン・アメリカンを指している。この2人は親の代でカリフォルニア・ロスアンジェルスに引っ越してきた。祖父母はハワイに移民した人たちである。日系アメリカ人移民の歴史がハワイから始まったことと同様に、韓国系アメリカ人も1903年にハワイのプランテーションの労働者として移民したのがその歴史のはじまりといわれている。当時日本の朝鮮半島への支配が日ごとに強まる中、ハワイへ移民した韓国人の間でも植民地化に反対する活動があったという。しかし、日系アメリカ人研究には、そういう歴史的事実がハワイの移民社会の中で、どう作用していたのかという研究はあまりないようだ。

この双子の3世から祖父母が当時、ハワイでどのような経験をしたのかといったことを聞くことはなかった。双子の3世は、外見からすると白人や黒人とのミックスではない。朝鮮人というか東アジア系の顔立ちだ。しかし、言語や生活文化からだろう、顔の表情や身体の動きはステレオタイプ的に言えばアジア系アメリカ人である。2人のファーストネームは忘

れてしまったが姓はShinであった。3世代に亘ってコリアンの姓を名乗っ
ていることに驚き、何故かそのことが嬉しく今でもはっきりとその名前
を憶えているぐらいだ。Shinは漢字で書けば申か辛のどちらかであるが、
この2人はどちらなのかはわからない。彼らは片言の韓国語も解せなかっ
た。しかし、自分たちがコリアンであるということを気にする様子もなく
普通のこととして語っていた。日本社会での「在日」とは違う彼らのそう
いう自然な態度と語りに不思議な気持ちになった。日本では自然体でコリ
アンとして生きにくいからだ。

　朝鮮人であることを明示することの難しさの例として2つの事例を紹
介したい。1つは職場の関係者とある日、駅までの道を同伴した時のこと
である。話の途中で突然、「私の家族も朝鮮半島からの渡来人だ」と言っ
てきた。渡来人？　一瞬その言葉に頭が混乱した。確かに古くは統一新羅
の時代まで遡って朝鮮半島から日本に「渡来」し、住み着いた人はいる。
東京都にはそれに由来することから付けられた地名まである。それ以外に
も、16世紀の豊臣秀吉の朝鮮侵略時に連れてこられ、有田焼の礎になっ
た陶工たちの末裔についてはよく知られている。だが、この人のいう「渡
来人の家族」は日本の植民地時代に移住してきた人のことであった。つま
り、彼女は帰化した在日3世なのだ。でもそのようにはいわず祖先を「渡
来人」と結びつけて自己規定、自己紹介するのだ。おそらく同胞である私
に対しても朝鮮人という言葉を使いたくなかったのかもしれない。

　彼女は日本人の同僚には、先祖が渡来人であるなどとは話さないだろ
う。ましてや自分が帰化した元在日朝鮮人であることなどは言わないはず
だ。もう1つの例は学生たちと飲食に行った時のことである。ある学生が
「私のおじいちゃんが何かよくわからないけれど、朝鮮戦争の時にやって
きたらしい」という。朝鮮戦争の時にどこから来たとは言わないが、親は
在日の2世になり、本人は在日3世になることはわかる。ただ、本人は在
日3世と表明もしなければ自己規定もしていない。帰化しているので日本

人だと思っているのだろうがそれを聞くことはしなかった。変に追求でも
すると他の学生たちの手前、答えにくいだろうと思ったからだ。このよう
な私の「配慮」は、朝鮮人であることがタブーであるかのような社会的表
象を私自らが内面化しているからともいえる。上述したコリアン・アメリ
カンのように自ら韓国人としてのルーツにアイデンティティを見出し、そ
のことをオープンに語ることのできる米国の事情が特殊な例かどうかはと
もかく、そういう民族にまつわることをオープンには語れない様な空気が
日本社会には今も存在する。欧米系の白人の場合はともかくアジア系には
自らの民族的出自をオープンに語ることはそれなりに言う側も聞く側も神
経を使わざるを得ない。

　ポストコロニアルな状況が続いているために「あなたはコリアンなの」
と訊くのは本人がそう表明していない限り、それらしい「在日」の人にも
聞くことが憚られる不条理が存在する。

　この２つのケースには共通していることがある。２人とも私が韓国人
であることを知っているので、自分の民族的出自を話し出したことだ。そ
して、２人とも話す時に、なんとももじもじとして口ごもるように話して
きたことだ。これは何を意味しているのだろうか。学生の場合は朝鮮人が
タブー視化されている民族集団だと言われてきたことを自覚し、内面化し
ているのだろう。日本人はもちろん韓国から来た留学生たちも、このもじ
もじ感、ドキドキ感を共感的に理解することは難しいだろう。もう１つ考
えられるのは、生活の中でずっと日本名で暮らしているとしても、恐らく
家庭では祖父母が一緒に生活をしていて、料理などに朝鮮半島との関係が
分かる環境が残っており、「朝鮮人家族」であることを自覚しているとい
うことだ。あるいは、親から何らかの家族史を聞かされていて日本人では
ないことを知っているにもかかわらず、そのことを隠して生きざるを得な
いのだろう。だが、やはり、心のどこかでひっかかるものがあるのだろう。
だから私との会話で必ずしもその場で言う必要もないことを、突拍子もな

く言ってきたのだろう。おそらくその瞬間、彼女たちは私との関係や自身の葛藤から吹っ切れたものがあったに違いない。

　この2つの例から日本社会のアジア系外国人、とりわけ朝鮮人に対する圧迫感の様な閉鎖性を見るのは私の過剰な感受性だろうか。

　だがこれは在日の特殊な位置を教えてくれるものだ。つまり、日本人と類似する身体的特徴と植民地旧宗主国に住んでいること、そして、日本人の朝鮮人に対するアンビバレントな感情が名前や自らの Koreanness を明らかにすることを躊躇させている。明らかにする時ですら戸惑わせるのだ。私も60歳を過ぎても日常生活の中で自分の名前について考えなければならない状況によく遭遇する。これまでの名前の選択をめぐる私の過去も影響しているのだろう。

私の名前遍歴から見る問題提起

　在日の2世女性の場合、名前に○子と日本名をつけ、それを朝鮮語読みにするというケースが多い。3世以降は○子と最後の漢字が子で終わるのは少ない。日本人の名前も時代と共に変化し「子」で終わる名前は減っているように見える。「在日」の新世代は同化の結果やひと昔前に比べ手続きが容易になった帰化をして、日本籍を取り、日本名だけで生活する傾向にある。一方、「民族名」を付けたい思いからどちらの国の言語発音でもほぼ同じ音（読み）になる漢字を選ぶ工夫をするなどしている。

　韓国でも名前のつけ方に流行があるようで現在は音で二文字になる漢字が選ばれている傾向がある。このような変化もそうだが、それ以前からも、韓国に行くと私の名のように最後に子が付くのは日本式、植民地時代の遺制だと失笑されることがある。在日1世たちの動機はわからないが息子には家系の代ごとに廻ってくる漢字の1文字を付ける風習があるため、韓国名をまず想定して命名したという事が推量できる。しかし、娘は日本名を先につけ、韓国名は、敢て付けていないのではと思えるほど「○子」

というような名をもつ2世女性が多い。ジェンダー視点からみると娘は家系を継ぐ対象ではないので、朝鮮の名前を付ける必要性がないと考えていたのではと思う。

　日本名の発想で付けたのだろうと思われる顕著な例が漢字3文字の名である。たとえば、美智子、千代子、恵美子、真理子などだ。その漢字を朝鮮人としてのアイデンティティを回復するプロセスで朝鮮語の発音読みに変え、自分なりのKoreannessを証明しようとする人もいる。しかし、「子」の前に漢字が二文字、○○子という名前は朝鮮の名前としては明らかに不自然だ。というのは韓国では1か2字の漢字あるいは1か2字のハングル音の名前はあっても3文字はないため、3文字の名前は日本的つまり在日出身であることがそのことでわかる。にもかかわらず、朝鮮語の発音に変えて自らのアイデンティティを示し、あるいは、親がつけた朝鮮名を名乗り出す。いわゆる「本名宣言」である。私自身は日本人教員らによって発案され運動化したこの「本名宣言」という用語も、その活動の目的にも懐疑的である。その理由としては、本名を名乗るまでの葛藤を日本人が理解し得るのかという素朴な疑問である。また本名を名乗り生きることで生じるかもしれない不利益を日本人教師たちはどうすることもできないからだ。にもかかわらず70年代から始まったこの「本名宣言」は現在でも一部の公立学校や「民族学級」（現在は国際クラブと名称変更）で実践されているようだ。誤解のないよう、ここで付け加えたいのは私にはその活動を無化する意図もなければ、そうする権利もないということだ。ただ、「本名宣言」なる活動が生み出されたこの社会の根本的な土壌の問題を考えなければならないということである。「本名宣言」運動の初期に中学生だった私の例から考えてみたい。

　私の名前、恩子（ウンジャ）も日本式の「子」が入る。しかし、日本式で読むとオンコとなり、どう考えても日本名として成立しない。それで私は生まれた時に韓国名は恩子で、日本名はひらがなで「めぐみ」と名づけられた。恩

（Grace）の意味からすると韓国名も日本名も同じになる日本名を選んだのだろう。姉によると「めぐみこ」と名付けたと最近聞かされた。初めて聞いたということもあり、どこか姉の記憶を信じたくないところがあり、受け入れがたいような気持ちもある。それだけ自分の名前としてなじんだ名前とアイデンティティは結びついている。幼い時から私のことを知る人の中には、いまだに「めぐみちゃん」と呼ぶ人たちがいる。学齢期になると李ではなく日本名の姓である○○と名の「めぐみ」で親が学校に登録した。おそらく差別から守るために日本名がいいと判断したのだろう。小学校6年間は日本名で通ったのだが、中学校では韓国名になった。自分の意志でも親の要求でもなく本名で通うことになったのだ。当時は教員組合の「日教組」が強く、「在日外国人の教育を考える会」という日本人教師たちの「良心」の働きで在日朝鮮人生徒たちに本名（朝鮮名）を奨励する、あるいは本名宣言させる運動があった。その流れで公立学校に通う私たち朝鮮人生徒は本名で通学するようになった。

　この運動は原則的に言えば正しい。朝鮮人が朝鮮人の名前で通うのは本来の自分を表し、自分らしく生きる第1歩だろう。しかし、当事者の身からすれば、本名を名乗ることでいじめられるという恐怖感や、日本人の朝鮮人観を内面化し、そのため思春期に、本名を名乗る準備ができていない者にとっては、苦痛を伴う強制でしかない。今でいう「当事者性」が無視された、善意からとはいえ一方的な方針であった。言い換えれば、当事者が自ら本名を名乗れる環境作りがなされないままに「理想的原則」は当事者に押し付けられたのだ。そういう気持ちだったのだろうか、新学期まもなくして、私は、職員室に担任を訪ね、「小学校6年間、日本名で通いそれに慣れてしまっているので日本名で通いたい」と申し入れた。この理由はある種、繕いというか口実に過ぎない。朝鮮の名前は嫌だからとか恥ずかしいからなのに、そのようには言いたくない自分なりの尊厳を守りたかったのだろう。いずれにしろ、当時、シャイで人前に出るのが苦手だっ

た私が、一人で担任に訴えることができたことはいまだに不思議に思う。それぐらい嫌な事だったのか、あるいは友人を作る上で都合が悪いことだと考えたのかもしれない。

　大阪の朝鮮人集住地域にある中学校でもやはり、朝鮮人と見られるのが怖かったのだろう。隠せるものなら隠したいという思いがあったのだと思う。職員室に駆け込んだ動機についてのはっきりした記憶はない。恐らく、朝鮮人に偏見を持つ日本人からの自衛的手段として、日本人がなぜ朝鮮人を嫌うのかわからないまま、支配する側のネガティヴな朝鮮人像を内面化したせいで、朝鮮人であることを隠したかったのだろう。そう推察できるのは、自分の中に何に対してなのかわからないまま、怒りがあったのを覚えているからだ。その怒りは、そのような方針が一方的な通達であるということだったからなのか、まだ世間知らずの若い朝鮮人子弟を苦しい立場に追い込むようになることに対してなのか、両方だったのか今となってははっきりしない。得体のしれない怒りが心の中で沈殿していたことだけは記憶の片隅にある。ある日、担任の社会科の授業の中で、その担任が朝鮮に対する差別的な発言をした。職員室に「そっと」談判に行くのとは違い、多くが日本人である級友を前にして、担任のその発言に反論するだけの勇気もなければ、論拠となる知識もなかったからだろうその時は抗議も反論もできなかった。ただ、怒りで体が震えていたこと、心が硬直したことによって生じた情景と感覚は身体化され、いまだに当時の感覚が残っている。

　その中学時代は結局、通名使用の願いは聞き入れてもらえなかったが、深く落胆したというような記憶もない。ただ、親が怒鳴り込んだせいだったのか通名使用が認められていた生徒がいることが分かった時は、その不公平な対応をおかしいとは思った。そのせいか、その生徒の顔もその子が使っていた通名もいまだに覚えているぐらいだ。このような学校の不公平な対応の違いが私の心に刻んだものは生涯消えないかもしれない。

それがよほど悔しかったのか、バッジに書かれていた本名の横の通名は、消して欲しいと変更を申し出た。通名が入っていても本名の書かれたバッジが嫌で登下校時には制服の胸ポケットに隠すこともあったにもかかわらずだ。このような私の態度の変化はどうして起こったのか今となっては自分でもよくわからないままだ。意識下に潜在せざるを得なかった「民族意識」が呼び起されたのか、名前のような個人の人格と結びついたものが、本人の希望通りにならない理不尽さが腹立たしかったのか、あるいは、教師たちへの反発があったのかわからないが、結果的にはそれで良かった。

　高校ではまた通名を使った。中学では本名で通ったので、そのまま本名で入学手続きをした。ところが、入学間近のある日、高校から電話がかかってきた。「韓国名で登録されているけれど、それでいいのですか」という確認電話だった。中学3年間本名だったので、そのままで行けばいいのだと一方で思いつつ、気持ちが揺らいでしまい、数秒考えた後に、「日本名で行きます」と答えてしまった。高校からの確認の電話がなければ、日本名で高校に進学することはなかったであろう。学校での対人関係では韓国名より日本名のほうがいいといったある種の、甘い囁きのようなものに惑わされ、日本名を強制されたわけでもないのに私自身が選択したのだ。

　この事はいまだに苦い記憶として残ったままである。この苦さは在日朝鮮人固有のものかもしれない。民族名を隠すことによって難を避けようとする卑屈さのようなものがあるからだ。一方、学校からの連絡そのものも「好意」や「善意」から発したものであれ、民族／人種差別に通ずるものが内包されているため苦い記憶のまま残っている。日本人側にとっては「配慮」のつもりでも、その配慮そのものに無意識下に日本が上位、朝鮮が下位という価値観のようなものが潜在しているからだ。おそらく教員側としては朝鮮名のままではいじめにあうかもしれないと危惧し、そういう難を逃れるために本人の意思を確認したかったのであろうか。いやそうではない。そのような説明は一切なかった。日本人生徒に朝鮮人をいじめな

いように教育するより、朝鮮人がいないことにするほうが手っ取り早いのかもしれない。

　後述するように、この朝鮮人に対する日本人の「配慮」と思われる行為は、半世紀たった今の日本社会で続いている。

　公的機関などで働く人びとだけではなく、自分の身近にいる、あるいは、諸々のお店で働く日本人の「普通」の市民が、無意識のうちに在日が、本名である韓国名を使いにくくなってしまうような環境を創り出している。たとえば、韓国名をいうと必ずといっていいほど、もう一度言ってくださいと言われたりする経験は在日なら誰にでもあるだろう。いくらゆっくり発音しても一回ではすまない。相手が日本人でないと知って戸惑っているということは、彼らの表情の変化や声の変化に見て取れる。大げさに言えば多くの日本人は、日本には日本人しかいないという「天皇制」や「単一民族神話」と結びついた日本人だけの内輪のコミュニティが一番気軽で気楽なのかもしれない。国家的属性が違うということは日本では異質と同義なのかもしれない。「在日」として生きるということは日本社会にこの「異質性」を背負って生きることである。

　そのため長年「在日」として日本で生きていると、意識過剰とも思えるほどに日本人の言動や雰囲気に神経を使い、相手を分析しようとしてしまう。差別体験があることは自慢できることではないが、差別体験を通して見えてくるものがあるのだ。

公共機関から見えてくる無意識の差別性

　数年前、取引銀行から国外送金をする場合はマイナンバーカードが必要だと言われ、私自身は作る必要性を特に感じなかったが、そういうやむをえない事情に押されてマイナンバーカードを作った。外国人登録カード（現在留カード）や登録済証明書で用が足せていた日常の手続きが、マイナンバーカードで管理の一元化を目指す国家意思がちらついて見え、外国

人登録カード以外でも管理されるのかという思いから、このカードの申請要請にはそれまで応じて来なかった。やむを得ず申請したものの、申請するという行為は、私の選択であるとはいえ、このことは新たな管理体制に服することを意味する。そういう選択を私はしたのだ。新たな管理方式が嫌だからと言って我を通すことができず泣き寝入りした屈服感が残る。体制に従順に生きれば葛藤もなく、屈服感もない。在日朝鮮人ゆえ、従順に生きられず、かといって生活優先で妥協をする。牙を抜かれた虎にでもなった気分だ。

　申請後しばらくしてカードが届いた。カードには３つの名前が記載されていてこれには驚いた。英語名は、パスポートと同じ表記だ。国内用の管理カードにまで英語表記がいるのだろうかと一瞬は思ったが、これまで在留カードなどでは使用されていなかった私の通名が記載されていた。通名の記載は私の希望ではなかったが、こういうことは本人の意思確認のないままに「日本人」の善意から記載したとしてもその「好意」に甘んじるわけにはいかないという気持ちが私にはある。

　私の外国人登録原票がどうなっているのか知らないが、私は何十年も前に外国人登録証に記載されていた通名の記載を３

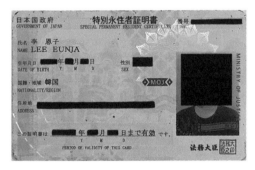
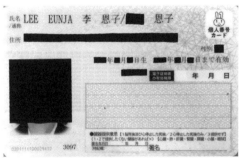

永住カードとマイナンバーカード

年毎、5年毎、現在は8年毎になった登録更新切り替え時に削除してほしいと希望してきた。そして、その後の外国人登録証には李恩子と英語表記しかない。しかし、届いたマイナンバーカードには英語表記と李恩子／通名の姓○○恩子がそれぞれ名刺サイズの小さなカードに記載されているのである。前述したように私の通称名の部分は漢字を使わずひらがなである。このような記載のあり方ははじめてだ。役所の規定ではないはずだ。これまで日本政府が発行する公式文書にはこのような記載をされることはなかった。

　そして今回、外国人登録の更新時（2021年）に、市役所へ行った。手続き完了後、私を呼び出した名前が外国人登録証に記載されている李ではなく、○○さんと通称名で私を呼んだ。これと同じことが以前、大阪出入国管理事務所でもあった。出入国管理事務所は日本人が利用する行政機関ではない。外国人の在留期間の延長や在留資格の変更などを管理、手続きをするところである。1年から、4年、そして現在は最長6年まで可能な再入国許可を取りに行ったときにも、手続き終了時に呼ばれた名前は通名であった。同じ事が繰り返されたので、少し感情的になった私は窓口の職員に詰め寄った。「何故私を通名で呼ぶのですか。本名で呼ばれると嫌がる人でもいるのですか。通名通りでいけば私は日本人であり、そうであれば外国人登録の更新手続きにくる必要がないでしょう。通名で呼ぶように上司からいわれているのですか。何か内規指導要綱があって通名で呼ぶように指導されているのですか。通名で呼ぶほうがこちらは喜ぶと思ったのですか。配慮のつもりですか」

　感情的に詰め寄る私に職員たちの態度は戸惑いながらも非常に低姿勢であったが、その場しのぎの低姿勢はこの場合、余計に頭にくるところがある。しかし、私の詰問に答えられないのか、答えると更なる問題を引き起こすかもしれないと憂慮したのか、ただただ、はあ、はあと丁重に聞いているだけだ。

日本人の職員には「こんな些細なこと」で私が取り乱したように振舞うのは理解できないだろう。多くの日本人はまじめで誠実である。しかし、まじめで誠実だけではわからないことが朝鮮人と日本人の間に横たわっている。植民地時代は「創氏改名」で日本名を強制され、戦後は朝鮮人への民族差別を回避するために日本名を使った在日朝鮮人、私たちには名前にまつわる苦い思い出や悔しい思い出がある。そういう思いはそういう体験のない日本人にはわからないことが多いだろう。

　だから穏便にことを進めるために、本人の思いとは関係なしに「通名」で呼んでいるとしたら、そこには１つの価値観が含まれている。日本名が上位で朝鮮名は下位という無意識の価値観のようなランク付けが存在する。そして無意識、あるいは、はっきりと意識的にそういうランク付けをするのは朝鮮人の側にもあるのが、植民地主義がもたらした怖さである。大勢の日本人のいる前で、朝鮮名で呼ばれたくない朝鮮人もいるであろう。

　植民地の解放や解体後も心理的な植民地主義は場合によっては何世代も続く。朝鮮人が植民地主義の内なる「清算」ができないままなのは、日本人が植民地主義を「清算」しないことと対を成している。心理的な植民地主義が「清算」されないままに生きる思いの複雑さは、多くの日本人には理解できないかもしれない。だから私は「善意」から私を通名で呼んだ市役所の職員を難詰したわけだ。苛立ちと後味の悪さ、こういうことが今後とも起こる予想がまた私の気持ちを複雑なものにする。ブーメランのように日本人に言った言葉が自分の心に帰ってくる。

おわりに

　名前をめぐる問題は日本人女性にとっても、「在日」と同様の葛藤を抱えている。その葛藤は女性差別と民族差別によってもたらされているということを述べて来た。個別の差別を比較するときには、それぞれの当事者の声からその本質的問題を見極めることができる。

夫婦別姓問題にみる日本人女性の喪失感というものをこの論稿を書くまで知り得なかった。確かに生まれた時から使用してきたものが公的あるいは制度的に使えなくなることで、まるで親や姉妹、兄弟と「縁」が切れたようで、そういう感情が喪失感として現れることは、想像力を促せば、共感できる。ただ、日本人女性にとっての旧姓使用と「在日」にとっての本名使用においての決定的違いがある。日本人女性はその個人にとって本来の名前を使いたいのに使えないことが問題であるとするならば、「在日」にとっては本来の名前を使えない、あるいは使いたくないという事が問題である。同じ名前をめぐっても置かれている状況の違いは真逆なのである。この事をまず認識した上で共通の課題がある。それは日本人女性は旧姓を取り戻すことで本来的な意味での自分らしさを取り戻すことになる。一方、「在日」は、たとえ使いたくない本名であっても、使える状況を闘いとることで、本来の自分らしさを取り戻すことになるのではないだろうか。一見真逆のように見える差異にも関わらず、名前を巡って双方に与える結果は類似する。それは個人の心理や精神に影響する。この事が人格権の問題だと共通して言える所為なのかもしれない。だから、共通に人格権を取り戻すためには、日本人女性は差別的戸籍法を改正するために闘い、一方「在日」は法律ではないが本名を隠させる社会的圧力である差別と同化に対して闘わなければならないだろう。そして、これらの背後にある支配イデオロギーが共通であるという認識をお互いが持つことにより平等な社会へと進むことができるのではないだろうか。

参考文献：富田哲『夫婦別姓論その後―30 年の軌跡―』行政社会論集、第 32 巻 第 4 号

第2章 民族文化とアイデンティティ

文化への思い

　文化とは何かと定義するのは、簡単なことではないと一般的に認められるだろう。さらに、どの文化もハイブリッド（混交・雑種）であることも誰もが認めることであろう。しかし、日本に住む人びとにとって、日本の伝統文化と言えば、長い歴史の中で培養し、変わらず継承されてきた「純粋」なものとして思い込みがちだ。それは、支配イデオロギー、たとえば、日本人優越主義や外国人嫌悪を生成する価値観に基づいた支配文化の規範を再生産するためにエンコーディングされているからだ。一方で、文化の中には抑圧されてきた人びとによって創造されてきた抵抗文化もある。その抵抗文化は自らの生を肯定する「術・武器」にもなる。

　「民族文化」についての活動が2世の間で少しずつ広がりつつあった70年代後半から80年代にかけて、日本社会で国際化と呼応するかのように異文化理解や異文化コミュニケーションの学問や実践が登場した。それは現在も盛んである。これらの造語に当時から何か腑に落ちないものを感じてきた。その理由の1つは、異文化の境界がほとんど国境、つまり、外国語や外国文化、特に欧米中心であるからだ。異文化とは、国を越えた文化だけではなく、日本人同士の中にも存在しているものなのに、常に国際化という文脈で理解されているように思う。2つ目は、この枠組みでは、不可視化されてきた存在である在日朝鮮人社会にある異文化などを射程に置かれることはない。学問領域の方法論の限界だと言われるとそれまではある。

　ところが、この枠組みとはまた異なる、多文化主義や多文化共生という社会運動の盛り上がりの中で、「在日」による朝鮮半島の舞踊や伝統打楽器などが取り上げられるようになった。それは日本人児童や、生徒に対し異文化理解をさせることが目的だという。だが、この多文化共生の取り組

みは、文明 vs 野蛮という図式を彷彿させる日本文化と他の文化がハイエラルキーの関係にある実践だと指摘されている。そして、この指摘は見る側と見られる側、あるいは見せる側とに分断させる問題や、見せる側のマイノリティ性、つまり「在日」の側にも「共生」ではなく「強制」になりうるという、様々な問題提起がされてきた。加えて、披露する「民族文化」の内容・質の問題もある。朝鮮半島の分断状況もあいまって、人的資源の不足、日本の公教育の現場で求められる水準の低さから「民族文化」と称される諸々の内容の質があまり問われることがない。もちろん、それぞれの公教育の現場や諸団体で実践されている多文化共生活動の意義を否定するつもりはない。ただ、日本社会で朝鮮に関するものは「民族文化」のみならず「政治の道具」として、その表象も長く否定されてきた。そうした状況も含め、「在日」の存在を公教育や社会運動圏の場だけでなく、広く可視化させるためには「民族文化」の内実は、より高度な「美」あるいは普遍的な芸術のレベルまで追求され、発展させることが緊要だと思う。

私の「在日」文化形成の周辺

　被差別の原因を紐解き、問題の本質を見極める過程はその後のアイデンティティ形成に大きく影響する。ここで想起されるのは、ある日本人の一人芝居で薄汚れたチマ・チョゴリを着て、在日1世の苦労話「シンセタリョン（身世打鈴）」を語る公演が70年代から80年代に、日本全国に散在する市民団体によって開催されていたことだ。その公演を見た「在日」の多くは不快感や惨めな気持ちになったという。私も一度見たことがあったが、見ているうちに息苦しくなり、中断させる勇気もなく、いたたまれなかった記憶が残っている。同じものを見た次世代の若者もそうだったであろう。たとえ時代的制約があったとしても、また在日1世の苦労話に共感させる目的であっても、この試みは被抑圧者を客体化し、他者化していることになる。このような語り芝居はもちろん、「民族文化」というジャンルでは

ない。しかし、「民族」の歴史にまつわるものであり、このような芝居や
踊りなどは個人や集団のネガティヴな表象に繋がりうる。いや、植民地主
義により作り上げられた朝鮮人像、表象、生成に加担していると解釈する
事もできる。例えば、アメリカで白人が黒人の象徴的な衣服を着て奴隷時
代の物語を語ろうものならば殴り付けられるだろう。日本人の「良心」が
このような公演をさせるのであれば、よりクオリティの高い対抗文化に
なりうるものが求められるべきだと思う。

　植民地主義のもたらす恐ろしい結果の1つに、自分の属する民族集団の
文化に対して、「劣性」として位置付ける事を内面化するだけではなく、
支配国家の文化の良さも客観的に、あるいは肯定的に見る感性を蝕むこと
がある。

　とりわけ、支配文化から生まれる価値体系と規範は、マジョリティであ
る日本人にもマイノリティである「在日」にも無自覚のまま注入され受け
入れられている面もある。では、在日朝鮮人2世である私にとって日本の
支配文化を相対化させ、アイデンティティを維持させ、抵抗文化になりう
るのはどういうものだろうか。

　まず第1に思いつくのは、1世から伝えられた味を共有した食文化と、
苦難に打ちひしがれながらもひたすら生き抜こうとした1世たちの民衆文
化の生命力である。

　食文化の継承は、朝鮮人としてのアイデンティティの発見や否定されて
きた文化を肯定的に転換し、維持していくことを可能にする。というのは、
舌で覚えた記憶は生涯残るためだ。また、周知の通り、今日の日本社会で、
キムチを食べるのは朝鮮人に限ったことではなくなっている変化からも、
その可能性を見ることができる。かつて、朝鮮人とキムチは＝で結ばれ、
差別の格好の材料であった。だが現在では日本人の意識と受容の変化を見
る限り、まるで「在日」である自分自身が認められ、受け入れられたかの
ような錯覚を覚えるほどだ。ただ、「日本人向けの日本のキムチ」と主要

メディアで紹介されているのを見た時など、何かしら「韓国の食文化」まで、植民地化されているのではないかという気になるのはなぜなのだろう。「在日」にとって朝鮮の食文化が持つ意味は文化としての次元にとどまるものではないからなのだと思う。

　さて、食文化以外に私の体内で宿っている文化的影響として挙げられるものに「民族文化」ではないが、キリスト教文化がある。キリスト教の家庭で生まれ育ち、教会で聞いてきた賛美歌のメロディーは、熱心に韓国教会に通っていた両親の姿と母の苦難の歴史を想起させる。特に、1世たちが慰められ、エンパワーされていた曲の数々は、私の体内で熟成され続ける大切な文化だ。不思議な事に1世たちが愛した賛美歌「主われを愛す／Jesus loves me」は米国の黒人教会で女性たちが愛したものと同じである。曲も歌詞もシンプルだからか、二重にも三重にも抑圧されてきた彼女たちと共通する経験があるからなのかわからない。教育の有無に関係なく、人間に与えられた能力の1つである想像力を喚起させるだけではなく、沈んだ精神の回復に大きく作用する音楽は本当に偉大だ。

　笑い話になるかもしれないが、関西学院大学に就任して初めて図書館に行った時のことである。突然、賛美歌、それも愛聴してきた曲が流れてきた。キリスト教主義のこの大学は、各学部で最低週3回は午前中の授業の間にチャペルアワーが持たれている。それで、その時、夕拝もあるのかと少し驚き職員に尋ねた。すると、DVDなどの視聴や返却が夕方の6時までであることを知らせるためのものだという。使用目的はともあれ、その時に私は「ああ、この大学でSurvive（生き抜く）できそうだ」と安堵した。「在日」の密集地で生まれ育ち、その地域しか知らないまま渡米した私は、社会人になって日本人に囲まれるという環境に遭遇してこなかった。だから、日本国の日本の大学組織で働くことに恐れに近い緊張と不安や憂鬱な思いがあった。しかし、この賛美歌の音色が育むキリスト教文化に馴染んできた私は、その瞬間、救われたと感じるほどほっとしたのである。たと

え、宗教に排他的な側面があるということを認識しつつもである。すなわち、キリスト教のドグマやイデオロギー、そして、教会制度の中において聖職者に集中する権威主義的価値観や文化に批判的であっても、そこで体得し選び取った信仰理解／解釈と文化が私の中で身体化していることは否定できない。

　では、私の中にある他の文化的影響、特に「民族」と関係するものにはどのようなものがあるのだろうか。

　私にとって食文化やキリスト教文化が与えられた環境の中で育まれ、選び取ったものであるならば、いわゆる「民族文化」、とりわけ言語や音楽や舞踊などは、日本という空間で与えられることも育むことも容易ではない。にもかかわらず、「民族文化」はアイデンティティを構成する重要な1要素だと、私の青年期（70年代）には、「在日」社会で広く認められていた。そういう時代的背景の中で、私も韓国の伝統打楽器を習ったことがある。その事は結果として、私の民族アイデンティティ形成に何らかの影響を与えたかもしれない。しかし、その当時の在日コミュニティで言われていた「民族文化」の素養を身につけることが民族アイデンティティ形成に大きく寄与するという言説には、一方で懐疑的である。ただし、少なくとも多様化する次世代の「在日」のために良質な「民族文化」に触れる機会や出会いの場がある、つまり選択肢を残していく努力は必要ではないかと思っている。次に紹介する卞仁子物語はその選択肢の1つになればという思いで述べるものである。

韓国の伝統舞踊と在日文化創造のはざまで

　卞仁子は朝鮮の民衆によって創造され発展してきた、韓国の伝統舞踊を10歳から習い始めた。そして今ではプロの舞踊家として表現活動を続けている。舞踊だけではなく、韓国伝統打楽器の1つであるチャンゴ（杖鼓）を「在日」や日本人に教え、その技法も生徒と共に組んだサムルノリ（4

つの伝統楽器での合奏）において韓国で受賞するほど高く評されている。
卞は「朝鮮／韓国」に関連することは芸術や音楽の分野でもなかなか受け
入れられなかった戦後の日本でいち早く韓国の「伝統舞踊」を学び、韓国
に留学し、次世代に「民族文化」を教え、その継承活動を始めた「元祖」
といえる人だ。さらに若者層だけではなく中年層、そして、解放後（戦後）、
その政治風土の中で独自の表現世界を作り上げてきた「北朝鮮」（朝鮮民
主主義人民共和国）型の舞踊を習得し、活動してきた「朝鮮総連」の出身
の人たちも含めて幅広く教えている。ちなみに、私も卞から、20 代の初
め半年ほどチャンゴを習ったことがある。体でリズムを習得し、叩かない
といけないのに、頭で叩いていると指摘されたことを今も覚えている。
　チャンダン（長短）という伝統舞踊や伝統楽器の基本である独特のリズ
ムをチャンゴを通して学ぶのは嫌ではなかったが、幼いころからピアノが
好きだった私は、指を使う弦楽器のカヤグム（伽耶琴）を習いたいと思っ
ていた。しかし、チャンゴが手ごろな価格の楽器であることや卞の強い勧

「女舞」公演 2019 年 11 月 3 日、
梅若能楽堂にて

め、そして、レッスンを受ける場所の
利便性もあり習いはじめた。決して民
族主義者になるためではなかった。卞
の舞踊に対する確固とした思いに惹き
つけられたのだと思う。短い期間では
あったが、チャンゴを習ったことは結
果的には良かった。チャンダンのリズ
ムは気持ちを楽にさせるというか、陽
気にさせる。「頭で叩いている」と叱責
されて得たリズムはどこかで身体化さ
れていたのだろう。その何年か後、カ
リフォルニア大学ロスアンジェルス校
（UCLA）で開催されたコリアン・スタ

ディーズのイベントで、在米韓国人の学生たちがサムルノリを披露した時にはそのリズムに乗り、背中にぞくっとする熱いものを感じたほどだった。

　卞はチャンゴの指導と同じく、自らの踊りにも厳しかった。好きだから厳しくできるのだろう。とにかく舞踊を通して自らの精神世界を表現してきた人だ。「在日文化」の創造に無心にコミットするその姿は一種の憧憬する対象であった。卞のように Want の世界を持っているのとは対照的に当時、私はしたい事というよりやらなければならない Must ばかり考えていた。言い換えれば、生きる意味とは、どのような生き方をすべきか、などを自問自答していた。考えてみれば、若かった頃からずっと Want ではなく Must なるものだけを考えて生きてきたような気がする。これは非常に精神衛生上よくない。

　がん患者のターミナルケアをしている精神科医がテレビで、人生はMust ではなく Want の事をするほうがよいと話していたが、そのコメントを聞きながらそのような生き方ができる人はどれ位いるだろうかと感じた。聖書の一説に「門を叩きなさい、そうすれば開かれる」とある。だが、その門は皆無に等しかった。たとえ、門があったとしても叩くという行動を起こす発想すら持ちえないほど、朝鮮人としての主体形成は難しい時代だった。これが差別の根源的問題の１つだ。行動を起こす前に諦念せざるを得ないのが在日２世の時代だった。そんな時代背景の中、卞が伝統舞踊を通して表現活動を続けて来られたのは、ラッキーだったのかもしれない。だがそれよりは、むしろ、彼女の魂の叫びとも思える伝統舞踊に対する愛情と表現活動への情熱と渇望があったのだと思う。半世紀以上、一貫して常に踊りたいという気持ちが変わらない、プロであっても稀なのではないか。彼女の欲求は踊りに対してだけではない。「在日」の文化を創造し育む使命ともいえる欲求が、結婚、出産を経ても、今日まで変わらずその情熱の灯を持続させているのだろう。

　では、卞のいう「在日の文化の創造」とはどういうものだろうか。いや

在日社会、引いては日本社会にどのような意味をもたらすのだろうか。韓国の伝統舞踊を単に日本で伝達、紹介するものではない。むしろ、伝統舞踊を介して「在日」の文化を創造するというものだ。容易なことではない。何をもって「在日」の舞踊文化とするのか。同じような問いは舞踊の世界だけで語られてきたのではない。在日朝鮮人文学というジャンルを打ち立てたと言われる作家金石範は一貫して、在日朝鮮人文学は「日本語文学」であっても日本文学ではないと主張してきた。その理由をひと言でいうと、日本文学の主流は私小説であるが、金石範の作品は私小説でないというのだ。もちろん、「在日」の作家の中には私小説を書いてきた人たちもいる。しかし、金石範のいう「日本語文学」である在日朝鮮人文学は作家の歴史的背景、つまり、日本の近代と朝鮮半島の関係を抜きにして成立しない作品世界なのである。

　では、卞のいう「在日文化の創造」としての韓国伝統舞踊の関係性を少し考えてみよう。

　舞踊についての全くの素人の立場からいえば、集団（在日）の歴史的経験と記憶、そして、舞踊家個人の経験から生まれる問題意識が舞踊の世界で一体になり、表現される文化といえるのではないだろうか。ある意味で黒人音楽も彼・彼女らの置かれてきた抑圧状況から生まれたのと同じようにだ。具体的な例を挙げれば、サルプリという踊りがある。巫俗の厄払いの儀式から発展してきたと言われる舞踊だ。ジェンダーに限定されたものではないが、女性の哀しみや苦しみなどの内面の世界を表現する作品である。そのサルプリを表現するための根幹となる、韓国の文化的、精神的情緒を表す代表的な概念に「恨」というものがある。女性たちの、とりわけ被支配民族である朝鮮半島に置かれてきた不条理な状況の中で、深く沈殿した感情を象徴する概念である。漢字で「恨」と書くが、日本語で意味する恨めしいという怨念的な意味とは全く違う。むしろ、諸々の矛盾から引き起こされる怒り、悲しみ、痛み、苦しみなどの感情を抑え込みながら生

き抜く底力である。それらの感情をむやみやたらに爆発させるのでなく、だからといって日本文化の美徳のように耐え忍ぶというものでもない。むしろ、やり場のない蓄積された怒り、悲哀と痛みの感情を昇華し、置かれている環境を少しでも変革し、明日の糧のための生命に向かうエネルギーに transform（変換）するのが「恨」である。諦めるのではなく、一種割り切れない現実を一旦受容して超越する情緒、あるいは心構えみたいなものといえるだろう。

　サルプリのサルは「厄払い」の意味があり、そして、プリはプルダ「解す、放つ」という言葉の名詞形で、すなわち、解き放つ、つまり、解放に向けた魂の叫びを踊りながら、抑圧されてきたものを１つずつ解いていき、新たな希望を見い出し、今日を生き抜き、明日に向かう生命力と昇華される「恨」の情念を表現する。

　在日１世のオモニたちの経験を振り返ればまさにこの「恨」世界を生き抜いた人びとだ。それを見、共に生き抜いてきた在日２世には、その感情に含まれている情や意志の強さなど、偉大な遺産として引き継がれているのではと思う。私はその偉大な遺産を卞の踊りにも見るのだ。私は先述したように舞踊の評論など出来ない門外漢だ。しかし、卞や他の舞踊家たちの公演をいくつか見てくると、当然のことだが、やはり、それぞれの舞踊家たちの踊りの振り付けの内容や技法はもちろん、その表現の違いが少しずつわかるようになる。ここでいう違いとは、チャンダンのリズムや技法が卞の身体に沁みこむように一体化していると思わせられることなのだ。

　卞の舞台公演を何度か観てきたが、この論稿を書くために You-Tube で彼女の踊りといくつかのサルプリの踊りを比較して見た。舞台で観るのが本道だが、目の悪い私にとってはパソコンとの距離間が考察するのに有効だった。卞と他の舞踊家の踊りの違いから再発見することがあった。それをひと言でいうと、サルプリをどう表現するかで韓国の、特に女性の「恨（ハン）」の経験から生まれる生命力の強さ、そして、解放と希望を感じさ

せてくれるのだ。 ここで、卞のその作品の個人的な感想をすこし言語化してみたい。

　卞の踊りは指の動きや後ろ姿にまで表情を感じさせる。手の部分、特に腕の丸みを帯びたカーブの角度や伸び切らない腕の上がり方に何を表現しているのだろうと観る側の好奇心をそそり想像力を喚起する。各肢体の動きの中で微妙に変化する肩動作からの息遣いまで感じることができる。そして、動作と動作の間の置き方やあでやかな回転の速度は、別世界へのいざないの中に巻き込まれるような感覚を呼び起こす。音楽の間でピクっと動く体全体の瞬間の動作は、まるで性感帯を愛撫された時に起こる動きのように観る側の性的本能を刺激する。踊る当人はこんなことを考えて踊っていないだろう。静と動の瞬間の表現を逃さないようにと緊張させる一方、踊りに吸い込まれる瞬間に、委ねていいよと誘われているような感覚が解放へと導かれているような錯覚を起こす。これこそ私が求め、言及してきた良質な「在日」の文化の１つなのではと思った。

　卞は韓国伝統舞踊の重要性について、音楽性と同時に心を無／空にすること、そして呼吸だという。これらの基本的でしかも舞踊の精度／クオリティを決定的にする資質や才能を卞は備え持って生まれたのだろう。しかし、表現の世界、いやどの世界でも持って生まれたものだけでは人の心を動かすことはできない。その個人の経験、記憶、思考、価値観、知性や感性そして思想ともいえる問題意識が個々の踊りに違いを出す。実際、卞の韓国留学時代と民主化闘争の真っ只中の時期とは重なっており、そこで、芸術を豊かにする政治意識も深化したのではと思う。そして、それらの要件を卞は「在日の文化」を創造するとは何かという自問自答の実践の中で育んできたのだろう。だからこそ、韓国の伝統舞踊の大家に属する流派ではなく、周囲の人から卞仁子流^{ビョンインジャ}の舞踊だといわれる表現世界が生まれたのではと思う。ここで忘れてはならないのは、彼女の創作のベースに在日１世女性たちの性と生の経験を想起する集団として「在日性」があるという

ことだ。しかも卞が究極的に目指すものは、芸術における普遍性である。その延長線とも思えるのが韓国からの楽師たちの選定だ。韓国のすばらしい伝統音楽を日本で紹介したいという。そこには韓国のものを否定されてきた「在日」のプライドもあるのだろう。それだけではない。むしろ、普遍的価値のある芸術を自らも楽しみ、そして日本の中で「在日」や日本人と共有するためである。音楽性のある卞の楽師の選定にはこだわりが強い。伝統的な音楽を普遍的な音楽として演奏できる人びとを選ぶ。

　数年前に行われた卞の公演を、東京近郊に住む友人たちにも声をかけて一緒に観に行った。講演終了後オーストラリア人の同僚が、「ジャズを聴いているようだった」といっていた。そしてその横にいた日本人の友人はシカゴに長く住んでいたこともあって、「そうそうシカゴジャズに似ている」とやや興奮して話した。大阪への帰路の新幹線の中で公演のプログラムを読んでいると韓国で国楽といわれる伝統音楽は、「韓国のジャズ」と言われていると書かれていた。それを読みながら普遍性とはこの事なのだと何か感慨深かった。

「女舞」公演 2019 年 11 月 3 日、梅若能楽堂にて

　個別と普遍、その個別の基盤が卞にとっての「在日性」だろう。そして、韓国の伝統舞踊の技法を基礎に卞の表現世界は普遍的な「踊り」すなわち芸術の美と価値を生み出そうとしてきたのではないかと思う。

　卞の「在日性」を反映しているといえる活動に、ピビンパクラブというロックバンドのチャンゴ奏者という役割がある。そのメンバーには、「在日」と日本人、そして日本人と「在日」のハーフ・ダブルもいた。グループ名が

象徴するようにロックとチャンゴのリズムが融合することで独自の音楽を生んできたグループである。このハイブリッド性（混交、雑種性）と卞がいう「国にこだわり、民族にこだわり、『在日』にこだわってきた。チャンゴや舞踊をやったのもそのこだわりからだった」ことは一見矛盾しているようだが、そのこだわりがあるからこそ、ピビンパでの活動もできたのだろう。バンドのリーダである春日はチャンゴのリズムに魅せられて卞に習いにきたという。その出会いについて卞は「チャンゴがいいからとやって来た。それまで知っていた日本人と韓国人の図式にそんなことはありえなかった」と語っている（注）。

　さらに、卞の体現する「在日」の基盤から出発するオリジナリティは、衣装の色使いに反映されているという。そこには、日本的文化の色使いも反映されている。例えば、原色より淡い色合いや渋い色を好む日本の文化的背景は「在日」にも少なからず影響している。卞はこの文化的背景に同化してではなく、感性と嗜好の次元で舞台衣装を製作している。私はここにも本国の伝統文化と差異化できる「在日性」があるのだと感心させられている。そして次世代育成の一貫とも思えるのは、「在日出身」の舞踊家と音楽は韓国からの楽師による構想の下で「女舞（ヨム）」という公演を不定期に開催していることだ。「女舞」といっても「女」にこだわったものではない。韓国伝統舞踊には僧舞（スンム）や閑良舞（ハンリャンム）などジェンダーレスがその根底にあり、韓国の伝統舞踊の奥深さを知ることができる。その奥深さは、さらなる普遍的な芸術を目指して今後も歩み続けるだろう。

　これまで、「在日」にとっての「民族文化とアイデンティティ」、そして、良質な「在日」文化の創造の必要性と可能性に思いを馳せて舞踊家卞の物語と私個人の文化的影響について述べてきた。卞について書くのはもちろん、友人だからではない。定義付けられないオープンスペースともいえる「在日」の文化創造の先駆者であること、卞の舞踊という芸術世界に対する哲学と姿勢、そしてその実践は、否定された「民族文化」を肯定させ、「在

日の文化」として選び取れるものを提示したからである。また、南北分断という現在の政治状況では、南北の人びとが同じ空間で共に楽しむことは難しい。卞の活動は結果として、日本という差別社会の空間をまるで逆手にとるように、南北分断を止揚しうる1つの場を創ってきたといえる。

　それは、先述したように、韓国の伝統舞踊とは違う「北朝鮮」独自に発展させてきた舞踊文化を「朝鮮総連」組織内でその舞踊を鍛錬してきた人びとに、韓国伝統芸術総体の基本になるチャンダンのリズムと、それに合わせて踊る技能を教えてきたことである。このことの歴史的意味は大きい。

　卞はこんなことをいっていた。

　「韓国の伝統舞踊音楽は奥深くて味わい深い。そしてたまらなく美味しい！」

　卞だけではなく「在日」の実存的歴史と向き合っていこうとする者にとって、その美味しい韓国の伝統舞踊や音楽に触れることでビタミン剤のように栄養補給になるのではないだろうか。その補給は次世代「在日」が育っていくかぎり、「在日の文化」確立ではなく変容し、流動的に継続されていくのではないだろうか。それはまさに文化の本質であるハイブリディティ（混交・雑種）であろう。だからこそ、そこから普遍的な芸術が生まれるのだ。

注：岩尾光代「東京ビビンバクラブ　卞仁子―ロックに合わせてチャンゴをたたき『在日』も日本人も解放しちゃおう」『毎日グラフ』、1993、9月12日号。

II部　セクシャリティをめぐる出会いと記憶

第3章　セクシャリティについての想い

　人生における幸福の基準や満足度は、人それぞれに違うことは言うまで
もないだろう。一方で、人間の生存の根幹をなす衣・食・住の充足度は、
個人の幸福度に大きく影響する。

　所得や分配レベルにおける格差の存在が生み出す問題はさておくとし
て、衣・食・住のうち最も死活的な意味で重要なのは「食」であろう。そ
して、「衣」は個人の満足や喜びに関わる。また、「住」の中で営まれる家
族を中心とした人間関係は、人の精神や感情、ひいては幸福度に大きな意
味を与える。この「住」の生活空間での営為に関係する1つの例がセクシャ
リティ（性的指向）、つまり、様々な性の営みのあり方だ。もちろん、営
みと言えども、アセクシャル（無性愛者）やノンセクシャル（非性愛者）
の人たちも含め、その営みを行うかどうかは別のことである。この私的空
間での営みは、ＤＶなどの暴力に繋がることは論外だが、「住」というプ
ライベートな領域と密接に関連してきた。つまり、他者が侵してはならな
い領域である。

　誰がどのような性的指向を持ち実践するのかは、全く個人の自由であ
るべきだ。だが、人間は社会的な存在であるゆえに、性的マイノリティは
社会とのかかわりの中で、プライベートな領域さえも侵されてきた。性的
マイノリティの抱える問題は、社会的応答責任が問われる「公」の問題で
もある。その事を踏まえても、私的空間における関係性のあり方は、他者
に侵されてはいけないと私は思っている。

　ところが、異性愛主義のイデオロギーに支えられた資本主義と家父長

制社会は、この私的空間ですら体制維持のために利用してきた。

　カミングアウトという言葉は性的マイノリティだけではなく、その「出自」の背景を隠さざるを得ない状況に追いやられた「在日」も、自分らしく生きるために公言するとき用いられている。しかし、この用法は個人的にはおかしいと思っている。カミングアウトは自白的な意味を持ち、罪の告白のように告白側の非を前提にした、ヘテロセクシャル（異性愛者）が「正常」であるという規範から出発しているように思えるからだ。性的マイノリティのカミングアウトという行為は葛藤の伴う行動であるがゆえ、その勇気には敬服しつつも、異性愛者の性的指向は表明しなくても問われることがないという規範を自明の理として示すことに繋がりかねない。マイノリティ側のカミングアウトをどう見るのかという議論もあるべきではないかと思う。

　家父長制と対をなすと言われる異性愛主義が、社会構造や諸々の制度の中に組み込まれ、男性中心主義の価値観や規範を再生産してきたことはよく知られている。公共での言説、家庭での会話、諸々の社会関係の下で行われる対話の中で、性的マイノリティに対する差別的言動が露呈するのは、現行の制度や支配イデオロギーに寄った個人レベルの無意識が生産されているからだ。

　日本人の性的マイノリティの人びとの中で、「日本国民」として自らの歴史、とりわけ近代の歴史の中で形成された朝鮮に対する排外主義、侵略性や支配性について自覚している人は、果たしてどれぐらいいるのだろうかと思う。たとえ性的マイノリティ当事者の中で植民地主義についての問題意識を持つ人が存在するとしても、日本という空間において日本人であるという「特権的位置」を徹底的に自己分析できている人は多くはないだろう。

　種々な属性のマイノリティたちが権力者のイデオロギーなどにより分断されないために、互いのマイノリティ性をどのように考えなければなら

ないのだろうか。

　本稿はこのような問題意識のもとに「民族的」マイノリティと性的マイノリティに存在する差異と同質性を考えてみたい。その目的はマイノリティの被害の軽重の比較にあるのではない。むしろ、ここで紹介する事例についての解釈から、セクシャリティをめぐる現在の私の考え方を述べてみたい。

マイノリティとは誰のことか

　ひと昔前、「在日」コミュニティの中で私の記憶に残る2つの議論があった。1つは、良く知られる本国志向あるいは「帰国論」と日本への「定住化論」である。もう1つは、在日朝鮮人は朝鮮半島に繋がる民族なので、少数民族というカテゴリーに該当するかどうかという議論であった。これは日本社会の中でマイノリティ化することへの分析概念から派生したものではない。なお、「帰国論」は「在日」を朝鮮半島に繋がる民族と位置付け、「定住化」論は「在日」を他民族の国家で生きる少数民族という意味合いではなく、「在日」を取り巻く政治、社会状況を象徴的に表す意味でのマイノリティ性に焦点を当てていた。つまり、これらの意味で2つは「在日」のマイノリティ性を議論しており、在日朝鮮人の歴史的コンテキストを組み入れたものだ。ではマイノリティの意味がその数における少数性ではないとしたら、それ以外にどのような定義が可能だろうか。

　社会の中で周辺化され、政治決定権はもちろん様々な場面で決定権を奪われている人びと、個々人の属性の違いにより差別や排除されている人びと、望む、望まないはさておき、いくら努力したとしてもこの社会の上層へはたどりつけない人びと。民族的マイノリティ、障がい者、貧困層、母子家庭、あるいは性的少数者、宗教によるマイノリティ以外にも、他に想定される人びとがいるだろう。これらのカテゴリー化された人びとがそれぞれのアイデンティティを尊重されながらに生きられる社会が望ましい

ということは当然のことだ。だが現実はほど遠い。人間は世俗社会に生き
る存在であり、それぞれの集団の中には様々な人が存在している。金銭欲
や物欲が人の行動を支配する限り、社会変革に向けて「連帯」していくこ
とは容易なことではない。私がたまたま遭遇した、ある「事件」を例とし
て述べることから、この困難さと可能性を探る前提となる、両者のマイノ
リティ性の違いと同質性を議論することから始めてみたい。

民族的マイノリティと性的マイノリティの差異と同質

　1998年であっただろうか。再入国許可延長のため米国から日本に戻っ
て来た時に、ある講演会に参加した。講演会を主催したのは在日大韓キリ
スト教会青年たちで、レズビアンである日本人牧師を講師に招いてのプロ
グラムであった。ところが講師がレズビアンの牧師であるということで、
当初の開催予定の場所であった教会の牧師や信徒から反対意見が出て、講
演会は結局、他の場所で開催されることになった。講演の内容は全くといっ
ていいほど覚えていないのだが、長老の1人がわけのわからないような意
見をがなりたてるように発言していたことは印象的だった。その場面から
もこの講演会が開催にこぎつけるまで多くの困難を伴ったことは容易に推
察できた。

　講演会そのものは無事に終えることができた。しかし、この講演会に
先だつ別の青年研修会で、その同性愛者牧師への差別的暴言があった。複
数の教職者から「同性愛は罪だ」、「同性愛を認めるくらいなら死んだほう
がましだ」などと、多少なりとも常識的な成人であれば口には出さない言
葉が吐かれたという。その発言をめぐって教団内で教会指導者と青年、そ
して暴言を吐かれた牧師との間で謝罪をめぐってのひと悶着が起こり紛糾
した。その過程についての詳しい経緯は当事者の牧師が後に、「被害当事
者としてマイノリティ間の排除の問題と連帯の可能性について」という論
文で発表しているのでここでは更に詳述しない。

私はその講演会の前後に起こった諸問題について、事件から何年も経ったあとになっても、断片的ではあるが教団内の人びとから聞かされてきた。ただ、被害当事者からこの事件について直接聞くということは怠ってきた。そのような機会を作らなかったのは物理的な理由もあったが、恐らく、その講演会に参加したことや、教団内の人から断片的には話を聞いていたので私なりに思うところがあったからだ。もっと有り体に言えば、先述した日本という空間で生活する日本人の性的マイノリティの位置にどう向き合い、どうこの事件を解釈すべきなのか整理できないでいたからだ。また、被害当事者だけではなく、講演会を主催した青年たちも心の傷を負っていると聞いていた。事の経緯はともかく、教会内では牧師の権威を盾にした行動がはびこり、その権力行使が野放しに行われているさまを知る私にとって、青年たちが自分たちの属する教団指導者の横暴さや低劣さに対して怒りや失望を禁じ得ないことに加え、攻撃を受けた被害者が牧師であるということも更に彼らに心理的打撃を与えたのであろうと推察できた。だが被害当事者の傷とは比較にならないといえる。

　人間的にも原則論から言っても、暴言を吐いた牧師たちは許しがたい。被害当事者の憤怒、悔しさ、そして心の傷に私は感情的に寄り添うことができる。

　では、何が私の中で整理できない問題として残っているのだろうか。被害当事者はその論考において、加害者牧師が保守的な信仰に基づく聖書理解をもとに同性愛を断罪した事例を、民族マイノリティの中に内在する差別性として指摘している。この指摘は、原則的にも連帯に向けての運動論としても全く正しい。しかし、ある個人の言動を集団の中に内在する差別性の如く、今後の課題に向けての問題に集約して受け取ってしまっていいのだろうかという疑問が残る。

　多くの牧師はその保守的信仰内容から言っても、この事件の加害者と同じような考えを持っているように見受けられる。性的マイノリティは日

本人とか韓国人といった民族の違いを超えて嫌悪すべきものなのだと考えているはずだ。むしろ、韓国人である性的マイノリティに対してはもっと暴言を吐いた可能性もあると考えられる。「自民族」の恥と考えるだろうからだ。もちろん、このような仮説は無意味である。だが、被害者が「マイノリティ間における差別や排除の問題」を、日本人の性的マイノリティと民族的マイノリティの異性愛者マジョリティの対立軸を立て、加害者による「個人的発言」を「事件化」し、民族的マイノリティの中にもある差別と排除といった問題設定のあり方—運動的にみると戦略、論文においては方法論あるいは手法—に対して疑問を感じた。

　加えて、本来、それぞれのマイノリティが置かれている状況をより細かく分析するための概念であるはずの「複合的差別」や、「差別の重層性」などを援用して、マイノリティ間に起こる矛盾や限界を分析していることに同意できないものを覚える。百歩譲って、この問題提起を「在日」と日本人間の連帯という理想主義的運動論から理解しえないこともない。しかし当然ながら、それぞれのマイノリティに対する支配の構造と形態、そして当事者の歴史的背景は違う。こうした基本的なことは、この事件の被害当事者も十分と言っていいほど理解しているはずだ。では、なぜこの事件について、彼女は紙媒体による編著書に収められた論文をさらに広範囲にアクセスできるインターネット上の言説空間で発表しているのか。正直に言って連帯に向けての提言であるにせよ私には理解しがたい。

　共に闘うべきという原則も同様の陥穽に陥る可能性もある。この事件の被害者は連帯の可能性を探るために、教団内の問題を事件化したのだろう。だからこそ、マジョリティの中にあるマイノリティ性、そして、マイノリティの中にあるマジョリティ性の問題に光を当てたはずだ。しかし、連帯のための運動論のコンテキストと、日本という政治的空間で起こる日常の差別を考える文脈は、離して考えるべきではないか。つまり、日本という空間で日本国民であることから生じる「特権」的地位と、かつての植民地

宗主国に住む民族的マイノリティである「在日」の異性愛主義者が「マジョリティ」として享受する「特権」が、共に特権として括られてしまえば、どこに差異を見出すかが焦点となってくる。被害経験の中身と後遺症は、表面的な差異だけではなく、質も違う。繰り返しになるが、性的マイノリティの日本国民としての特権の「優位性」は、異性愛者である朝鮮人に与えられていない。「優位」であれ「劣位」であれ、この日本で朝鮮人に与えられている特権というものがそもそもあるのだろうか。

この事件にあたって被害者と教会の間に立つ、韓国教会の青年会の１人が自らの異性愛主義者のマジョリティ性、つまり抑圧者の立ち位置にあることを、事件を通して気づかされたとの反省が被害者の論考に紹介されていた。この青年の「告白」めいた反省文を紹介する意図についてもわからない。異性愛者であることそのものが、抑圧者の立場にあるとは思わないからだ。他者、とりわけマイノリティ性を抱えている人びとに対して、意識的であれ無意識的であれ差別することが問題なのである。異性愛者を、そのマジョリティ性を根拠にして抑圧者側と等値する図式的問題の立て方に、何か事の本質がぶれているのではないかと感じる。

昨今、急速に言われ始めた性的マイノリティの多様性は、レインボーと表象されている。余談になるが、性の多様性を表象するのにレインボーという言葉が選ばれ流通している日本社会には驚いたことがある。この虹のシンボルを最初に使用したジェシー・ジャクソン牧師たちが米国で80年代に立ち上げたレインボー・コーリション（レインボー連合）は、人種やエスニシティなどの多様性を含んでいた。いずれにしろ、この虹のシンボルは、集団の中で埋没しやすい個人の多様性を認めることを意味しているのは、今や多くの人が知っているだろう。

この意味を、日本人の特権を考えるために傘にたとえよう。日本人の性的マイノリティは、自分のセクシャリティに沿って、持つ傘の色を決めることができる。排除、差別、偏見の対象であってもその色でその存在は

認知される。一方「在日」が持つ傘の色は不可視化されるか、朝鮮人という一色で塗り潰されたスティグマの色だけである。その傘を持つ「在日」の中には世代、帰化による国籍変更者、ハーフといった具合に、多様であるにもかかわらずだ。傘の色は、日本人からすると同じ色なのだ。集団であれ個人であれ、その傘を持って生きる「在日」にとって、日本社会は制度的には決して優しくない社会なのだ。しかし、日本人の性的マイノリティにとって、日本国という土壌は差別や排除を生み出す土壌であっても、日本人である以上は、様々の栄養素を吸収できる。この違いをしっかりと認識しなければ、日本人のマイノリティが抱える問題と、マイノリティとしての「在日」が抱える問題は、重なる部分もあれば重ならない部分もあるということが、頭で理解できても感情的には理解できないだろう。たとえこの土壌が全ての日本人に有益かどうかは疑問であるとしてもだ。

『Home Going』という、7世代にわたる黒人家庭の人種差別を描いた小説がある。黒人たちは「地上では人種差別から逃れられない。死後、天国つまりホームにだけ、人種差別はない」と考えたことから、死ぬ直前の言葉として受け継がれているものを指すと言われていることからタイトルとしたようだ。この本について在米韓国人の友人と話していた時、白人の特権は何だと思うかという私の質問に対して「親が貧困のワーキングクラスであっても、その子どもは教育や他の機会を通して、白人の特権を享受することができる」といっていた。確かに、黒人はこの小説の中に紹介されているように、7世代に亘っても人種差別のターゲットである。このアナロジーを日本国という土壌に住む「在日」の状況に当てはめてみたい。

私の学生の中には4世代の「在日」もおり、中には帰化した学生や日本人とのハーフもいる。親や祖父母が「在日」であることで悶々とし、完全な自己肯定感を持ち切れていないと感じている。これが朝鮮（人）を囲む日本という土壌だ。このような現状の中で、性的マイノリティの日本人と「在日」の異性愛者、そしてそのコミュニティで振り向かれなかった「在

日」の性的マイノリティが出会う基点はどこだろうか。

　個別の差別状況、またはその受け止め方、諸々の差異を語るところから「相互理解」、「連帯」や「共闘」が生まれるのだろうか。当事者の声を聞き寄り添うことが運動の限界を乗り越えるものとして語られてきた。その事は強調されてしかるべきかもしれない。しかし、国家に抵抗する「非国民」の日本人であっても「日本国民」として生きている限り、その空間と土壌から得る特権を日常的に考えるほど身体化されない限り、マイノリティ間の連帯は成立しないと思う。つまり、リベラルな日本人は「在日」と会ったり、関連する書籍を読んだりする時には、継続する植民地主義の問題と日本人としての特権を考えるかもしれない。しかし、問題意識を持つ「在日」はもちろん、そうでない「在日」も日常の中で自らの「民族性」に起因する問題と衝突し、逃げようがない。様々なマイノリティの属性を持つ日本人とは、個人的な関係性は作ることができても、歴史的集団としての「在日」との公正で対等な関係性は、この土壌から与えられる特権を深く、そして細かく認識していない限り、築くことが困難だろう。

　抑圧者であれ、被抑圧者であれ、自分の中にある矛盾は関係性の中で発見され磨かれるべきではあろうが、究極的には自分で考え見詰め直していくものだと思う。

　もちろん、先述した被害当事者の「マイノリティ間の排除の危険性」を指摘することで連帯の可能性を探るという意図は理解する。しかし、その立論の発想を支えているものについては、懐疑的にならざるを得ない。随分前の事件なので、当事者もそれに事件に関わった人も、考えが変わっている可能性がある。マイノリティ間の差異と同質性とその議論の文脈については、継続して検証していくべきである。その前提で、セクシャリティをめぐる理論の枠組みでよく取り挙げられるフルイディティ（fluidity, 直訳は「流動性」）を、これまでの性的マイノリティの人びととの出会いを通して考えてみたい。

ジェンダー・アイデンティティは必要か

　私の博士課程時代の友人にバイセクシャルの人がいる。卒業して長らく連絡を取っていなかったのだが、この数年行ってきたミクロネシア人と日本人の混血の人びとについてのフィールドリサーチ（注）の協力を得るために、その友人の住む西海岸を訪れる機会があった。

　久しぶりに再会した彼女は牧師として定年を迎えた後、ある男性との長い結婚生活を終えて、同じくバイセクシャルの女性とシアトル郊外に暮らしている。彼女のパートナーも結婚歴があり子どもが3人いる。シアトルへ行く前に、最近はどう過ごしているのかと聞くと、パートナーの娘夫婦が不動産ビジネスで公正取引上の法律違反をして刑務所に収監されたので、その子ども（パートナーの孫）の面倒をみているという。実際にシアトルに行ってみると、お人よしの友人は自分の孫ではない子どもの世話を愚痴りながらもよくしていた。

　調査のためにあちらこちらと友人が運転をしてくれたが、学生時代の時よりもいろいろな話をした気がする。いつ頃、自分自身のセクシャリティを発見したのかという私の質問に対しては、現在の相手を選んだ後であったとのことである。そして、更にひと言加えた。「自分は異性愛者と結婚した経験もあり、セクシャリティについての理論書をたくさん読んできたけれど、自分を一番納得させたのは fluidity であった」というのだ。なお、この単語を同僚の英文学者は「発見」だと意訳している。自分の中にある性的指向の再発見という意味でも、適切かもしれない。

　この考え方はクィア理論が生まれた背景と通じるものではないか。ジェンダー・スタディーズやフェミニズム・スタディーズが異性愛者の思考や規範から始まっているという批判から生まれたのがクィア理論であれば、"fluidity" もその延長線上にあるのではないだろうか。もちろん、こんなに単純化できないことはわかっている。LGBT コミュニティ内でも考え方が多様であり、そのコミュニティの中にも互いのグループを尊重するので

はなくヒエラルキー的な見方や態度が当然のように存在する。しかし、この fluidity という考え方は人びとの性の営みの幅を広くする。この概念からすれば、以前、私の指導教官の授業中で感じたことに説明がつく。

　私の指導教官も一度は男性と結婚した。しかし、結婚後に夫がゲイ男性として生きていくことを決めたため、結局離婚した。私がこの先生に出会った時期には、彼女はすでに女性のパートナーがいた。彼女はある公開講演会で「女が女を愛することを教えた」と語ったことがある。これは同性愛者といえば性的な関係だけを連想する社会と個人への問題提起でもあった。つまり、誰かを愛するということは、ジェンダーやセクシャリティの次元を超えたものであり、人間としてのどのような属性も人を愛するうえでの弊害とはならないということだ。

　私は性的マイノリティの性のあり方を「変態」として見たり、排除したりすることは、家父長制と対になった異性愛主義の持つイデオロギー性に起因しているということを忘れたことはない。しかし、fluidity という考え方を知る以前には、自分自身の性的指向について考えてみることはなかった。あえていうと、私は「異性愛者」である。ただ、この指導教官の授業を受けている時に何度となく、「ああ、この人と making love（愛撫）することは可能だろう」と思ったことがある。その知性に惹かれたからなのかはわからないが、何度かそう感じた。この感覚を fluidity という概念から考えると、個人の性的指向は常に揺れ動き、変化する、そして新しく発見するものであり、私はそのプロセスを経ていたと考えれば納得がいく。違う言い方をすれば、「異性愛者」や LGBT を始めとするすべての人が、そのセクシャル・アイデンティティに変化の可能性を認めるべきだといえるのではないだろうか。男か女か、同性愛か異性愛かという二元論的な思考を越えるためのツールとなるのではないだろうか。性的指向が変わらない人もいれば、変わる人もいるということを理解することで、人間の関係性や想像力、そして感性はより豊かになるのではと思う。

おわりに

　アイデンティティ・ポリティクスやポスト・コロニアルという概念は、日本ではそれほど広がらないままに過去のものとなったと指摘されている。日本人研究者にとって自分の問題領域になりにくいからだろう。その一方で、セクシャリティに関する研究者は増えており、また、社会運動が停滞して久しい日本でもレインボー・ウィークのデモ行進の参加者は増えている。ビジネス的マーケティングとして性的マイノリティの存在は可視化されつつもある。理由はともあれ、性的指向の自由に対する認識の幅が広がることは良いことだ。

　しかし、民族マイノリティである在日朝鮮人は、近年同化が進み、更に不可視化されている。政治的に扱いが難しいと受け止められていることもあり、「在日」のスティグマ化された立ち位置は永久的なのではと悲観的になる。しかし、ここで議論してきた日本人の性的マイノリティの意識が「在日」を取り巻く歴史認識や政治意識に向かうことによって、「在日」の社会的、そして政治的状況も変わるかもしれないという希望は存在する。すべてのマイノリティの状況を変えるのは、選挙権を有する日本国民だからだ。性的マイノリティの日本人が困難を伴いつつも、制度的、そして社会的補償の運動を続けることによって、日本という空間で日本人としての主張は徐々に可視化され、権利を蓄えていけるだろう。日本人の性的マイノリティだけではなく1人でも多くの日本人が、各々の世界と「在日」を含む全社会はつながっているという政治意識を持つことが期待される。そして、「在日」も日本人も、自らのセクシャリティのみならずあらゆる属性が常に揺れ動くものだということに気が付くことで、自分にも他者にも寛容になりうるのではないだろうか。その寛容性は常に、差異と同質性を検証することでより普遍的となり、そのことによって不条理に対する抵抗のための力になるではないだろうか。

【参考文献】
堀江有里「異なる被差別カテゴリー間に生じる〈排除〉と〈連帯〉—在日韓国／朝鮮人共同体における「レズビアン差別事件」を事例に」山本 崇記・高橋 慎一 編 『「異なり」の力学—マイノリティをめぐる研究と方法の実践的課題』生存学研究センター報告（14）：141-165,2010.

（注）フィールドリサーチについての詳しい内容は『帝国の時代とその後』、関西学院大学出版会ブックレット、2021 年（共著）に収められているので参照して頂きたい。

第4章　往復書簡対談　セクシャリティから考える「在日性」

　本章は在日2世の典型的世代、1970年代に20代で民族意識や政治意識に目覚めた層の1人である私が、在日2世の父親と日本人の母親を持つ在日の世代でいうならば3世、そしてゲイであると自己認識する若手研究者の江田陽生さん（Rutgers University 社会学博士課程修了、2022年5月博士号取得予定）と往復書簡形式で紙面対談を試みたものである。本書に収めようと思ったのは、本書のテーマの問題意識に合致しているだけで

NYタイムズスクウェアにて（2021.8/28）

はなく、在日朝鮮人、特にアイデンティティをめぐる議論の中でも、性的マイノリティを含むものは皆無に等しいということもあった。「在日」の多様性についての議論が求められている現状からも、これら3つが交差する点を対談形式ではあるが、活字化することは重要だと思われた。単に個人の多様性を認めるだけのものではなく、新しい世代のアイデンティティの構築という捉え方の枠組みを超えるものとして提示できればと思う。

第1信（李恩子→江田陽生）2021年9月10日

　先日はニュージャージーからマンハッタンまで出てきていただき、ありがとうございました。初対面で最初から最後まで話がはずみ、楽しさばかりではなく対話を通して多くのことを考えさせられました。

　今回、江田さんに直接お会いする前に、一度私の所属する大学で人権教

育の講演会の講師に推薦したことがあります。その時点では、「在日」と日本人のハーフ、ゲイ、そして、ラトガース大学の院生か講師であるということしか知り得ていませんでした。人づてに聞いたそのマージナルで複合的な背景と、ポリティックスの立ち位置に興味を持ち、推薦したというわけです。

　ニューヨークには2年ぶりの訪問となりましたが、新型コロナウィルスの感染拡大によってロックダウン状態の1年前とは違い、平常時に戻りつつあると聞いていました。マスク着用と飲食店の前の道路に臨時で建てられた屋台風の空間が、ロックダウン策がとられていたことを偲ばせる以外は、コロナ禍であるということを感じさせませんでした。確かに人並みは通常より少し少ないと感じましたが。

　タイ料理店でランチを食べながらも延々としゃべり、それでも話は尽きず、タイムズスクエア前の広場に無造作に並べられている椅子に座りながら、そこでも私たちの会話は続きましたよね。

　別れ際に「今日話した内容を活字にしたいね」という冗談半分のお互いの思いが、この往復書簡形式の紙面対談となりました。個人的なことから政治的なことまで、クィア理論の現況などの研究活動から政治、社会活動、そして、「在日」のアイデンティとセクシュアル・アイデンティの複合的なアイデンティティ性等々、多岐にわたって話しました。その対話の内容を正確に復元することはできないかもしれませんが、活字化の中でお互いの思考を整理し、深めていければと思います。

第1信返信（江田→李）2021年9月16日

　こちらこそ、お会いできて本当に良かったです。「在日」のゲイとしてアメリカで活動しているというだけの情報でも興味を持って下さって、「でも実際に会ったらつまらない人間だった」と思われないように気合を入れて臨みました。すごく率直かつ気さくに話して頂いたので、そんな心配は

必要なく、しかもお互いに関西弁で喋れたのであっという間の時間でした。

　うちの両親は神戸市の長田区出身で、私は滋賀県南部の甲賀市で育ちました。父は1954年生まれの在日2世で、ルーツとしては慶尚南道の大邱（テグ）市にあります。高校時代までは通名を使っていて、20代には通名を棄てる決心をしたと言っており、私の5歳上の兄も父と同じ朴（パク）の姓で韓国籍です。特に強い民族意識を持つようには育てられませんでしたが、「うちの家族は姓が2つあってオモシロいねんで」と両親から言われていたので、その影響なのか子どもの頃から韓国人であることを周囲に自慢していました。近くに朝鮮部落もない田舎だったので、そういうところで知り合った日本人の友達も歴史を知らない者同士なので、すんなりとお互いを受け入れていました。「へぇそうなんや。なんか韓国語喋ってーや」と言われてすかさず「アンニョンハシムニカ」「カムサハムニダ」と誇らしげに返すのがパターンでした。自分の名字は母方の江田姓なので、名前だけで目立つことはなく、「在日」であることは隠しもしないけれど日々苦悶することも全くなく、いいとこ取りでのびのび育ったと思います。

　奔放な子ども時代に転機が訪れたのは小学5年生の頃でした。近所のツタヤで「バディ」というゲイ雑誌を発見したのです。それまでにも男の子の身体に興味はあったけど、クラスメイトの女の子に好意を寄せていたし、自覚はありませんでした。それが、エロ本でもあるし政治的な内容も充実しているこの雑誌を通して、ある日突然「ホモ」ではなく「ゲイ」という言葉を手に入れたのです。自分の性の目覚めと同時に、アイデンティティとコミュニティの両方をその時与えられたというわけです。もっと奔放に生きる道を示された瞬間でした。

　それから数年は毎月立ち読みで隅から隅まで「勉強」しました。今や大スターのマツコ・デラックスさんも記者・編集者として携わっていた雑誌で、日本のセクシャルマイノリティの人権運動について少しずつ学ぶうちに、自分も関わって貢献したいと思うようになりました。両親にはアメリ

カに来るまでカミングアウトはしませんでしたが、そのことは全く問題ないと分かっていたので、「俺じゃなかったら誰がやるねん」という気構えでした。「在日」かつゲイとしての特別な人生を与えられたので、いわゆる普通の生き方に流されないための動機付けになったと思います。

　父が高卒ということもあり、高校に進学した当初は大学に行く気はなかったのですが、アメリカの大学なら行ってもいいかなと思うようになり、せっかくならLGBT運動の中心地であるサンフランシスコの大学で理論と実践の両方を身に付けようと決心しました。運動家になるという目標以外には、就職とかはまるで無計画でした。今でもそうです。勉強と社会運動に4年間どっぷり明け暮れる中で、コリアン・アメリカンのLGBTの仲間や在日コリアンの同胞とも出会い、自分の存在についてようやく客観的に、欧米と日本の帝国主義の歴史と人種抑圧構造、そして異性愛家父長制の文脈で考えられるようになりました。被抑圧人種でありセクシャルマイノリティでもある仲間たち、Queer/Trans People of Colorという連帯の枠組みから生まれるエネルギーの逞しさに憑りつかれて、朝鮮統一への手がかりを見出すために研究の道に進みました。

第2信　（李→江田）2021年9月25日

　返信ありがとうございます。比較的恵まれた環境で育った故か、あなたの性格なのかはわかりませんが、年月をかけてややもすれば深い葛藤が伴う自己形成の過程を軽やかに乗り越えているという印象を受けました。多分にステレオタイプ的な言い方になりますが、いわゆるハーフ/ダブルの人は、同質性を求める日本社会では半分日本人であることを、特に半分が日本の旧植民地出身の朝鮮人であるということで、本来であればしなくても済むような葛藤を経験せざるを得ず、在日2世や3世と同様に心理的に負荷のかかった状況で自己形成をしなければならない人も多いと思います。江田さんの幼少期、思春期は少し様相が異なりますね。自らのセクシャ

リティに気付き、何かしらの答えをゲイ雑誌を読みふけることで解消していったようですが、そこで得られた考え方 Queer/Trans People of Color というアイデンティの構築まですんなりといったのでしょうか。もちろん、つらい思いをする葛藤があって当然とは思っていませんが、あなたの軽やかな楽観性が何によるものかを聞かせていただけますでしょうか。親から「在日」の存在理由や生活背景を幼少期からしっかりと教えられていたからなのか、あるいは、日本人に対しては「在日」の姓を使わないことが差別体験を深刻化させず、差別の内面化をさけることができたのか。あるいは、少し言及されている滋賀県という「田舎」の文化風土によるのか、むしろ閉鎖的あるいは、保守的であるという先入観がありますが、自民党支持者の少ない地域であるからなのでしょうか。LGBT の中でも男性ゲイであることや、お母さまが日本人であることの「優位性」なのでしょうか。江田さんが米国の進歩的なコミュニティで育まれた立ち位置から拾う記憶の断片はその解釈が読み手の私に軽やかさを感じさせたのでしょうか。

第 2 信返信（江田→李）2021 年 9 月 30 日

　鋭い疑問、ありがとうございます。簡単に言ってしまえば、全部当たりだと思います。マイノリティとは言え、結局男である特権も、田舎でありながら割と進歩的な滋賀という風土も、日本人として名前も国籍もあるという特徴も、インテリでリベラルな両親も、すごく恵まれた環境だとは自覚しています。同時に、そもそも楽観的な性格というか、宇宙観というか、「結局は自分にできることをやるだけ」という個人的な落としどころも子どもの頃から持っていました。さらに文章を書く者として、そしてやっぱり関西人として、読んで面白がってもらえるものを書きたいという思いも根底にあります。

　確かに、同級生と嘘を交えて話す後ろめたさとか、父に薦められて金城一紀の小説「GO」を読んでも全くピンと来なかった時に生じる在日社会

と自分のズレなどは常に感じていました。それでも自分の存在やアイデンティティについて悩み苦しんだことはないです。自然に囲まれて育ったからか、幼少期から読書習慣があったからか、問題は自分じゃなくて大人が作った社会なんだと直感で理解していました。自分以外にも在日コリアンのLGBTはいるんだろうけど、きっと表立って発信できる環境にはいないに違いないと推測し、「じゃあ環境に恵まれた自分は何をするか」という命題と対峙して10代を過ごしました。その点で、はっきりと葛藤したという自覚はないけれど、自分の言葉で考え抜いたという自負はあります。今の自分にはまだ足りない、できないことを日々突きつけられる中で、未来の自分がそれを乗り越えるためにどうすればいいのか、その答えがアメリカへの大学留学だったのです。自分で発信していくために必要な肩書、知識と経験とを同時に手に入れようと目論見ました。

　渡米して1年が経つ頃に初めて取った社会学の授業で、社会構造に対比するagencyという概念を学んだ時に、それまでの自分の直感を全面肯定された気がしました。今でも日本語には直訳できませんが、意訳としては「世界と向き合う生命力の炎」という表現が近いかと思います。誰しもが不平等で不条理な世の中に生まれてきた、もちろん責任は権力構造にある、では我々の次の一手は何か。最終的には自分自身を最大の敵と常に認知して行動できるかどうかだと思います。その具体的な動き方・動かし方を最も明確に提示してくれたのがQueer/Trans People of Colorのコミュニティでした。貧困や差別、戦争難民生活、家族からの迫害、自己嫌悪、そしてＨＩＶパンデミックという絶え間ない暴力と闘い抜いた果てにある生命が、それでも集い合う尊さと豊かさ。何があっても自分を赦し認め律し愛する覚悟を持って初めて他人を労わり護れるというつよさと優しさ。そういった精神的な現象を社会科学者としてもっと理論化する必要があると感じています。

　いちど全部相対化して客観性というものを疑問視することはもちろん必

要ですが、個人それぞれの真実で満足してはいけない。多様性は単なる現実であって、答えでもなんでもない。お互いを理解し合った先にあるのが"agree to disagree"（考え方の違いを認める）では身も蓋もない。もう地球が壊れ始めたというのに、最大の敵は誰なのか判断を狂わせている場合じゃない。そういう意味で、実際に行動するための連帯をテーマに考える上でポストモダニズムの限界はとっくに来ました。

「正体性（チョンチェソン）」・アイデンティティに答えはないけれど、生物としての正解が求められているという危機の時代に、ピッタリなツールが民族文化のアイデンティティです。どうせすべては神話や物語なら、その続きを変わり果てたこの世界で書き繋げればいい。本当に神聖なものは「いま」「ここ」に現れようとしている。先祖の亡霊と未来の世代に、我々が命を懸けてコミュニティを築き捧げるには、アイデンティティという文明の利器をまた鍛え直し、もっと上手に使うための身体的な訓練をする必要がある。こうした集団実践の過程を、私の博論では Geopolitical Healing・地政学的癒しと解釈しています。特に祖国分断とディアスポラ経験のはざまで帝国主義と闘う LGBT の朝鮮人は、こうした政治的医療技術に長けた部族なのです。

　結局は自分にできることをやるだけ。「在日」のゲイ、厳密に言うと Queer Zainichi としてアメリカで朝鮮人コミュニティ運動に 10 年以上関わり研究を続けて、仏教の哲学も習いつつ考え抜いてみました。

第3信（李→江田）2021 年 10 月 2 日

　自分のアイデンティやポリティックスについて楽しく語れる「在日」は、そう多くないと思います。あなたは今の自分の生活が充実しているのか、あるいは自分のアイデンティティや生き方が整理されていて、現在の自分自身の立ち位置に自信があり、一気に過去を書き纏められたのでしょうか。あなたとは逆に、今回の便を書くのに何かしら気が乗らず、返信が遅れま

した。学期が始まり忙しいという事とは別に、自閉しそうな日本で思春期を過ごしながらも、つまずくことがなかったと読み取れるあなたの初期のアイデンティティ形成の記憶を読み、正直にいって少し戸惑ってしまいました。というのも、私の中に「在日」は悩んで当然のような条件下にある人が多いという現実があるだけでなく、悩まない「在日」は現実逃避あるいは問題意識がないからだという思い込みがあり、それに当てはまらないような環境に生まれた人に対して、何かしらの違和感があるのかもしれません。

　この返信を書く前に、「在日」のゲイについての論文がないかと検索してみました。在日3世の研究者で金泰永という社会学者が書いた在日の精神障害者の事例報告「在日コリアンにおける複合的アイデンティティと精神障害」というものを見つけました。この著者は実をいうと随分以前に何度か会ったことのある知人で、当時は民族教育など教育学に関心があったと記憶しています。いずれにしろ、この金泰永さんの論文で取り上げられている事例のライフストーリーは、あなたと真逆ともいえる程に、暗く気が重くなる内容でした。当事者のAさんはあなたのように「在日」の父親と日本人の母親を持ち、トランスジェンダーです。複合的マイノリティ性の背景をもって生きていくことは大変で、何度も自殺未遂を起こしています。一見すると、エスニシティやセクシャリティ等々、周縁化される要因は共通しているにもかかわらず、それぞれの人生の違いに考えさせられています。もちろん、虫眼鏡的にみれば多くの差異があり、それぞれの作用の違いによって違う結果を生むという原理を踏まえても、論文の中のAさんとあなたの人生における「心の傷」や「心の葛藤」には、大きな差があるように思いました。

　違いに対する説明はいろいろ可能だろうと思いますが、決定的に違うのは経済的理由等によって日本で住み続けなければならないという選択肢しかなかった者と「ゲイの解放区」ともいえるサンフランシスコをはじめ米

国のリベラルな大都市で生きてこられた者ということが大きいのでは、というのが私の結論です。あなたが後半で書いているように、少し観念的あるいは、理想論的すぎるのではと思えるような政治団体での関わりも、あなたの明るさや積極的思考をキープさせているのでしょうね。

　私の周辺にいる人びとは少なからず被差別の経験があり、ある者はトラウマとして一生引きずっていくのではと憂慮するケースもあります。一方で、朝鮮人であることを隠してきた私の周囲の人びとの経験やその時代とは違い、最近の「在日」の若者は日本名を名乗りながら堂々と朝鮮人であることを示す人や、帰化した後も韓国名を使い、韓国人であることを公にしている人もいます。また、両親の一方は韓国人であることを何のためらいもなく自己紹介できるような多様な「在日」も増えてきています。こういう人たちの存在は、「在日」は差別、トラウマ、そして「しんどい人生」に埋もれているという、ある種パターン化したイメージへの問題提起となるでしょう。しかし、日本政府は、植民地支配および、そのことが朝鮮半島を分断させた歴史的遠因になっていることに対し、誠実に戦後責任を取っていないこともあり、ヘイト・スピーチ、在日朝鮮人へのスティグマ化、同化、そして社会的差別は、今なお再生産されています。

　ところで、ニューヨークで会った時に、あなたのお兄さんは1985年の国籍法改正の前に生まれたため、国籍は韓国籍で韓国名だけで生きてきたと言っていましたが、お兄さんも在日朝鮮人であることに悩み、葛藤することはなかったのでしょうか。

第3信返信（江田→李）2021年10月21日

　楽しんで書けたのはきっと自分の研究テーマについて日本語で言語化できたからです。実際に10年掛けて博論にするくらい大きな、アイデンティティやポリティクスという疑問について、社会運動の仲間との対話を続ける中で答えを出してきたという自負はあります。もちろん、空間的条件の

ラッキーさもありますし、大学留学していなければどんな生き方をしていたか強く想像できません。そもそも「在日」のダブルとして生まれてさらにゲイとして思春期を迎えた時点で、これはもう運が良かったと思うしかない、と色々なことを諦めました。ただ単にトラウマが無いというのに加えて、弱冠12歳前後で自分の運命を受け入れたこともその後の積極的な姿勢に繋がったと思います。

　比べて兄は消極的な生き方をしているように見えます。5歳年上の彼が中学生になった頃から、あまり会話をしなくなりました。成績も中の下くらいで、大きな志や強い信念を持って進路を決めているようには見えず、職業訓練校を出て以来ずっと地元の自動車工場で坦々と働いています。彼なりに葛藤や苦悩はもちろんあったのでしょうが、家族でそんな話題に触れることもなく、私にはぼんやりとしか想像できません。私と彼の生い立ちや精神性の違いを社会学的に見れば、名前や国籍の違いに関連付けるのは容易かも知れませんが、私にはそれだけでは割り切り難いです。

　私個人のラッキーな経験が、在日朝鮮人やセクシャルマイノリティに対する構造的差別が無いとか弱まったとかという分析には繋がらないのは同感です。一方で私が近年憂慮しているのは、「多様性」という言葉が持つ暴力性です。多文化共生とか、ダイバーシティとか、結局何の物質的意味も持たない記号だけが国家や自治体や企業のマーケティングに使われているのは、だいぶ前からアメリカ社会で指摘されてきたことの繰り返しでもあります。日本社会の特殊性としては、家父長制に基づく強制異性愛主義の問題と、日本の植民地支配と戦後責任の問題は、すべて天皇制に帰着すると教わりました。こうした構造的な問題を、なんとも主観的な「生きづらさ」や、3・11福島での災害以降、コロナ禍にも喧伝される「安心安全」という言葉で語られることに、「在日」のゲイとして日々苛立っています。私自身にトラウマがあろうがなかろうが、抑圧構造を科学的事実として大衆に認知させるのも社会学者としての役割だと考えています。

さらに、私が「世界と向き合う生命力の炎」について考え続けるのも、こんなに不条理な世界で生きることの意味から逃げ出さないためです。トラウマがあろうがなかろうが、人間が少なくとも今日一日を生きるのはなぜか。そして、なぜ明日にも死んでいくのか。自分はどうだろうか。私は幸運だし、たくさん特権も持っているけれど、トラウマだけがすべてじゃない生き方があるはずで、できれば仲間と一緒にそれを模索していきたい。苦しみに抗うだけで終わるのか、それとも希望を見出すことを諦めずに他者と、そして、世界と向き合うのか。運動に関わる者として、互いに信頼関係を築く過程こそが希望の源だと思います。「諦めなければいつか必ず何か変わる」とまでは思っていませんが、被抑圧体としての自分達の感性や直感だけでも信じ続けなければ、もう他に何も残らないと思います。

　少し大雑把になりますが、そもそもトラウマや言葉にもならないような疎外感と孤独感を体験せずに済み、たとえ経験したとしても対処する必要やその術も無く生きているのは、白人や男性などの特権階級に多いと推察しています。コミュニティのレベルで見れば、権力構造を綿密に分析してそれに闘う文化を脈々と培ってきたのは我々被抑圧者です。加害者と被害者の関係性そのものが癒えない限りは、何らかの形でいつか責任追及が達成できたとしても、本当に尊重し合う間柄には進めないと思います。

第4信（李→江田）2021年10月26日

　前回の私の問いかけは、私的でデリケートな部分にまで及んでいて、文面では議論しにくい面もあったかもしれません。

　一般的に多くの人は家族について往々にして自慢話はしたがるけれども、それ以外のことは語ろうとはしません。お兄さんのことを話してくれてありがとう。ある種対照的な人生を歩んでこられたお兄さんは、社会学的に見れば韓国籍であることや、韓国名しか持たない「半分日本人」の「在日」3世だから「消極的」な生き方をしていると言えるのかもしれないけ

ど、家族ゆえにそれだけでは説明できないという気持ちがよくわかります。他人という無責任な立場から言うと、国籍や名前から規定され他者化される環境や条件の影響を受けて、兄弟であっても対照的な育ち方、生き方をしてきたのではと思ってしまいます。それらだけでは説明できない個人の性格形成に与える影響があるとわかっていたとしても。

　母親が日本人であるので、お兄さんは、日本籍に変更し日本名を作るなど、他の「在日」よりも「帰化」手続きが容易であったであろうし、自己のアイデンティティ表明に際しても心理的負担が小さかったのではと思います。お兄さんには、在日朝鮮人という生き方を選び続けている特別な理由があるのかもしれませんね。この問い自体、日本というコンテキストが生み出す特有のものだと思っていますが。

　政治的あるいは歴史的な問題意識を持っていてもいなくても、国籍と名前は1人の在日朝鮮人の人生に大きく影響します。そのような現実があるからかもしれませんが、『コリアンディアスポラと東アジア社会』（松田・鄭編）という書籍において、在日朝鮮人のアイデンティティというテーマの論文は、ほとんどみな国籍と名前に関連するものです。「単一民族」を標榜する日本にとって、この社会は国籍と民族が直結しているものだから。加えて、閉鎖的村社会の文化を温存している日本国では、その歪みは「在日」の人生に大きく影響を及ぼしてきました。「国籍イコール〇〇人」と図式化され、日本語が第一言語であっても名前が朝鮮人であれば、他者化されるのが現在の日本です。そのような社会において、朝鮮人としてのアイデンティティを守るために、あるいは、アイデンティティを持たなくても、日本人として生きるにはそれなりの決意と葛藤が生じるものです。自分の家族や「在日」コミュニティを裏切る行為になるかもしれない。自分を偽っているという罪悪感をもつような感覚などです。

　若い3、4世の「在日」の中にはそういう悩みや葛藤もない人たちの層があります。私の学生の中にもあっけに取られるほど割り切って考えてい

る人もいます。単純に彼・彼女たちは同化しているからとは言い切れない
ほど、多様な意識を持った「在日」の若者の世代が台頭しています。その
人たちを見ていると、「差別を内面化した悲壮な在日朝鮮人」というイメー
ジだけを私も無意識に受け入れていたのではと、ふと考えたりもします。
朝鮮名や国籍による悩みは、植民地支配という非対称の権力関係が生み出
したものであり、歴史的起源をもつものであるだけにこの若い世代の受け
止め方に戸惑うこともあります。

　自分の国籍や名前で複雑な感情になり葛藤し、覚悟を迫らせるといった
見えない力が働く国は、日本ぐらいではないだろうかとよく思っています。
世界のどの社会でも、ジェンダー、エスニシティ・人種、そしてセクシャ
リティ等をめぐっての差別があります。しかし、自らの国籍や名前を隠す
という行為からくる不安や、隠して生きるかどうかの迷いに伴う心理的プ
レッシャーとの葛藤をしなければならない国は、少ないのではないでしょ
うか。植民地支配の形態は類似する点が多く、各国のポスト・コロニアル
的矛盾も共通する問題があるでしょう。しかし、朝鮮人と日本人の身体的
同質性は「在日」に対して自らの「出自」を隠して生きようかどうかとい
う「誘惑」や、「日本人」として生きることができるという幻想を与えま
す。日本人として生きる事が個人の幸福につながるかどうかはわかりませ
んが、その利便性はあるだけにその議論は避けられないですよね。

　大多数の日本人は、他の国では考えにくいこのような心理的葛藤を在日
朝鮮人に引き起こさせていることに、全く無自覚です。ひと昔前には、ア
メリカに住むユダヤ人がその「出自」を隠して生き、姓を変える人もいま
した。現在のアメリカ社会において、ユダヤ人差別がなくなったとはいえ
ないとしても、経済、メデイア、そして教育を掌握し、アメリカ社会を影
で動かすようなパワーぶりを見ると、「出自」についての葛藤などは吹っ
飛ばしているように思えます。「在日」社会がそのようなパワーを蓄積す
ることは不可能だと思います。また、そのようなものが必要なのかという

価値判断は別にして、そもそも在日朝鮮人の社会的位置は、仮に経済的に成功しても大きくは変わらないでしょう。それは植民地主義の残滓というよりも、日本人としてナショナリズムを育てる「原質」みたいなものが必要だからです。朝鮮人に対する憎悪表現として「ゴキブリ朝鮮人はみな死ね、殺してやる」などと叫ぶ、「クレイジー」というしか言いようのない人びとの白昼デモが、表現の自由という名の下でまかり通っています。この社会の自己偏愛的異常性は、ターゲットが朝鮮人だからといったことだけでは説明がつきません。他者や社会に対する最低限の倫理性の欠如、つまり、個人の尊厳や人権に対する価値観や関心の欠如の表出ではないでしょうか。そのことを憂う日本人は、70年代や80年代に比べて明らかに減少していると感じています。あなたがいう「トラウマや言葉にもならないような疎外感と孤独感に対処する必要も術も無く生きているのは白人や男性などの特権階級が多い」という推察に同意しながらも、問題は当の白人や日本人、いわゆるマジョリティの側にいる人達が、自分たちがマイノリティに加えている圧迫感や差別の存在を自覚できていないことです。被害者意識に対応する加害者意識の不在と価値観、つまり、優越感を内面化していることへの無自覚が問題の解決を困難なものにしています。加害者と被害者という双方の立場の関係性を復元する道筋は加害者の責任自覚がアプリオリな条件となるとは思いますが、果たしてそれが多くの人の同意を得ることができるか心許ありません。

　お兄さんの話から随分それた感じがします。改めて繋げて言うならば、1985年の国籍法改正は、父母どちらの国籍でも選択できるという男女平等という点などからして、一見進歩したといえるかもしれません。一方で、日本人化という同化への道に拍車をかけています。同化／日本人化するのも、在日一人ひとりの主体的な選択であるとは思いますが、その「主体的な選択」が利便性によるものでなく「日本、そして日本人がより優れた国であり民族である」という植民地言説の負のレガシーから解放された上で

なされているのかが問われる必要があると思います。そういう意味ではあなたも、あなたのお兄さんも、国籍を「主体的に選ぶ」という行為をしていません。お兄さんは生まれた時に父系血統主義の国籍法の下で韓国籍が与えられ、成人して日本国籍に変更をしていない理由はともあれ、少なくとも日本人を優位とみなす「罠」に陥らなくてよかったという見方もできます。他方、あなたは、両系血統主義に基づく国籍法の改正により日本国籍が与えられ、「主体的選択」という状況に追いやられることはなく、日本人と「在日」であることを両方受け入れて生きてきたこともあり、日本人の「優位性」などという幻想を内面化しないまま、もう1つのアイデンティティであるゲイという事実が更なる自分の可能性を求め、渡米に至ったのかもしれませんね。そこで、あなたなりの世界観が、更に蓄積されていったのでしょう。

第4信返信（江田→李）2021年11月23日

　兄の生き様についてぼんやりと推察していたことが、李さんの他人としての視点を通すことでまた少し確信に近づいた気がします。確かに彼は主体的に日本国籍を選ぶことはしていませんが、一方で韓国籍であることを主体的に受け入れたのかは話してみないとわかりません。私の父は通名を棄てることで「在日」であることを勝ち取りましたが、そんな通過儀礼的な瞬間が兄にあったとは想像し難いです。姓が朴氏で名は日本人っぽいので、よくある通名と民族名のギャップを感じることもなかったのでしょう。兄の意志がどうあれ、逆に「どうでもいい」という姿勢もある意味で悪くないのかなとも思います。無関心とはまた違う、「それどころじゃない」に近いスタンスです。個人のレベルで国籍や国家と対峙することにこだわらないことで、そういう構造の正当性そのものを否定することに繋がるかも知れません。

　というのも、2000年代後半のアメリカで同性婚の合法化について議論

が高まっていた時期に、権利を確保する事と権力構造に同化することの複雑さを指摘する声が根強くありました。そもそも裕福な白人のゲイ以外は結婚どころじゃなく、トランスジェンダーの人たちの権利を含めて人種差別や経済格差の問題と同時に話さないと、結局資本主義・家父長制の下で理想とされている家族像を補強することになるという視点です。私も20代だったのでそのラディカルな分析に刺激を受け、「自分は絶対結婚しない」と思うようになりました。しかし、2015年に全米で同性婚が合法化されて以来、確かにセクシャルマイノリティの社会的地位が上がったとは感じていて、権利が保障されることの重要性を見直しました。最近は今のボーイフレンドと結婚しようかと、利便性も含めて考えるようになりました。同化を拒むことにこだわって勝てる闘いすら否定するよりは、常に先を見て「それは達成した、でもまだこれが残ってる」と言い続ける形もあると思います。

　在日朝鮮人の問題で言うと、権利を保障されることと同化を強制されることは必ず対になっています。日本国籍を取得することは、戸籍を持つことで、象徴天皇制の枠組みに入れられることになるからです。たとえ民族名を保てたとしても、戸籍を持たない皇族との対比構造に組み込まれることには変わりありません。帰化は拒む、でも権利は主張する、というポジションが、世界的に見ても在日社会の最大の強みだと思います。同時に個人のレベルではある程度「どうでもいい、どうせ同化なんかしない」という境地も生き様としては正解の1つだと考えています。

　兄が曖昧な態度の一方で、4歳下の妹は成人式にチマチョゴリを仕立ててもらっていました。母には全く知識がない分野なので一苦労あったようですが、振袖よりも安くついたと喜んでいたのを覚えています。妹にとってはあれがまさに在日アイデンティティを勝ち取る通過儀礼だったのでしょう。大学時代から交際していた日本人の男性と先日ひっそり結婚しましたが、相手の両親は妹が半分朝鮮人だということで数年前に会うことさ

え拒否しました。ちょっと小金持ちの家庭だと聞いています。その時に彼は自分の家を出て、こっちの婿養子になることも考えたみたいで、一応まともな人間だという印象は持ちました。私の母は驚いたようにこの話をしたのですが、私にとっては「在日」に今でもよくあることだと認識しているので、母はやはり在日コリアン当事者ではないなという感慨が深まった事件です。それにしても、自分の長男の結婚を祝えない程日本の植民地支配をまだ引きずっているとは、なんと惨めなプチ・ブルジョワ日本人か。

　おっしゃる通り、戦後責任追及達成は大前提です。少なくとも日本政府が絶対的に謝罪し、歴史教育を徹底し、天皇制を永久に廃止するまで我々の闘いは終わりません。間接的にも直接的にも、日本への同化を促す仕組みが植民地時代と何ら変わっていない時点で、在日朝鮮人という歴史的主体の存在そのものが日本国家という幻・矛盾・暴力を示し続けていくことになります。同時に、在日コリアンコミュニティ内の課題も複雑化していくでしょう。3、4世の意識が多様化しているのも当然といえばそうですけれど、実際に差別の痛みをあまり経験していない世代が歴史の流れを知らないままに自己肯定しても意味がないと思います。それこそ「日本も韓国も両方がルーツ」という自分語りに植民地支配の事実が抜け落ちてしまえば、それは結局、多文化リベラリズムに飲み込まれた個人の肯定に終わります。

　特に難しいのは日本帝国の植民地支配と欧米の帝国主義の違いを明確に分析することだと、アメリカ東部での大学に所属して感じています。そもそも米帝の批判自体が科学的だと見做されないことは差し置いても、人種問題などの研究者の視点は本当にアメリカ中心で、日本の天皇制に基づいた権力構造について説明するのには苦労してきました。もちろん根本的な抑圧の仕組みは欧米も日本も同じだという分析も必要ですが、在日朝鮮人の問題を究める上で日本社会に特有の価値観や世界観を解き明かすことが欠かせないと思います。コリアン・アメリカンの仲間達にとっては「朝鮮

半島 vs. アメリカ帝国」という読み方が分かりやすく浸透しているけれど、日本の植民地支配の影響を米帝の権力範囲にひっくるめてしまう傾向があり、どうしたもんかと憂慮しているところです。

　さらに、コリアン・アメリカンの歴史的主体性は根本的に祖国指向 (Homeland Orientation) というか、韓国籍であれ米国籍であれ一応法的に存在が保障されている分、ある一定の在日朝鮮人が持つような国家というものへの拒否反応が薄いです。主権とは何か、という問題を考えると、第３世界の言説に倣ったコリアン・アメリカンの観点からは、朝鮮民主主義人民共和国の主権が重要視されることになりがちだと思います。朝鮮総連コミュニティのイデオロギーに近いと言えるでしょう。もちろん、そもそもそこまで社会主義国家に理解のあるコリアン・アメリカンは数少ないですが、結局のところ目標となるビジョンは朝鮮半島統一と主権国家の建設です。私も一応賛同はするのですが、ゲイの「在日」としてはそれで終わるわけがないと思います。サンフランシスコの公立の従軍慰安婦祈念像の設立過程をなぞる私の研究では、主権とは祈りに近い「捧げるもの」であるという分析をしています。

　「在日」のゲイである生き方と自分の研究内容とは切り離せない関係にあるのですが、李さんは「自分とは何者か」という疑問と自分の研究者としてのキャリアについてどういった関連性があるとお考えでしょうか。私はもうすぐ博士号を取得するにあたって、アカデミアは正直もう飽きてしまいました。うんざりもしているし、何となく先が見えてしまったので、ひと満足し始めています。博論を書籍化するまではとりあえず今の研究は続けますが、「ある程度有名な大学の教授になりたいな」というぼんやりした希望だけでは動機付けが弱く、コロナ禍のお陰もあってすっきりするくらいにどうでもよくなったのです。コミュニティ運動での活動はどっちみち続けていくので、どうせ金を稼ぐならまた新しいことに挑戦しようと思っています。これまでの研究者・運動家としての歩みを振り返って、李

さんが対峙してきた問題と下された決断について是非お聞きしたいです。

第5信（李→江田）2021年12月5日

　あっという間に最終信を迎えました。

今回の手紙でもご家族のことに触れられ、その内容を興味深く読みました。お父さんと妹さんが、朝鮮人として生きて行くことを、あなたの表現を借りれば「勝ち取った」というくだりがありますね。前の手紙でも触れましたが、朝鮮人として生きていくことに覚悟や葛藤が伴う国は、コリアン・ディアスポラが散在して住む各国の中でも、日本しかないのではないと思っています。旧植民地宗主国に住む被植民地出身の人びとは世界中に存在しており、また、人種差別から失業に直面したり、その他諸々の不平等から苦労したりしている人もたくさんいるでしょう。しかし、旧植民地国出身ゆえにその「民族的」背景の違いから生じる心的葛藤はありえても「生きる覚悟」のようなものまではあまり必要とされていないのではと思います。日本社会が、外国人に対して閉鎖的な社会だからという説明だけでは事足りません。日本の植民地主義支配メンタリティ（精神性）とそれを基礎においた政策が戦後も繰り返されているのはなぜか。日本の政治家や右翼には、そのイデオロギーを浸透させるために「劣等民族」と位置付ける朝鮮人が必要で、利用価値があるのでしょう。「仮想の敵」は日本国民を支配するのに有用といった事情もあるのでしょう。このイデオロギーを基盤にしたメンタリティは、あなたも言っている天皇制によって維持、再生産されています。

　「在日を勝ち取る」というあなたの言葉に日本で生きる在日朝鮮人とは何かを改めて考えさせられました。私は20代の時に「在日」の社会問題に関わる中で民族的アイデンティティを「回復」することの意義に向き合っていましたが、朝鮮人として生きることを勝ち取るという意識はありませんでした。周囲から「在日」としての主体を「回復」し解放されるために

はまず韓国に行くべきだといわれたこともあり、20代に3カ月ほど韓国に行き70年代の民主化運動の現場に身を置く機会がありました。この時の経験からでしょうか、私は「朝鮮人として、女として、どう生きるか」を起点に「自己解放とは何か」という問いに重きを置きはじめたように思います。そのような経緯もあり「自分は何者なのだろうか」という問いを経たわけではなく、「在日」として生きることを「選び取る」という考えも持ったことはありません。「自分が住む社会の価値観に縛られることなく、自由に生きたい」という欲求のほうが強かったのです。

　しかし、今はそのような欲求もありません。自分なりに自己解放を成し遂げたためか、あるいは年齢によるところかもしれません。子どもが、日本でコリアンに対するネガティブな反応や差別的な態度に直面し、トラウマを抱えながら、それを乗り越えるため、つまり「精神の脱植民地化」に向けて奮闘しているのを見ると、私の自己解放なんていうのはある種の観念的な望みであり、そんなことはもうどうでもいいことになったともいえます。「自由」という言葉の先に求めるものが変わってきたのかもしれません。あなたがいうように、「国籍や国家に対峙しないで生きる、どうでもいいや」という考えを持ちつつ、朝鮮人というルーツを認識して生きる姿勢を持つ生き方も、それだけで十分といえるのではと思います。

　本来であれば、差別する側が考え悩まなければならないことなのに、何故差別される側が悩み、傷付けられるのかと叫びたい気持ちはあります。うちの子どもに言わせると、「在日朝鮮人として生きる、存在していること自体がレジスタンス（抵抗）なのだ」と。私はこの意見にはっとさせられました。

　日本政府にとっては日本人とは異なる思想や価値観を持ち同化しない朝鮮人として生きてもらっては困るのです。一般外国人とは差異化しなければならない歴史的背景を持つ在日朝鮮人を、民族的マイノリティとして問題化したくないのです。早く同化してほしいという望みからか、帰化申請

も随分簡略になりました。このような思惑の中において「在日」として生きて行くことそのものが、レジスタンスであるという考えがあっても良いのではと気付かされました。

　他方、「選び取る」という行為を意志的に行うことができる「在日」は、経済的にも精神的にも余裕のある層に限定されていることも「在日」の実態ではないでしょうか。あるがままで生きられる社会であるなら、「在日」として生きる事そのものが、抵抗になるという考え方も必要ないでしょう。しかし、世代が下がるごとにハーフやクオーターの人が増えており、「在日」として生きることの内実も、時の経過と共に変化しています。日本政府が望むよう、近い将来には「在日朝鮮人とは誰のことなのか」と問われてしまうほど、「在日」を取り巻いてきた実態は忘れさられ、さらに不可視化されてしまう時が来るかもしれません。

　私が若い時に経験した日常のその時々で朝鮮人であることにドキドキしたり、隠したりするような経験をする必要がない社会になるためには、日本政府は朝鮮半島政策を劇的で具体的な内容のものに変更する必要がありますが、その可能性はほとんどありません。朝鮮半島に対する戦後責任は、本質的には棚上げにされたままです。朝鮮半島の現状維持（朝鮮半島の分断）は、日本の政治的な「国益」と直結しているためでしょうね。

　だから日本人が変わらなくても私たち自身が自由であるための手立てを、自ら作っていく他に選択の余地はないのだと思います。

　今回の返信をもらって妹さんのお話が気にかかりました。日本籍・日本名を持ちながらも、朝鮮人としての生き方を「勝ち取った」妹さんは日常的にどのようにして朝鮮人であることを表明しているのでしょうか。対外的には「在日」であるということは見逃されてしまうように思われますが、朝鮮人として生きて行くことを「勝ち取った」ことを、どのように貫いているのだろうかという疑問を持ちました。朝鮮人として生きることを「勝ち取った」とは、他者（日本人）に向けたものでなく、自分自身に向けた

ものかもしれないと思いました。差別に対する抵抗のシンボルとして、あるいは、社会的弱者の立場の視点から構築する世界観や価値観を表明するためであったのかなとも推察しています。

　「多様な在日像」といえば、あなたが在籍する「在日」のグループには、米国に住みながら日本語ができないけれど、「在日」として自己認識する人もいると聞いています。「在日」と韓国からの新移民、ロシア系ユダヤ人と在日２世、在日２世と在米コリアン、帰化した在日と日本人、そして「在日」と日本人など、彼らの親たちの背景は実に様々です。「在日」として自己認識することに、どのような意味を求めて集まっているのでしょうか。また、あなたは、在米コリアンが中心の政治団体と、この「在日性」を強調したグループのどちらにも参加されてるとのことですが、どう棲み分けて参加しているのでしょうか。

　私はどちらのグループにも直接知っている人がいますが、メンバー全員が性的マイノリティへの差別を自分達の課題だという共通認識を持っていると聞きました。また、その当事者が多いということも。ニューヨーク市やカリフォルニア・ベイエリアという、米国の中でも進歩的な都市部周辺にメンバーたちが住んでいることもあるのでしょうね。米国では、社会運動や政治運動をするコミュニティにおいて、性的マイノリティの人びとを排除して、その活動を進めることが、今日ではかなり難しいという背景もあるのかもしれません。プログレッシブ（進歩的）なコミュニティにおいて、人種差別を残しながら、性的マイノリティへの差別は敏感に意識されており、タブー視されているといった印象を受けます。

　「在日」の社会および、政治活動をするコミュニティにおいては、性的マイノリティの課題を既成の政治課題と繋げて実践し、考えているグループは存在しないように思われます。また日本人のLGTQIA+のコミュニティにおいて、日韓関係や「在日」の状況および歴史をしっかり認識している人は恐らく極めて少数でしょう。単に私が知らないだけの話かもしれ

ませんが。ずいぶん前に在日韓国教会の青年たちがレズビアンの日本人牧師を講師に招いて、「事件」になったことは知っています（詳しくは本書第3章を参照）。あなたがいう「祈り／捧げる」の概念の論文がこの「事件」を分析するのに有効かもしれません。朝鮮半島統一に向けての課題が大きすぎても、今の時代、組織の中にある家父長的発想を無批判に内在させながらの活動には説得力がないと思うので、その論文を是非読んでみたいと思います。

　さて、最後に私の個人的背景も含めて、アカデミアに対する質問に答えて終わりたいと思います。まず、私は研究者あるいは大学教員になるために学位を取ったのではありません。この点に関してはいくつかの論考でも触れているので、ここでは、現在の大学教員としての感想を少し話そうと思います。

　大学という空間がそうさせるのか、あるいは大学教員になるまでの先生方の階級や環境が似ているためなのかはわかりませんが、個性的で面白い考え方や生き方をしているなと思える人は少ないと思います。一旦専任教員になると、経済的にも社会的地位も安定するからなのか、研究者というより公務員的発想に満ちた文化を持つ傾向が多く見られます。ただ、私の所属する国際学部では、教員はともかく、学生たちが交換留学生も含めて世界のあちらこちらから来ているということもあって、学生たちとの語り合いにはとても刺激を受けています。日本で育った学生も、就職活動に有用とは思えない私のジェンダーや人種問題などのゼミに登録するくらいだから、叩けば響く学生が大半です。

　アカデミアのくだらない価値観、私はそれをシングル・バリュー（一側面だけの価値観）と表現しています。例えば（これは研究者として当然なのかもしれませんが）いかに権威のある出版社からどれ位本を出したかといったことや、学会で賞をもらうこと、大学内で要職につくことなど、これらの一枚岩の価値観が深く根付いています。全体的な文化は、どの世界

でもそうですが、やはり、成果主義で権威主義です。私はそういう価値観をこの世界に入る前から持ち合わせていなかったおかげで、「在日」のマージナリティ性で鍛えられた思想性は、支配的な価値観に振り回されることなく、比較的に自由に過ごしてこられたと思っています。

　大学教員というものは、主観的にはどうであれ、企業とは違う特権があります。たとえば、ミクロネシア、韓国、アメリカ、沖縄から研究者だけではなく、芸術家やドキュメンタリーフィルム作家など私の個人的なネットワークを使って多様な領域の人を招いて公開講演会を開催してきました。こういったことは大学教員という職を得たからこそできたのです。これは本当に恵まれた特権だと思います。自分のしたい事（研究テーマ）をして食べていけるのですから。あなたは何度か「構造的抑圧の原因を説明するのも社会学者の使命でありそれを担いたい」という主旨の事を言っていましたね。アカデミアのいやらしい、あるいはくだらない文化やメンタリティは無視して、博士論文まで書いたのですから、この世界に留まるのも一案かもしれません。

　もちろん社会学研究者としての使命を果たせるのは大学だけではありませんが。いずれにせよ、私自身は予期しなかったような晩年を楽しんでおり、それでいて生活が保障される場が与えられたことをとても感謝しています。ただ生まれ変わっても同じ職業に就きたいかどうかはわかりません。

　紙面を通しての対談はこの辺りにして、この続きは、いつかニューヨークか日本で対面で美味しいものを食べながら話しましょう。

第5信返信（江田→李）2021年12月16日

　数日前に3年ぶりに日本に帰省して、宿泊施設待機も免れて実家からこの最終信を書いています。本当にまだまだ話したいことが山積みです。

　まず、家族や仲間が直面する状況に対して「自己解放などどうでもいいことになった」という点にピンと来ました。最終的には自己を解放できる

のは自分自身だけだからだと思います。そのためには周囲の愛する者たちや、もしくはもっと普遍的な全世界のために、自分にできることをひたすら続けていくという過程こそが解放なのかなと感じています。極端にミリタントな運動家には通じにくいかも知れませんが、どんなに努力しても叶わないことはあるし、むしろどうにもならないことがほとんどです。構造的な抑圧の責任を取らせることを止めてはならないのはもちろんですが、ペース配分というか、限られた時間と体力の使い方を工夫する必要はあると思います。自分を被害者以外のキャラクターとして位置づけできなくなったり、「みんな苦しんでるんだから私も幸せになってはいけない」と思ってしまう傾向も「在日」やLGBTQに限らず目の当たりにしてきました。その点で、「存在こそがレジスタンス」という態度もある意味「赦し」の形なのかも知れません。ただ、できれば個人の存在じゃなくてコミュニティの存在に重点を置く必要はあると思います。若い人ならともかく、いつまでも自分の存在にばかりこだわってもらっては困るし、もったいないから早くコミュニティに参加してもらいたいです。(笑)「お祭りはもうとっくに始まってるよ！」とみんなに言ってあげたい。

　細かくなりますが、私も「在日アイデンティティを勝ち取る」という表現はしても「選び取る」というのは分かりません。選択肢が綺麗にお膳立てされているわけではないからです。おっしゃるように、選び取れるのは余裕のある者に限られるでしょう。でも「勝ち取る」というのは生き残りに関わる行動です。ゲイである私には、「在日」であること、少なくとも広い意味でコリアンであることを勝ち取らなければ生きていられなかったと思います。大袈裟かも知れませんが、現在こんなにはっきり感じられるほどの生命力も、在日アイデンティティを「回復」させる闘いに身を投じなければアクセスできなかったと改めて感じます。「在日」にとっては、日本国家に奪われてしまったものを自分（たち）の中にまた何度でも見付け直し、築き直すことができるというのが抵抗、解放、そしてまた運命な

のだと考えています。奪えるもんなら奪ってみろ。こう考えられるように
なったのも、やはりサンフランシスコで初めて在日コリアンの仲間と出会
い活動を始められたことがきっかけになっています。

　カリフォルニアで、在日（及び固有形容詞としてのザイニチ）のグルー
プであるエクリプス・ライジングとして活動を始めた当初は、やっと一生
携われる場所が見つかったと思いました。日本の在日コミュニティにも
LGBTQコミュニティにも、自分のアイデンティティを全面的に押し出し
て活動できる場所はないと確信していたので、はるばる大海の反対側で自
分と同じようなみんなと出会った時は驚きつつも「自分でいいのかな」と
も思ったことも覚えています。「自分が『在日』であることに自信を持て
ないことこそがザイニチの経験だ」と言われて、というかお互いに確認し
合ってからは、引け目を感じることはなくなりました。以前、日系人の団
体などと会合を持った時に、タイミングを見計らってゲイであることを公
言したら、ＬＡの教員組合のリーダーのある女性から「あなたの勇気に感
銘を受けた」と言われました。その時にはもう既に勇気を出して公表した
とかという気構えはなかったのですが、彼女の反応は強く印象に残ってい
ます。今でこそ同性婚が合法化されて差別は少し和らいだ感がありますが、
大学時代にアジア系のLGBTQの活動に関わり始めた時から、コリアンに
限らずアジアに文化的ルーツを持つコミュニティでの根深く存在する偏見
に向き合ってきました。どの文化が特に悪質だとか、歴史の文脈や社会制
度などを無視して話しても無意味ですし、それは論点ではありません。た
だ私の入り口がそこだったので、その後どんな運動に関わっても、人種差
別はもちろん、性的マイノリティへの差別問題をちゃんと議論できていな
いような政治的に幼稚な空間とは繋がりを持っていません。でも連帯を広
く築き上げるのは難しい作業です。永久に差別的な人たちはさておき、た
とえば当事者を含めLGBTQにわりと「寛容」なコリアン・アメリカンの
団体でも、結局、家父長制に基づく性差別の問題と、資本主義がもたらす

冷戦体制、そして社会主義国家が解決できていない様々な矛盾について、複合的な分析ができている場所はまだほとんど存在しません。ともすれば、9・11以降欧米諸国で顕著になった「LGBTに寛容な我々の社会こそが優れている」「ホモフォビックな国や文化は懲らしめる」というホモナショナリズムの言説に取り込まれてしまいます。やはりジェンダーとセクシャリティの問題と、国家や分断・統一などの地政学的な問題とがどう関連しているのか、研究と運動とを通して明確にしていく必要があると思っています。

　そもそも、どこに行っても一番進歩的な活動をしている空間では当たり前にLGBTQ当事者がリーダーシップを取っています。これは性的マイノリティの人権団体に限らず、たとえば私が所属するコリアン・アメリカンの組織Nodutdolでも然りです。左派のアジアン・アメリカンの草の根運動に関わっていると、どの民族・文化のグループでもヘテロの男性が中心になっていることは少ないことに気付きます。ビザなど正式な書類を持たない移民の権利運動でも、LGBTQ当事者が先陣を切ると同時に「Coming Out of the Shadow」というスローガンを用いて、明らかにLGBTQ運動から影響を受けたことを全面に押し出したりしています。これが大手NPOやアカデミアなどになると、金銭的資源や社会的地位と関係が近くなり、それにつれて特権を持った身体が増えるのはどこでも同じなのでしょう。説得力がない、というか大した役にも立たないし邪魔なだけですが、LGBTQがいなければ、もしくはいてもラディカルでなければ資本は集まりやすいと思います。

　それでも少しずつ、LGBTQのコリアン・アメリカンに特化したコミュニティが草の根で生み出されてきました。2013年にDari Projectというニューヨーク市近郊に住む有志の会が、当事者のライフストーリーを英語と朝鮮語で同時掲載したアンソロジーを出版して以来、定期的に会合を開いたりオンラインでやり取りをしたりしています。2018年には全米初の

KQTCon（Korean Queer & Trans Conference）が催され、3日間で200人以上の参加者が全国そしてアメリカ以外からも集まりました。特に20代の若者が多かったと思いますが、当事者の親が積極的にサポートを提供していたのが印象的でした。合計20ほどのワークショップでは事前に調査したニーズを基にメンタルヘルス、家族関係、そして、宗教信仰を主なテーマとして扱い、基調講演では養子として育った障がい者権利運動家のMia Mingusさんが感動的なスピーチで会場のみんなを涙に湧かせました。参加した多くの当事者にとっては、生まれて初めて魂の底から「おかえりなさい」と言われた感覚だと思います。私にとっては、パンフレットやウェブサイトにレインボー・フラッグと韓国旗のみが使われたりしてがっかりした点もありました。特に取り扱われた3つのテーマがどれも結局個人に集約されるような方向で、植民地支配やアメリカによる分断の歴史などの政治的な議論がすっぽり抜け落ちていたのが何とも歯痒かったです。

　団結して抑圧構造を正すというよりは社会福祉サービス的な切り口に重点が置かれ、それももちろん必要とは言え、今ひとつ米帝批判への意識が高まっていないと感じました。「コリアン・ディアスポラ」という括り方は多用されつつある一方で、まだまだ「アメリカ／韓国」の二元構造から脱却できていない集団アイデンティティ形成だと思います。

　比べて、同じくLGBTQ当事者だらけのNodutdolでは、抽象的に「クィアフレンドリーな朝鮮半島統一を」と叫ぶよりも、反帝国主義の運動を展開する中で日々のコミュニティの作り方そのものが優しさや思いやり、そして愛に溢れていると感じます。国家からであれ、家族からであれ、暴力に一番近い場所で生きる者として、それでもひとまず住む場所や収入はある身として、自分たちに物質的にできることは何なのか必死で考えています。戦略的優先順位ではなく、そもそも目指す場所がずっと遠くにあって、資本主義国家に権利を認めてもらったところで大した進歩ではないという認識です。使う言葉ひとつにしても、視線の向け方や話を聞く姿勢などの

動作にしても、身体感覚のレベルから考え直し、鍛え直していく過程の先頭にいるのがLGBTQ当事者だというのが私の考察です。何か緊急事態が起きれば真っ先に悪影響を被る立ち位置から、今まさに現状が緊急事態そのものだという分析を共有することで、互いに信頼できる関係を長期的に築いていく。上記の活動のように特化した場所を作ることも重要ですが、LGBTQ当事者が朝鮮人であることをディアスポラを通して考える上で、分断・統一の問題は避けて通れません。「私」や個人に集約されがちなセクシャルマイノリティの葛藤を、身体感覚を含め「公」な構造としてのセクシャリティの問題に置き換えることで、民族アイデンティティと家父長制を同時に問うことができます。

　経済制裁下だから、戦時中だからと許されるものではないからこそ、理想を見失わずに生命そのものを肯定するコミュニティを実践し体現していくことが求められていて、完璧ではないにせよNodutdolの活動もその一例として関わっていこうと思っています。

　もちろん、ザイニチにとっても統一問題と家父長制・セクシャリティ問題が繋がっていることをここまでふたりで何度も強調してきましたが、日本国家の仕組みでは名前、戸籍、天皇制と直結していると改めて考えるきっかけになりました。これをLGBTQの文脈で読むと、「家族以外の家族」がキーワードになってくるかも知れません。もしくはもっと厳密に言えば「家族を含めた、家族以外の家族」という禅問答のような表現になるでしょうか。安易な帰化を拒否すると同時に、戸籍や名前で民族の区別をせず、かと言って強制異性愛を前提にした既存のコミュニティの再生産ばかりに気を取られないでいられれば、地縁と血縁の二者択一しか用意されていない国籍という構築物を批判し、笑い飛ばすことができると思います。「多様な家族の在り方」みたいな個人主義・自由主義のマーケティングではなく、「あんたらの仕組みは穴だらけなんだよ」と言いながらいつまでも出来る限り図々しく居座って、血や地に限らず「知」で縁を繋げ、いつ

か「天皇制をぶっ飛ばせ」と人目憚ることなく叫べる日を夢見ています。

　鉱山を開いたのも飛行場を作ったのも朝鮮人なら、明治以降の日本国家の組織や制度構築において、仮想敵もしくは支配客体として日本人の潜在意識にのさばってきたのも朝鮮人である。そして夫婦別姓とか同性婚とかのレベルじゃなく、LGBTQ当事者と在日朝鮮人が結託すべきは沖縄・アイヌ・部落の問題でもあり、やはり地政学的な批判抜きに個の身体としてのセクシャリティに焦点を当てても長期的には無意味です。

　クィア・ポリティクスとは何かと突き詰めると、私にとってはやはり共有するための身体感覚であり、第2信のお返事で書いた「世の中と向き合う生命力の炎」であり、言うなれば態度かなと思います。在日朝鮮人の歴史で言えば、例えば「不逞鮮人」という表象は、3・1独立運動制圧時の新聞メディアで生まれ、関東大震災での虐殺にも使われましたが、抗日アナキストの朴烈と金子文子はこの記号を逆手に取って「不逞社」を設立し「太い鮮人」を出版しました。この言語的作業は、性的マイノリティへの差別語である「クィア」（queer）をエンパワメントのために奪還し再利用（reclaim）した流れに通ずるものがあります。ただ単に男性性・女性性や、異性愛・同性愛などの二項対立を否定するだけではなく、主体性とかagencyを根底から問い直すのがクィア・ポリティクスで、そこには不屈の精神と猛烈な慈愛とが同時に介在していると考えています。

　前回「結婚しようか考えている」と話したボーイフレンドは、実はアメリカ海軍の元軍人です。昔なら意地でも付き合わなかったと思いますが、政治信条ではなく南部の貧しい田舎から抜け出す手段として入隊した過程などの話を聞くにつれて私の視点も変わってきました。黒人の少年だった彼に与えられたほとんど唯一の進路を、自由に生きてきた私が善か悪かだけで語るのはただの傲りだと思うし、何より彼の魂がかっこよくて好きなのです。それに、朝鮮人が戦後にアメリカに移住し、コミュニティを形成してきた歴史の中で、米軍人と結婚して永住権を取ったことで他の家族を

連れて来た女性たちが、一方では性労働との関連性によって、家族の恥のように扱われてきたことも常に頭にあります。

　だから、同性婚という制度を大いに利用し、そして、日本にもアメリカにも図々しく居座ってやろうという態度もいいかなと思っています。

　子どもについては、どっちでもいいです。スイミングスクールで子どもたちを相手にしてきた経験もあって扱いには慣れていますが、韓国に生まれながら養子としてアメリカの白人家庭に育てられたコリアンの仲間たちがその制度に批判的なので、やはり慎重にはなります。子どもを養うほど頑張って働きたくない、というのが正直なところなので、積極的にはなれませんが、これもすべては縁なのかなとも思います。ただ、「人類の未来がこんなに暗いから子どもは作らない」という、よくある見解は個人的には違うと感じていて、自分の子だろうが他人の子だろうが、むしろ、人間だろうと地球環境だろうと、未来を守るように責任を持って今を生きるのは当たり前だと思っています。私も教育者として学生と真剣勝負をすることで、人を育て自分を育ててもらっていることに強い悦びを感じています。

　しばらくはきっぱりアカデミアと決別するより、あちこちいいとこ取りを目指そうと思います。運動の仲間や学生たちと共に生きるという意味でも「家族も含めた、家族以外の家族」というのが、「在日」のゲイとして世界に対する私の不屈の精神と猛烈な慈愛のかたちです。

李恩子：5ヶ月近くにも亘る間、お付き合いしてくださってとっても嬉しく、また感謝しています。手紙形式なのでお互いの thoughts・思いや考えの深いところまで表現できたかがどうかわからないけれど、少なくともこの対談を目にされた方にはユニークな企画内容を届けられたのではないかと思っています。ありがとうございました。

【参考文献】

松田素二・鄭根植 編『コリアンディアスポラと東アジア社会』、京都大学学術出版会、
2013 年

III部　植民地主義がもたらしたもの

第5章　忘れられたもう1つの植民地—旧南洋群島における宗教と
　　　政治がもたらした文化的遺制

　2014年は、第1次大戦開戦の勃発からちょうど100年にあたる。日本は100年前の8月23日にドイツと国交を断絶、同国に宣戦布告し、10月3日、ドイツ領であったグアムを除く北マリアナ諸島、カロリン諸島、マーシャル諸島を軍事占領した。

　その占領地は、西太平洋の赤道以北に位置する南洋群島と称されてきた島嶼地域である。島々の海域は、東西5000キロ・南北2400キロと広大で、域内の島の数は約1400余を数えるが、総面積は東京都とほぼ同程度と言われている。南洋群島は英語表記の発音で「ミクロネシア」と呼ばれてきたが、これはギリシャ語の「小さな島々」という意味にあたる micro ＝小さい、nesia ＝島を語源として、フランスの地理学者によって1831年に名づけられた（注1）。この小さな島嶼の海域には現在4つの「国家」、パラオ共和国、北マリアナ諸島自治連邦、マーシャル諸島共和国、そして、ミクロネシア連邦が成立しており、全地域の総人口は30万にも満たない。

　しかし、この地域は16世紀以降、スペイン、ドイツ、日本、アメリカといった帝国の植民地として重要な存在であり続けてきた。その証左として100年前の日本もさることながら、現在はアメリカによって軍事・外交権を牛耳られ、「独立国家」とは名ばかりのその「従属国家」として存在している。言い換えれば、この4つの「国家」は、現在アメリカとの自由盟約国（Compact Free Association）あるいは自治連邦区（Common Weles）という地位協定に基づき、「半植民地」下にあるといえる。

地域、および人びとの総称として使われているミクロネシア・ミクロネシアンは、4国家のうちの1つの国家名（ミクロネシア連邦）としても使われているため混乱しやすいのだが、このミクロネシア連邦を構成する4つの行政州（ヤップ島、コソラエ島、ポナペイ島、チューク島・旧トラック島）のうち2つの州、ポナペイとチュークにはかつての日本人宣教師団である「南洋伝道団」が、第一次世界大戦後、日本海軍省の依頼により派遣された。しかし、その宣教師派遣の歴史的背景については先行研究も少なく、この地域全般に関する研究も、近年少しずつ増えてきているものの、かつてその地が「大日本帝国」の植民地の1つであったと見る研究資料は多くはない。

　現在、この地域へ日本から旅行する場合、直行便はなく、グアムで乗り換えなければならない。しかも乗り換えの連結便は週3回と少なく、グアムでの連結のための待ち時間は長い。直行であれば4〜5時間のところを、ほぼ丸1日かけなければならない。地理的に「近くて遠い国」(注2)である。距離的には近いが、感覚的には遠い国である。戦争経験のない世代にとっては、観光のリゾート地として知られる北マリアナ諸島の中心的な島であるサイパン島はよく知られていても、ポナペイ、チュークは地理的位置もさることながら、知覚的にも捉えどころのないような遠い国だといえるだろう。しかし、この地の近代史を紐解くと日本との深い関係が見えてくる。

　近代帝国主義最後の植民地地域と言われてきたこの太平洋地域を「日本帝国」は早くも明治の初期から植民地にせんと虎視眈々と狙ってきた。それほどまでに、発足したばかりの明治維新政府にとっては重要な地域であった。

　明治20年代前後に現れた様々な「南進論」の中でも、この地域の気候や文化については言及されている。これに先立つ明治6年（1873年）、近代国家を確立するために西洋視察を目的として組織された「岩倉具視使節

団」が、2年半という長い期間をかけて行った西洋視察の帰路「印度南洋に立ち寄った」という記録からも、太平洋の島々は日本帝国にとって大陸進出と合わせて重要な地域であったといえる（注3）。

　ただ、日本とミクロネシアとの最初の関係は、「国家」が直接介入する以前の1880〜90年代に個人の冒険的入島から始まっている。その個人の遠洋航海にしても、明治初期、中期の膨張主義者を特徴づけるロマン主義、理想主義、熱狂的愛国主義に彩られた海外膨張志向のうねりと無関係ではなかった（注4）。個人の野心やロマンに基づく移動から始まり、国家的野望と利益の対象となったこの地は、現在も日本にとって地政学的、生態・環境学的、経済的、そして軍事的側面からも重要な地域に位置付けられている（注5）。

　南洋伝道団に関する先行研究は極めて限られており、本稿はその限られた先行研究（注6）と当時の日本海軍の資料、そして、現地でのフィールドリサーチをもとに、検証し、さらに宗教と政治がもたらした文化的遺制、つまり、宣教師が現地にもたらした異文化との遭遇が現在の島文化、そして政治・社会にどのような影響を及ぼし、その影響がどの程度今も残っているのかを探ろうとするものである。

「南洋伝道団」が送られた歴史的・政治的背景

　日本人宣教師団である「南洋伝道団」が南洋群島に送られた時代的背景は、第1次世界大戦後に創設された国際連盟下における委任統治という制度が施行された期間であった。

　委任統治制度施行1ヶ月後の1920年2月に早くも第1陣が送られ、その活動は第2次世界大戦が終結する1945年まで続いた。その間、1931年に日本は満州事変を引き起こし、その後の33年に、日本は国際連盟を脱退した。にもかかわらず、日本の統治は続いた。統治が継続されたので宣教師たちも継続してその地にとどまった。第1次世界大戦の勃発直後に南

洋群島に宣布された軍政は、戦争終結後も委任統治制度の下で、民政に移行し、日本はその地を継続支配したのである。

　日本の支配の大義名分となった委任統治受任にいたる経緯は、日本が第1次世界大戦に参戦し、戦勝国の一員になったこと、戦後処理を巡って関係各国の思惑が交錯する中、日本がその地を実質的に統治していたという既成事実などが大きく作用したことが関係している。したがって、この戦争について、そして委任統治制度について若干概観しておきたい。

　第1次世界大戦勃発100年目にあたる今年だが、この戦争について論壇やメディアでは大きく取り上げられなかったような印象がある。第2次世界大戦に比べてあまり言及されることがなかった理由として、第1次世界大戦は第2次世界大戦ほど深刻で大きな影響を日本に与えなかったからであろう。それに比べて第2次世界大戦は日本の連合国に対する敗北でもって終結を見たためその被害と影響は大きかった。

　第2次世界大戦はロシアや中国大陸を大きな戦禍で覆っただけでなくヨーロッパ諸国やアフリカ大陸も戦場とした。その人的被害は世界中で6000万人とされる。その点、第1次世界大戦は基本的には当時のヨーロッパが主戦場だったのでヨーロッパ戦争とも呼ばれた。第1次世界大戦は、それまでのどの戦争よりも大きな人的被害を出し、第2次世界大戦が起こるまで人類史上最大の犠牲者を出したことで知られている。そればかりか、戦争の結果、3つの帝国が解体され、power of balance という概念が生まれたほど、国際政治、国際秩序のあり方に決定的な影響を与えた戦争だと言われている（注7）。20世紀を「戦争の世紀」と表する暗雲の時代の幕開けを意味する戦争だった。そして、その「戦争の世紀」は21世紀に入り「反テロ戦争」の時代を生み出した。帝国主義国間の世界戦争が局地的な戦争に姿を変えたとはいえ、現在も国家間の「本質的」利害関係の連続性を見ることができる。

　第1次世界大戦は夏に始まりクリスマスまでには終わるだろうと、短

期戦を想定していた各国の見通しに反して、戦争は予想をはるかに超えて長期化し、日本を除く参戦国の多くの「国民」が犠牲を払った。数多くの被植民地の人びとも戦争の第1線に駆り出され、宗主国の始めた戦争の犠牲になった戦争（注8）だった。

　日本は、アジアで唯一植民地を獲得した国であると同時に、ヨーロッパで起こったこの戦争に参加した唯一の国である。植民地宗主国、あるいは「帝国」の一員ゆえ当然の成り行きといえるのかもしれないが、日本にとってこの戦争への参加の成果は、その被害者数から比べると大きなものだった。戦争ブームがもたらした利益は計り知れない膨大なものであった。実質的な経済的利益のみならず、結果として「西洋」の帝国の仲間入りを果たし戦勝国の一員になったことは、日清・日露戦争の勝利に続く日本の「帝国」化に向かって更なる自信を与えた。まさに明治維新政府の国家指針である「富国強兵」を更に具現化し、西洋列強国にその存在を強くアピールすることになった戦争だったといえる。

　日本の統治者、とりわけ軍にとって願ってもない「幸運」であったこの戦争に日本が参戦した背景は何だったのだろうか？　フランスとドイツの歴史家ベッケルとクリマイヒは、その著『共同通史・第1次世界大戦』の中で、日本の参戦の理由を2点あげている。1点目は1902年に結ばれた英国との間の同盟関係。参戦はその日英同盟の第3次更新時の1911年の後で、互いの同盟関係による双方の義務が減少していた時期であったにもかかわらず、日本は英国の参戦要請に応えたと説明している。つまり、たとえ同盟関係の政治的義務が軽減された時期であったにもかかわらず、日本は積極的にその要請に応じたのだ。それは周知のとおり台湾に続いて朝鮮を植民地化し、帝国への道をまっしぐらに突き進んでいる日本にとって参戦は絶好の機会であっただろう。直截に言えば、日本にとっては当然の応答だったといえるだろう。2点目は、対戦国であるドイツが中国の山東半島の青島を租借地としていたことと、太平洋の島々―ソロモン、カロ

リン、マリアナ、マーシャル諸島を領有していため、日本の参戦はドイツからその租借地や領土を奪うためであったと指摘（注9）している。

　例えばロシアの南下政策に対抗する目的の1つであった朝鮮半島の植民地化を1910年の韓国併合によって達成していた日本にとって更なる「北進」、つまり大陸への侵略を進めるにあたって、山東半島への領土的関心が大きかったことは、容易に想像がつく。

　また、ベッケルとクルマイヒの説明でも明らかな様に、日本帝国の近代の野望―大陸への「北進」と南洋への「南進」―を同時に加速度的に達成し、更なる帝国化へのステップストーンを得るためにも第1次世界大戦への日本の参戦は、日英の同盟関係といった条約上の要請、あるいは責務というよりその領土的野心を満たすためのものだったといえる。換言するならば、同盟国であった英国からの参戦要請はきっかけではあったが、帝国主義国の新たな一員として台頭する日本の統治者、軍関係者にとっては、軍事力を試すことができるこの参戦要請はタイムリーであり僥倖であったといえる（注10）。

　4年に及ぶ大戦は英仏側が勝利し、ドイツが保有していた植民地の譲渡や再分割について話し合うための講和会議が始まった。1919年1月に第1回目の戦後処理に関する会議がパリで始まり、同年6月にヴェルサイユ講和条約が締結され、戦後処理に関する会議の幕は下ろされた。しかし、戦後処理についての方針は、すでに戦争終結1年前の1917年には連合国間で秘密会議がもたれ、その場で議論されていた。たとえば、日本と英国との間に交わされた密約では、戦後、日本が南洋群島を領有することは、英国側の承認をすでに得たもの（注11）であった。そのような2国間の密約、交渉だけではなく、敗戦国ドイツの植民地返還要求や英国自治領（オーストラリア、ニュージランド、南アフリカ）からは、参戦した代価として戦時中に占領していた領土を、戦後も継続して管理・支配するという主張や要求など、戦後を見据えた様々な思惑が各国間で絡み合い、水面下での

交渉が始められていた。それらの議論の過程で、「領土非併合、民族自決」という原則を主張するウイルソン・アメリカ大統領の考えは、アメリカ自体は大戦には途中からの参戦であったが、連合軍側の勝利を導くのに決定的な役割を果たしたこともあり、その発案の影響力は大きかった（注12）。

　もともと「領土非併合、民族自決」つまり、参戦各国が勝利の戦利品として新たに獲得した地域を含め、これまで獲得した地域を植民地として再支配するのではないという理想は、イギリスの軍人スマッツのアイディアであったが、その当初の案は南洋群島を含まない旧植民地に対する対応案であった。しかし、アメリカは「南洋群島も含むべきだ」と主張した。提案の背景には大戦に途中参戦したアメリカの思惑があった。戦勝国間で植民地を再分割するという戦争終結前から交わされていた議論の流れに乗り遅れていたアメリカにとって、アメリカ抜きの戦勝列強間での戦利品としての植民地再分割案は、アメリカの勢力圏にも影響を及ぼす（注13）ものであったからだ。

　いずれにしろ、「領土非併合」、「民族自決の原則」は、戦後設立されることが決まった国際連盟（League of Nations）が介在する共同管理を通して遂行すべき目標、理念となった。しかし、現実的には「連盟」が直接共同管理することは困難であると判断され、関係各国に委任するという形に落ち着き、その「統治」を連盟が監督するという一種の妥協案として生まれたのがこの「委任統治制度」、英語で言う Mandate であった（注14）。

　「領土非併合、民族自決」という大義名分の遂行は、受任国の義務とされ、受任国が受けもったそれぞれの地域を自立に向けて支援するという課題が課せられた。委任統治された地域はその領土面積、人口、「文明度」によってＡ、Ｂ、Ｃ式というランク付けをされた。そして、日本が統治するようになった南洋群島は最も「文明度」が低く自立していないＣ式に分類された。日本は統治の受任国として、国際連盟にその統治内容を報告する義務が課せられ、その義務を果たすことで統治権を得た。だが、その統治内

容は実質的には何ら植民地統治と変わるところがなかった。委任統治受任国日本は、この制度のもと当地での施政・立法の全権が与えられ、日本国内の法規も適用可能となった。一方、「連盟」には日本の統治のあり方を調査する権限はなく、「連盟」への報告義務を監督するだけというものであった（注15）。そして、1922年にパラオに南洋庁が設置され、名分上、軍政から民政に変わり日本の支配は第2次世界大戦終結まで継続したのである。

南洋群島における宗教政策

「南洋伝道団」が送られた経緯とその背景である国際連盟の委任統治制度、その委任統治を受任するに至った第1次世界大戦への日本の参戦を概観してきたが、ここでは誰が、何故、「南洋伝道団」を送ったのか、その直接的背景となる日本政府のこの地域に対する宗教政策から「南洋伝道団」が送られた背景を更に具体的に探ってみたい。

数少ない「南洋伝道団」に関する先行研究においても、派遣の1次的要因として海軍からの依頼が挙げられてきた。しかも、それらの研究に共通する認識は、以下の国際連盟委任統治受任義務条項22条内容に基づいている。以下少し長いが原文を引用する。

第22条〔委任統治〕
一　該人民ノ福祉及発達ヲ計ルハ、文明ノ神聖ナル使命ナルコト。
二　此ノ主義ヲ実現スル最善ノ方法ハ、該人民ニ対スル後見ノ任務ヲ先進国ニシテ資源、経験又ハ地理的位置ニ因リ最此ノ責任ヲ引受クルニ適シ且之ヲ受諾スルモノニ委任セリ。
三　委任ノ性質ニ付テハ、人民発達ノ程度、領土ノ地理的地位、経済状態其ノ他類似ノ事情従ヒ差異ヲ設クルコトヲ要ス。
四　前記受任国ノ選定ニ付テハ、主トシテ当該部族ノ希望ヲ考慮

スルコトヲ要ス。

五　尤モ受任国ハ、公ノ秩序及善良ノ風俗ニ反セサル限リ良心及
信教ノ自由ヲ許与シ、奴隷ノ売買又ハ武器若ハ火酒類ノ取引ノ如
キ弊習ヲ禁止シ、並築城又ハ陸海軍根拠地ノ建設及警察又ハ地域
防衛以外ノ為ニスル土民ノ軍事教育ヲ禁遏スヘキコトヲ保障シ、(注
16)

　ここに示されている第5項目の「信仰の自由を認める」という受任義
務への対応が背景になっているというのが共通の認識である。また、信仰
の自由と同じように重視されていたのが第1項目の人民の福祉及発達を計
ることである。そして、この福祉向上とは「文明化」つまり、「野蛮」あ
るいは「未開」の人びとを「文明人」にするというもので、その一環とし
て現地住民の首長（ナンマルキ）などを日本へ観光視察「内地観光団」と
称し招待するということ（注17）も行われていた。そして、「文明化」の
解釈を物質的豊かさとし、経済的発展のために、軍政時代からの拓殖事業
である製糖業に最も力を入れ委任統治の産業の中心に置いた施策（注18）
がとられていた。
　「南洋伝道団」派遣の背景となる第5項目の「信仰の自由」を保障する
ための施策だったという説明は、果たして受任国の義務遂行上のためだけ
だったのだろうか？　この問いにつなげて考えるとその答えは、否だとい
える。政府が宗教に対し積極的に対応しなければならない理由は、当時の
南洋群島がスペイン、ドイツ統治時代を経てすでにキリスト教化されており、
加えてアメリカの宣教団「アメリカンボード」が日本の統治以前の1852
年から入島して宣教活動を展開しており、そのため、住民の大半がクリス
チャンであったという現状があった。
　そういう現状が受任義務としての信仰の自由を守るということにつな
がり、そのことは連盟に対する対外的応答としてだけではなく、住民統治

上、無視出来ない事情があったためである。

　そればかりではなく、実のところ、南洋群島における宗教政策は、委任統治下の民政時代に始まったものではなく、軍政時代からすでに海軍省の統治立案の中に、いち早く含まれていたと指摘（注19）されている。では海軍省の宗教政策立案は、円滑な統治目的だけだったのだろうか？

　「無血」占領と言われた南洋群島の支配にキリスト教が有効であることは、その住民の多くがクリスチャンである実情からも推察できる。しかし、住民からの抵抗を予期した人びとへの tame（飼い慣らし）化の手段としてだけではなく、経済的な理由もあったと考えられる。それはドイツ人が持っていた現地の教育機関の土地建物と彼・彼女らが住民にもたらしていた教育の影響であった。つまり、「日本式」教育への移行を円滑に推し進めるためにもキリスト教との協力体制を築く上でも接収したドイツの教育施設は必要であったといえる。もちろん、その協力体制の構築は積極的な意味においてではなかった。むしろ、キリスト教化されている現実との妥協の産物だったといえる。というのも、海軍省は占領直後から残留していたドイツ人に退去命令を出したり、学校事業禁止の方針を打ち出したりしたが、財政的な事情でドイツ人たちが設立した教育機関に住民教育を依存しなければならないという事情などから占領半年後には一旦その禁止を中止した。またドイツ人退去は日本が世論の批判にさらされるという問題も抱えていた。このようなジレンマの中で、どう対処していくべきかという文脈の中で宗教政策を立案していかなければならなかったのである。そのジレンマは、国際世論と現実的な利害とのはざまで生じた調整上の問題でもあった。

　ドイツ人退去過程で彼／彼女らの安否確認のため、YMCA からその処遇についての照会依頼を受けるなど、国際社会にドイツ人宣教師の処遇への関心が高まる中で、海軍省は 1916 年 3 月に、ドイツ人退去命令発令後 1 年もたたないうちにドイツ人退島を原則禁止とし、これまでとは 180 度

違う方針を打ち出すという政策変更（注20）がなされた。

　日本の統治に不都合な人物・団体は、いち早く追い出すべきという方針と、宗教団体を中心とする国際世論の反応、加えて西洋人宣教師たちが現地住民に与えてきた様々な面での影響を看過できないという現実との葛藤の中で、現地司令部は、文部省宗教局にその実情を訴えるなどしていたのである（注21）。

　また、ドイツ人退島計画過程で海軍省は、頻繁に南洋群島への視察を図っているが、その報告の多くがドイツ人宣教師退島後の宗教政策に関する提言だったと言われている（注22）。

　このような動きからも垣間見ることができるが、一般的に国家の宗教政策というものは、対内的統制の手段とされる一方、国際政治あるいは国際世論との緊張関係の中で立案施行されてきたといえる。とりわけ当時の日本にとって、軍政を経て連盟の提唱する委任統治下の民政に移行した経緯から、国際連盟との関係や、国際社会の一員であることの重要性を意識せざるを得なかったのであろう。そのことは、カトリック教徒への対応に苦慮していたという事実からも読み取ることができる記録がある。

　南洋群島はドイツの前にスペインの支配下にあったことからカトリック信者も多く、その人びとへの方針について日本政府は、パリにいる山本海軍大佐に意見を求めた。これに対し山本大佐は「カトリック布教者も派遣すべきである」と伝えた（注23）。また、派遣すべき神父もできれば日本人であることを海軍は望んでいたが、当時の日本ではカトリック神父が50名程度しかいなかったため、派遣は困難であり、さりとてカトリック信者を放置もできなかった。放置すればローマ法王庁や英米から非難される可能性があると判断し、山本大佐からも「英米から反日興論醸成に利用される可能性があるため、十分な対応を行うことが必要である」との提言を受けている（注24）。

　さらに海軍省は、カトリック側もできれば日本人宣教師を送りたいと

考えていたが、当時南洋群島はローマ法王庁直隷のフィリピン本部の布教管区にあったため、日本から宣教師を派遣する事ができなかった。そのため、日本での布教を担当している「天主公教布教会」の布教管区に設定をしなおしてから、日本人宣教師を派遣するのがよい、とまで海軍は考えていた（注25）。しかし、それはカトリック内の制度上不可能であるため、結果的には敵国人ドイツ人ではなくスペインからの神父派遣で妥協を見た。

　紆余曲折の「敵国」人を追放する過程における宗教政策は、上述した通り一貫したものではなかったが、最終的には時間をかけてドイツ人の退島とドイツ宣教団体 Liebenzell Mission に退去命令を出した。そしてパリ講和条約が締結された1919年6月には、すべてのドイツ人宣教師とビジネスなどその他の関連で住んでいたドイツ人を退島させるに至った（注26）。また、外国人に対する警戒心は「敵国人」の外国人のみではなかった。委任統治下の民政に移行した後も、一般外国人は日本の利益を損なう存在と潜在的にみなされていた。そのため様々な口実を設けて外国人の訪問を認めないとする施策が取られた（注27）。

　このように委任統治以前から、現地からの報告や視察を通して外国人排除を目的とする海軍省の宗教政策の経緯を見るならば、その延長線上に「南洋伝道団」派遣の目的もあったと推測することができる。つまり、委任統治以前の軍事占領直後から宗教政策を、立案していたという経緯そのものと、「南洋伝道団」を派遣するに至った目的は同質のものであったということである。ただ、軍政時代の統治と違い、形式的であっても国際連盟の監督下にある委任統治の下では、統制目的のみだけではなく、この地の統治ぶりが国際連盟の一員としての日本のイメージを対外的にアピールすることになった。各国内での世論形成に大きな影響を与えるということに関しては軍政時代に比べ、より敏感にならざるを得ない立場にあったといえるだろう。

このような政治的文脈で考えるならば、日本人宣教師にこだわり「南洋伝道団」が組織されたのは、諸々の施策の立案過程の試行錯誤と葛藤を経て、確実に、そして、周到に準備された政策であったといえるだろう。

　次の稿では、南洋伝道団が組織化され実働に至った過程を、協力した組合教会側から検証する。

「南洋伝道団」派遣の直接的背景と目的

　結果としてこれら文脈から見れば、「南洋伝道団」という組織が日本人によって構成され、宣教師が送られたのは「自然」の流れだといえる。では「南洋伝道団」は、どのように組織され、どのような期待をもって宣教の地に赴いたのだろうか。「南洋伝道団」発足の発端は、当時日本基督組合教会の霊南坂教会牧師で同志社大学２代目総長であった小崎弘道が、海軍省からの来庁依頼を受けたことから始まっている（注28）。小崎が呼ばれる前に同じく組合教会牧師で巡回伝道者であった木村清末が呼ばれたが、彼は外遊中のため小崎が代わって来庁することになった。時期は、ヴェルサイユ講和条約が結ばれた1919年６月28日直前の６月３日であった。その依頼の目的は以下の文書に明らかに示されている。

　　　南洋統治上宗教ノ力ハ頗ル重要視スベキ実情ナルヲ以テ……敵国
　　　人宣教師ニ代ルベキ相当ノ布教師ヲ速ニ入島セシメザレバ迷信深
　　　キ島民ハ精神上帰趨スル所ヲ失フ虞アルノミナラズ、他外国宣教
　　　師ガ講和条約締結後、逸早ク入島シテ金銭ト努力ヲ惜マズシテ（注
　　　29）。

　敵国人宣教師に取って代わるだけでなく、「宗教を通して現地住民を教化する」という目的が明らかに示されている。そして、そのような目的遂行のため依頼された小崎は以下のように答えている。

（1）個人トシテハ組合教会ノ事業トシテ進ンテ南洋布教ニ従了シ
タキ意向ヲ有スルモ理事会ノ決議ニ依ラサレバ、□答シ難シ、
（2）官ヨリ相応ノ後援ヲ得サレバ成功困難ナリシ、
（3）統治カ海軍ヨリ離ルル場合アルモ御方針ニ変化ナキヲ□セラ
レサレバ着手シ難シ（注30）。

ここで小崎は、「教団理事会にかけなければならない」としながらも、個人ではなく教団組織として、推進したいというかなり積極的な姿勢を示し、「財政的支援があれば引き受けられる」という極めて意欲的と捉えられる態度が読み取れる。さらには、政治的交渉と積極的な意欲、ある種強気な態度とも読み取れることができる。しかし小崎は、教団理事会［委員会］からは同意を得ることが出来ないまま事業を推進することになったのである（注31）。

以下の政府文書は南洋群島への日本人宣教師を送るという閣議決定の一部である。

一、南洋群島新教布教団ヲ組織シ小崎弘道氏ヲ以テ之カ会長トナ
シ団員ハ組合教会及他ノ新教宗派中志願者ヲ以テスルコト
二、本布教団ノ事業ニ関シテハ当分ノ間官ニ於テ相当補助ヲ与フ
ルモノトシ其補助本年度ハ約二万円トシ臨時軍事費ヲ以テ支弁シ
次年度以降ハ機宜決定スルコト
三、本布教団ハ布教事業ニ関シテハ南洋群島民政部ノ監督指示ヲ
受クヘキコト（注32）

年予算2万円という金額にしてもそうだが、現地住民の人口数や他の宗教団体、たとえば、仏教教団などへの援助に比べると破格の予算の支援

を受け、南洋伝道を始める基礎ができた。そして、小崎を中心に「南洋伝道団」を派遣する委員会が 1919 年 11 月に組織された。委員のメンバーは、団長に小崎弘道、幹事：岩村清四郎、理事：平田義道、木村清松、福永文之介、松山常次郎、後に網島佳吉と全員が組合教会に関係する者であった（注 33）。

　団長になった小崎の来庁から 5 ヶ月足らずで、委員会が立ち上がったということは、極めてスピーディな動きで、その迅速な組織化が可能だったのは、やはり、前項で述べた軍政時代からの政府の宗教政策に対する積極的姿勢によるものだといえる（注 34）。もちろん、当時の政府の宗教政策は、南洋統治に限定されたことではない。たとえば、日本の膨張主義、植民地主義が拡大する同時代にあっては、大陸での海外宣教は教派ごとに行われ、各教派は所属する宣教師を派遣して宣教に努めた。それらは、満州における熱河伝道、東亜伝道会、満州開拓村委員会、朝鮮伝道などがそれであり、すべて国家援助を大なり小なり受け取りながら、教派ごとに宣教活動が推し進められていたのである（注 35）。

　しかし、これらの宣教活動の始まりは「南洋伝道団」とは異なり、伝道団発足時にあたる初期段階から政府の介入があったわけではなかった。伝道団は現地に移住した日本人を宣教の対象として発足したが、やがて現地住民をも対象とする伝道活動へと広がっていった。また、政府からの援助、支援は後になってからのものであったが、「南洋伝道団」の場合、伝道目的の対象は前項で述べたように最初から現地の人びとであった。その伝道の目的は、住民の効果的な統率に宗教が有効であるという判断にあった。そして、その任に当たるのが日本人宣教師だと委任統治の名分である「文明化」のための教育を「国民化」教育として施すのに都合が良いという判断もあっただろうと推察できる。何故かというと、後述する伝道団の働きの中で、神学校建設というものがあったのだが、そのカリキュラムの中に修身教育があったことからも、そのように解釈しうるのである。

敵国人のドイツ人の代替として日本人を当てるということに関しては、その目的がドイツ人だけではなく、他の外国人に対しても警戒を緩めず、排除するという方針にあったことは前述したが、その中でも特にアメリカ人への警戒心は強かった。それは当時のアメリカがフィリピンを支配下においており、南洋群島はそのフィリピンから地理的にも近いということ、国際政治における日米の微妙な関係からきていた。日本政府はアメリカ人宣教師の南洋群島での働きだけではなく、朝鮮での働きも注視していたと推察できる。というのは、講和条約が締結する3ヶ月前には朝鮮で3・1独立運動が起こり、日本の官憲によるキリスト者への弾圧に対して米国内の世論の批判が大きかったことや、南洋群島におけるドイツ宣教団と同様、朝鮮においても、欧米の宣教師達が精力的に行った活動のひとつが高等教育機関、つまりミッションスクールの建設だったことだ。欧米の宣教師はその教育活動などを通して日本の支配を相対化する教育空間の場を提供していたと言われている (注 36)。

　このような植民地における政治状況から、そして、政府の統治目的の一環として、外国人を敵視する政策が取られた。これらの背景が政府を通じて小﨑に依頼するに至った経緯と思われる。しかし、小﨑が政府の意図をどこまで把握していたのか推測することは難しい。ただ、小﨑にとっては満州や朝鮮の伝道に自分の属する組合教会の牧師が、携わっていたということを全く意識していなかったとは言い難く、南洋群島に入っているアメリカの海外宣教団体「アメリカンボード」が自分の出身校である同志社の創立母体であるということなども依頼を前向きに引き受けた背景であることは容易に理解することができる。そして、結果として「南洋伝道団」の働きは始まったのである。

「南洋伝道団」の働きと文化的遺制
　日本政府の思惑と小﨑を代表とする「南洋伝道団」委員会に支えられ

山口牧師が建てた教会

日本が作った防空壕

て現地に向かった宣教師たちには、政府の大義やその戦略的「道具」として自分たちが派遣されたという自覚はなく、伝道という使命に身を託したはずだ。彼らは宣教地でどのような働きをし、現地の人びとにどのような文化的レガシーを残したのだろうか。

　この項では現地のフィールドリサーチも含めてそのあたりを論じてみたい。第1陣の宣教師はヴェルサイユ講和条約発効1ヶ月後の1920年2月に派遣された。彼らは組合教会の牧師である山口祥吉、田中金造とその家族であった。彼らは横浜から10日間かけてトラック島（現チューク島）に到着し、更にポナペイ島には3日かけて到着した（注37）。その後、川島直志、内田政雄、安積清、水向栄太郎、宮地治ら8名とその家族たちが送られている（注38）。それぞれの赴任期間は異なるが、一度の滞在期間は2年半、そして、3ヶ月の日本での休暇というサイクルでなされていた。

　「南洋伝道団」委員会が1919年の11月に発足し、その後3ヶ月足らずで第1陣が赴任したということは、委員会設立以前、つまり小崎が海軍省に呼ばれた直後から希望者を募っていただろうと推察されるぐらいの速さである。彼らの主要な活動は、日曜礼拝、聖書研究、日本語教育、そして神学校建設などが中心であった。ドイツ人やアメリカ人など従来の西洋からの宣教師と違って、現地の言語も熱心に習い周辺の小さい島々へも定期的にボートに乗って精力的に巡回伝道し、神学校での伝道師育成にも尽力を注いだ。そして、伝道活動の15年後には立派な教会が建てられ、その献堂式には団長である小崎弘道も初めて現地入りして大歓迎を受けたと言われている（注39）。

　建築された教会は、1930年代に建てられたにもかかわらず大変立派なものである。現在でも半自給自足的生活をしなければならないぐらい生活物資の流通が限られている地で、日本人宣教師たちが建てたこの教会は、立派過ぎるといってよいほどの建物である（注40）。宣教師たちの働きはもちろん建物の建築だけではなく、人材育成の熱心さにおいても現地の人

びとに語りつがれている。

　山口牧師が建てた Kimuna（平和という意味）教会の2代目牧師になった Ezura Robert を山口は短期間ながらも、早稲田大学に留学させている（注41）。現在もこの教会には100人ほどが日曜礼拝に参加し、その中には日本人とのあいだに生まれた人たちもいる。そして、教会員の中には太平洋戦争時に家族を2人も亡くした人もいて、日本からの訪問客である私たちにその悲しみと怒りを訴えるように話してきた（注42）。

　第1陣のもうひとりの宣教師であった田中金造の娘である田中栄子は1980年に『優しいまなざし』という回顧録を出版している。その中で彼女の母親が現地の住民に向けた女子実技学校などを立ち上げ、女性指導者を育てていたと書いている。また島民たちが日曜日の礼拝を待ち望んでいるかのように、日曜教会は活気に満ち溢れていたというような記述もある。また、さらに、父親が頑固な人で戦時体制に入ったときには、日曜日に勤労動員などをされることに反対し、そのため軍との軋轢が絶えず、「田中一家は監視の対象であった」と記している（注43）。その書にはもちろん、両親が当時の政府の政策上の目的で送られたということに対する批判的視点はない。また、給料は当時の会社員の3倍だったと語っているぐらいである（注44）。ゆえに、宣教師達の働きの一部であった島民に対する日本語教育や国民儀礼の押し付け、

海軍本部跡

さらには国防献金までが課されていたことに無自覚であったろうと思われる。

　世代が下がり、「南洋伝道団」のレガシーを直接引き継いだ住民の人びととに会うことは困難なことである。しかし、2013年夏に2度目のトラック島（現在のミクロネシア連邦チューク州）を訪問した際に、通訳兼ガイドをしてくれた住民のひとりは、山口牧師が建てた教会建設に自分たちの家族が直接協力したというような話を代々聞かされているという。また、島の多くの人びとは日本人が命名した日本式の島名（夏島、春島、秋島、冬島）を、現在も覚えていたりする。日本人とのあいだに生まれた人びとが多く、その人たちは日本式の名前を継承して現在に至っている。また、日本人との縁故関係がない人でも日本式の名前をつけられていたりする。たとえば、山口牧師が早稲田に送った Ezura Robert の息子はその教会の3代目牧師として働いたが、その人物の名前は Saburo Robert といい、Saburo は日本でいう「三郎」から命名されたという。

　他にも「南洋伝道団」の残した直接的文化的遺制とは言えないが「日本的」なものとして、巻寿司や稲荷寿司が教会の特別なイベントなどで提供されたりしている。文化と直結する言語においても、現地語の中に日本語が多く残っており、そういう言葉は、元来は日本語だったという理解もされないまま現地語として定着し使用されている。

　食べ物や言語だけではなく、精神的価値基準などにも文化的レガシーを見出すことができる例がある。現在、そこに住む住民たちは異口同音に次のように語る。対人文化あるいは対人マナーとして自分たちは「心の中にある自らの考えや意見をそのまま出してはいけないと教えられてきた」という。この話を聞いた瞬間まさに日本の文化的規範と同じではないかと思った。

　宣教という宗教活動を通しての異文化同士の遭遇は負の遺産ももたらす場合がある。元来、母系社会の地域であるにもかかわらず、教会での男

女の役割は、はっきりとジェンダー化されている。これは明らかに西洋からの、そして、日本からの宣教師がもたらしたものだと考えられる。ジェンダー化された価値観だけではなく、人種主義を彷彿させる価値基準も見出される。

　トラック島は日本の統治時代に海軍本部が設置されていたこともあり、太平洋戦争中に日米の挟間で多くの現地住民が犠牲になっている。その歴史的事実から毎年8月には各島から住民が集まり太平洋戦争解放記念礼拝が持たれるのだが、そこで「黒」というのが「悪」の象徴として用いられたりしている。

　以上、概括してきた文化的遺制は、全て直接「南洋伝道団」の活動がもたらしたものだとはもちろん言い切れない。しかし、元来、文化そのものに「純粋」なものなどなく、遭遇と孤立の中で育まれるものである以上、日本の30年にも及ぶ統治期間には、そこに住む住民の6割が日本から来た人びとだったという時期もあったという歴史的事実からも、また「南洋伝道団」が残した教会堂という物理的空間が存続する限り、口頭伝承の文化圏のこの地でその軌跡はオーラルヒストリーを通して生き続け、そのレガシーはこれからも次世代に語りつがれていくだろう。

おわりに

　本稿の基盤は科研研究の「ミクロネシア女性たちのオーラルヒストリーでたどる「南洋伝道団」の遺産の再構築」から始まった。科研申請の動機は、「南洋伝道団」は誰が、何故、どのような目的で始まったのかを知りたいという知的欲求からであった。そして、その初期リサーチの中で「誰が？」の部分で海軍の依頼とそれを受けた組合基督教会の小崎弘道の存在がすぐに明らかとなった。しかし、ではなぜ、どのような目的で海軍は依頼したのか？　という問いへの答えは知り得ていなかった。統治遂行のためだという仮説は容易に立てることができた。それは西洋列強の植民地主

義とキリスト教の布教には密接な関係にあったという歴史的事例が多くあるからである。そして、結論としてその仮説は間違っていなかったことが、限られた先行文献と政府側の史料から少し解明できたと思う。

　「南洋伝道団」に関係した委員会のメンバー及び宣教師たちは、すべて組合基督教会に属する人びとであったが、この教団も含めていわゆる 15 年戦争期の戦時体制時期に日本のキリスト教諸教会は、国家神道体制の名の下で教派に関係なく「日本基督教団」へと強制的に吸収合併されて一元化した。1941 年のことである。その中には「南洋伝道団」の牧師たちが属していた組合基督教会も当然含まれていた。そして、戦後になって「日本基督教団」は戦前の国家との関係において戦争に協力した戦時中の過ちに対する謝罪・反省の態度表明をすることを 1966 年の教団総会で決議した。いわゆる「教団の戦責告白」である。しかし、それは太平洋戦争時代に限定された反省でしかなかった。

　本稿で見てきたように、日本基督教団としてではないが、日本のプロテスタントの主流であった組合基督教会の代表的な人物が、朝鮮、満州のみだけではなく、南方の南洋群島にまで国家が介入していた宗教政策に積極的に関与したという事実は、戦時下における直接の戦争協力の問題と同じぐらい深く省みて検証されなければならない歴史事実である。その検証は現在のそして、未来の宗教と国家の関係を考える上で極めて重要な意味を持つ営みであろう。加えて、国家の宗教政策あるいは宗教そのものを国内政治や国際政治とのからみの中での検証はさらに求められるだろう。

<注>
1) 松島泰勝『アジア太平洋研究選書 ミクロネシア：小さな島々の自立への挑戦』早稲田大学出版部 2007 年 7 頁。
2) この表現は長く朝鮮半島と日本の関係を象徴するものとして使われてきたが朝鮮半島との関係においては精神的なあるいは日本人の意識上の距離を表象しているといえる。

3) 上野隆生『 近代日本外交史における「北進」と「南進」』和光大学現代人間学部紀要第一号 2008 年 3 月。

4) マーク・R・ビーティー『日本植民地支配下のミ クロネシア「岩波講座：近代日本と植民地」1 植民地帝国日本 』岩波書店 1992 年 190 頁。

5) 重要性の具体的な例として「独立国家」成立後いち早く日本領事館の設置や漁業権や水産輸出の相手国が日本が第 1 位であることや軍事面においてアメリカとの同盟国という側面など。

6) 西原基一郎 小崎真 出岡学 中村敏などが上げられるが「南洋伝道団」に限定して書かれたものは西原のものだけである。

7) ジョセフ・S・ナイ・ジュニア『 国際紛争（原著第 6 班）：理論と歴史』有斐閣 2007 年 75 頁。

8) 日本ももれることなく戦争突入の 1914 年の段階ですでに朝鮮半島から朝鮮人が駆り出されている。

9) ジャン＝ジャック・ベッケール ゲルト・クルマイヒ『 仏独共同通史第一次世界大戦（上）』岩波書店 2012 年 vi 頁。

10) 有賀定彦は「北進」論と「南進」論という論文の中で大戦一年前に発行された雑誌『太陽』で取り上げられている「経済的平和的南進」は当時南洋の島々の宗主国がイギリス、アメリカ、フランス、ドイツなどの帝国主義国であるため 軍事的支配をしたくてもできなかった地域だったが 軍事力の発動できる第一次世界大戦は願ってもない好機であるために勃発するやいなやドイツ領であった南洋群島に上陸したと指摘している。東アジア研究年報 (28) 1986 年 85-102 頁。

11) 非公式の承認は以下のメランダムから明らかです。「二月十五日 珍田大使発本野外務大臣宛 電報第六四号山東省及南洋諸島問題二関スル英国政府ノ保障通告ノ覚書

No. 64. Memorandum.

His Majesty's Ambassador at Tokyo has been instructed to make to the Japanese Minister for Foreign Affairs statement in the following terms: His Majesty's Governmentaccede with pleasure to the request of Japanese Government, for an assurance that they will support Japan's claims, in regard to the disposal of Germany's rights in Shantung Province and possessions in islands, north of Equator, on the occasion of peace confer ence, it being understood that the Japanese Government will, in the eventual peace set tlement, treat, in the same spirit, Great-Britain's claim to German islands, south of Equator Foreign Office February 13th, 1917.」（『日本外交文書』大正六年第三冊 pp.642-643）。

12) 等松春夫『日本帝国と委任統治：南洋群島をめぐる国際政治』1914-1947 名古屋大学出版会 2011 年，14 頁。

13) 矢﨑幸生『ミクロネシア信託統治の研究』御茶ノ水書房 1999 年 48 頁。

14) 同上 22 頁。

15) 松島泰勝 前掲書 35 頁。

16) 国際連盟規約の全文は http://wwwl.doshisha.ac.jp/~karai/intlaw/docs/lon.htm

17) 千住一『委任統治期南洋群島における内地観光団に関する覚書』立教大観光学部紀要 第 8 号 2006 年 3 月。

18) 今泉裕美子『国際連盟の審査にみる南洋群島現地住民政策』歴史学研究 No.665, 32 頁。

19) 出岡学『南洋群島統治と宗教——一九一四～二二年び海軍統治期を中心に』史学雑誌 第 112 編 第 4 号 2003 年 52 頁。

20) 出岡 同上 54 頁。

21) 出岡 同上 52 頁。

22) 出岡 同上 56 頁。

23) JACAR（アジア歴史資料センター）Ref.C10128158900 第 46 画像目。

24) JACAR（アジア歴史資料センター）Ref.C10128158900 第 42-4 5 画像目。

25) JACAR（アジア歴史資料センター）Ref.C10128158900 第 47 画像目。

26) このミッション団体は 1907 年にアメリ カンポードと正式に宣教の 自由の同意を確認。Forman, Charles W., The Island Churches of the South Pacific : Emergence in the twenty century, American Society of Mission, NY Orbis Books, 1982, pp.62-64.

27) マークピーティー 前掲書 195 頁。

28) ただし 軍に依頼される前に 個別に組合教会の牧師たちがこの地を訪ねています。

29) JACAR（アジア歴史資料センター）「井出謙治海軍次官」及び「山梨勝之進軍務局第一課長」が作成に関与したと推測で きる。覚書 1919 年 1 月ー 6 月の分類資料。アジア歴史資料センター：https://www. jacar. go. jp/index.html Ref. C 10128158800 第 11 画像目。

30) JACAR（アジア歴史資料センター）Ref.C10128158800 第 11 画像目。

31) 当時の組合教会の会議録に記録がない。

32) JACAR（アジア歴史資料センター）Ref.C10128159700 第 22 画像目。

33) 西原基一郎『日本組合教会海外伝道の光と影 (2) 』基督教研究 51 1989 年 69 頁。

34)1919 年 6 月 13 日の閣議で南洋群島への布教に関する方針が決定されている。

35) 小崎真『戦時下における日本基督教団の宣教 1 －東亜局を中心に』桜美林論集
　　第 28 号 2001 年 3 月 37 頁。

36) 李省展『アメリカ人宣教師と朝鮮の近代：ミッションスクールの生成と植民地
　　下の葛藤』社会評論社 2006 年 207 頁。

37) 南洋伝道団事業報告書 昭和 5 年度 (1930 年) 1 頁。

38) 西原基一郎 前掲書 100 頁。

39) 南洋伝道団事業報告書 昭和 8 年度 5 頁。

40) 私が 2012 年と 2013 年二回その教会と訪問し写真を撮った。

41)Robert Ezra の息子であり 三代 目の牧師である Saburo Robert とのインタビュー
　　から。2011 年 12 月。

42)2013 年 8 月フィールドリサーチによる。

43) 田中栄子『優しいまなざし』ポナペ宣教記録発行委員会 1980 年、46-48 頁。

44) 小崎　前掲書，41 頁。

　本研究は科研費課題番号:25570021「ミクロネシア女性たちのオーラルヒストリー
で辿る「南洋伝道団」の遺産の再構築」の助成を受けた成果の一部です。

第6章　今私たちに問われていること─関東大震災時朝鮮人虐殺80周年

　21世紀もまた暴力の世紀になるのではと予兆させ、世界中の人びとを震撼させた「9・11」事件、その衝撃の傷痕からまだ回復していない矢先に、またもやアメリカ主導による対イラク戦争という「暴力」、そして、その犠牲者の苦難を目の当たりにした2003年に、「朝鮮戦争休戦50周年」と「関東大震災時朝鮮人虐殺80周年」を迎え、震災直後の朝鮮人虐殺について振り返ることの意味は重い。とりわけ、90年代以降台頭した「新しい教科書を作る会」やそれに連なるグループに象徴される─日本の戦後史上おそらく最も露骨にその反動性を表している言説─極端な国粋主義と見なしえる日本の「右翼的文化人・知識人」の顕わな反動的ナショナリズムの跋扈と、今日に至るも彼ら右翼人士の継続的な活動が止まない現状の中で、80年前に起こった関東大震災時の朝鮮人虐殺の記憶を共有する作業は、極めて重要な問いを内包しているのではないだろうか。

　また、2002年来の朝鮮民主主義人民共和国（北朝鮮）による日本人「拉致事件」の報道を機に、洪水のようにあふれ出た政治的意図としか読み取ることのできない日本のマスメディアによる北朝鮮関連報道は、「拉致事件」の解決の一助になるとは思えない。むしろ、植民地主義による日本と朝鮮半島の理不尽な近・現代の関係史を忘却の彼方に追いやり、日本社会の戦後処理の無責任性を隠蔽する効果として働いているようだ。同時に、そうした報道ぶりは、双方の「民」に新たな偏見と憎悪を植えつける役割すら担っているように見える。そして、そのメディアの影響は、日本人の深い心の奥底に眠っていた「朝鮮人」に対する植民地主義によって育まれた偏見と差別意識が呼び起こされたかのように、在日朝鮮人に対する信じがたいバッシングが繰り返されている。このような現実を前に、80年前の関東大震災直後における朝鮮人大虐殺の歴史的事実を再調査し、その残

虐行為の発生した原因を再検証する作業は、日本人と在日朝鮮人だけでなく、未来の「健全な関係性」を模索し構築するために緊要である。というのも、日常的に発生しうる日本人と在日朝鮮人の「関係性」成立のきっかけがいわゆる個人的レベルでの出会いであっても、その「個人」は、それぞれの歴史的に置かれている社会的・政治的位置から自由ではあり得ないからである。日本人と在日朝鮮人、ひいては朝鮮半島に住む人びととの、本来的な意味での「健全な関係性」を創造し、維持していくためには、80年間という長い歳月を経ても、その「事件」に対する日本政府の「真相究明」、「公式見解」、そして生存者と遺族に対する「公式謝罪と補償」がないという事実を今一度熟考する必要があるだろう。

　このような命題を念頭に、ここでは在日朝鮮人を含んだ多くの研究者によって、これまでの研究で蓄積された資料とその文献に依拠しながら、80年前に起こった関東大震災時の朝鮮人大虐殺の問題、とりわけ一般市民で構成された「自警団」の行動と行為に焦点をあてながら、当時の「日本人の意識」を再考してみたい。なぜならば「健全な関係性」を構築する主体は権力側ではなく、社会正義を打ち立てるために権力に抵抗する私たち「一般市民」でなければならないからだ。検証する視点は、一体なにが「自警団」という名のもとに、一部の日本人を前代未聞の大殺戮に参与させていったのかという問いにある。「自警団」を構成していた日本人は、どのような階層にいた人びとなのか。政府ないし当時の権力を握っていた層が意図的に流布した反朝鮮人のデマゴーグの背景と目的が、過去の文献で分析されてきた朝鮮人と社会主義者主導による政府転覆の意図を予防ないし、制圧するためだったのか、などである。

惨事の歴史的概略──記憶の共有として
　1923年9月1日午前11時58分、東京を中心とした関東一円がマグニチュード7.9の大地震に見舞われた。1995年の阪神大震災がマグニチュー

ド7.3であったことを考えると、その地震の強さによる被害の甚大さ、そして人びとの心理的動揺や混乱は、容易に想像できるはずだ。薬品類や油類の発火や引火に加えて、発生時間が昼食時直前であったため、多くの家庭で火を使って料理をしていたことが、火災による被害を拡大し、地震による惨事をさらに広範囲のものにしたと言われている（リーとデボス、1981）。後に言及するが、朝鮮人虐殺の正当化のひとつが、「朝鮮人の放火」説も含む「流言蜚語」であったと言われている。しかし、あたり一帯が火の海の状況下では放火の必然性がないことからしても、こうした「流言蜚語」がいかに根拠のないものであったのかが分かる。

『国史大辞典』によると、公表された当時の犠牲者数は死者99,331人、負傷者103,733人、行方不明者43,596人、家屋の破損128,266軒、一部家屋破損126,233軒、火災による家屋消失447,128軒となっている。こうした統計を目にすると、私はこの数字のなかに「朝鮮人家庭」の被害者数も含まれているのだろうか、とすぐに勘ぐってしまう。ちなみに松尾によると、警保局企画室の1941年作成の報告文書にみられる政府関係資料には、朝鮮人や中国人の被害者数は全く含まれていない（松尾、1993）。仮に含まれていたとしても、どれくらい正確なものであるのかが問題となってくる。というのは、警察権力や予備役、そして一般市民で構成された「自警団」によって殺害された朝鮮人被害者数は、当時の警察や新聞による発表と、目撃者の証言などから在日朝鮮人が調査して明らかになった被害者数の間に、とてつもなく大きな開きがあるからだ。日本政府発表によると、虐殺された朝鮮人被害者は300人、地震直後の困難な時期に決死の覚悟で調査した在日朝鮮人の調査団による「犠牲者数」は6,420人となっている（梶村、1978）。この統計に、負傷者、行方不明者、家屋の破損・焼失の被害をつけ加えると、その被害はさらに大きくなることが予想される。

歴史家あるいは市民団体の研究・調査によって明らかになっている朝鮮人虐殺のきっかけは、震災の混乱時に流された「流言蜚語」によるもの

だと言われている。主な「流言蜚語」には、「朝鮮人の暴動が起こり、朝鮮人が放火している」、「朝鮮人が井戸に毒物を混入している」、「朝鮮人が商店など襲撃・略奪している」、「朝鮮人が政府を転覆しようとしている」、「朝鮮人が日本人女性をレイプしている」などがある。地震発生日の9月1日の夕暮れ前に、すでに横浜でデマが流布し始めていたと言われている（ワイナー、1989）。自然発生的なデマが発端であったのかもしれないが、デマが系統的に発生した契機は、船橋無線電信所が9月2日午後2時すぎに海軍省公用緊急便を打電したことにある。これが警察機構を通じて、関東一円だけではなく、直接の地震被災地でない地域にまで瞬時に拡大したと言われている（梶村、前掲書）。これらのデマの流布と同時に始まった朝鮮人への襲撃は、憲兵、軍隊、警察という公権力だけではなく、東京近郊に住む一般市民で構成された「自警団」によるものだった。「自警団」の数は3,000人以上にのぼり、その主要構成員は、在郷軍人会会員、青年団団員、消防団、町内会役員などを含む地元有力者、そして多数の「底辺層」労働者である。朝鮮人被害者の20〜30パーセントが、彼らによって殺されたと言われており（リーとデボス、前掲書）、梶村は「直接に手を下したのが、ほとんど大部分一般民衆であった」と述べている（梶村、前掲書）。

　震災被害の混乱の真只中で、デマを信じ、惑わされたという理由だけで、なぜ一般市民が無差別な殺戮行為に走ってしまったのか、という議論は後述するとして、その前に当時の新聞によるデマの記事の一例を紹介したい。

　　鮮人大暴動—食料不足を口実に盛んに掠奪—（水戸特派員発）神奈川県知事より大阪、兵庫に向ひ食料の供給方を懇請せり東京市内は全部「全域」では食料不足を口実として全市に亘り朝鮮人は大暴動を起こしつつある（河北新報　大正12・9・3）（姜・琴編、1963）。

このような出所不明のデマに加えて、出所が明らかな埼玉県の通達文

があり、この通達文ゆえに同県の朝鮮人虐殺の被害が、神奈川県についで大きくなったと言われている。その内容は、

　　東京に於ける震災に乗じ暴行を為したる不逞鮮人多数が川口方面より或は本県に入り来るやも知れず、又其間過激思想を有する徒之に和し似て彼等の目的を達成せんとする趣聞き及び漸次其毒手を揮はんとする虞有之候就ては此際警察力微弱であるから町村当局者は在郷軍人分会、消防手、青年団員等と一致協力して其警戒に任じ一朝有事の場合には速かに適当の方策を講ずるやう至急相当手配相成度き旨其筋の来牒により此段移牒に及び候也（福岡日日新聞　大正 12・10・19）（姜・琴編、前掲書）。

　これらのデマの情報源は、1920 年代以来の「日本人の朝鮮人蔑視・恐怖思想」のなかから生み出されたとする「自然発生説」と、「朝鮮人を蔑視し警戒し、弾圧を日常の自己の職業とした官憲」が創り出した官憲「捏造・陰謀説」があると言われている（望月、1993）。はっきりと断定できないのは、史資料の収集数の限界もあるのだろうが、当時の政府官憲関係者と、現在の日本政府当局の朝鮮人虐殺に対する事実の操作と隠蔽に、その根本的な原因があるように思える。言い換えるならば、当時も現在も日本政府が朝鮮人虐殺について、自らの関与を否認あるいは再調査を拒否することによって責任回避をしてきたことに起因するのである。
　責任回避のための隠蔽行為の軌跡は、当時の官公の出版物と思われる震災の翌年に刊行された『大正大震火災誌』の警視庁、警務部活動日誌の 1923 年 9 月 2 日付け「不逞鮮人襲来の飛報」という箇所で、何十行もがバツ印で抹消されていることなどを見ても十分推測できる。日誌はデマがいかに早く浸透していたかを想像させる「不逞鮮人襲来す等の流説盛に行はれ、人心の動揺其の極に達した」という内容で始まっており、「流言蜚

語」を直截的に「事実」として認める次のような内容も含まれている。「本日午前中より、昨日の火災は多くの不逞鮮人の放火に依るものである」（同書、救護誌）。その一方で、警視庁発行の貼り札、「注意！　有りもせぬ事を言触らすと処罰されます。朝鮮人の狂暴や、大地震が再来する、囚人脱監なぞと言伝へて処罰されたものは多数あります。時節柄皆様注意して下さい」（同書、フロントグラビア）など朝鮮人による「放火説」を、あたかも事実のように断定し、「流言蜚語」の流布に寄与しながら、「流布」の行為に注意しろとの矛盾を露わにしている記述も見られる。事実確認のない流言、私文、公文が氾濫するなかで、全国的なデマの流布に大きな役割を果たしながら、一方で朝鮮人虐殺については９月５日までの報道禁止令を守り、一斉報道しなかった言論界・報道機関も共犯関係にあったことを忘れてはならないだろう。

　このような震災の状況下で、早くも９月２日には、事態収拾と治安を目的とする戒厳令が布かれたが、朝鮮人への襲撃はますますエスカレートしていった。政府の「陰謀説」をとるならば、エスカレートしていくのは当然の帰結とも言える。事実、官憲当局は、市民に「自警」を奨めるだけではなく、事態収束を名目に「自警団」に協力を要請し、「武器」まで与えていたことが明らかになっている。９月５日になって、やっと朝鮮人への襲撃が多少沈静化したと言われている。ということは、極めて短期間の間に膨大な数の朝鮮人が襲われたということになる。歴史家の姜徳相によれば、当時の内務大臣の水野錬太郎、東京警視総監の赤地濃、そして近衛師団長の石光真臣らは、1919 年の「3・1 独立運動」を直接制圧した、いわゆる「治安トリオ」による偏見や「朝鮮人恐怖感」から地震直後、すぐに朝鮮人対策をたて、「治安トリオ」を中心に９月１日午後にはすでに、朝鮮人弾圧のために戒厳令発令の方針が決まっていたと言われている（姜、2002）。

　これまで、この「事件」について多くの研究がなされてきたが、真相

はまだ闇のなかに葬り去られている以上、「流言蜚語」の出所とその意図は推測の域を超えられない。しかし明らかなのは、予備役と一般市民で作られた「自警団」の手によって、多数の無辜(むこ)の朝鮮人が短期間で虐殺されたことである。その背景の一端をなす戒厳令発布とデマゴーグ発生の早さは、系統だった組織性を示している。そしてその組織性と襲撃の敏速性はそれぞれ決して無関係ではないということである。

『大正大震火災誌』以外にも政府の事実隠蔽、責任回避について知ることができる一例として、事態が沈静化した後に持たれた「自警団」への調査、逮捕、起訴、そして裁判過程を見ればその責任回避と欺瞞性が明らかになってくる。関東大震災に関する様々な研究が指摘しているように、当時の日本政府は震災時における朝鮮人虐殺やその関与の事実が海外、とりわけ、植民地朝鮮と欧米諸国に流出するのを恐れていた。そして、政府が「自警団」に武器を与え、朝鮮人虐殺を「奨励」した事実を「自警団」団員から責任追及されるのを逃れるために、茶番劇としかいいようのない欺瞞的な公判を開いたのである。その苦肉の策の矛盾は、被疑者に対する極めて軽い刑の処罰ということに現れている。虐殺という犯罪の残虐性や被害者数の膨大さにもかかわらず、「自警団」団員の逮捕者数は600〜700人にすぎなかった。さらに、殺人行為であるにもかかわらず、確定された刑は禁固6ヶ月から4年と極めて軽い。その上、震災の翌年（1924年）には、祐仁皇太子（後の昭和天皇）の結婚を記念して、全員恩赦放免になっている（ワイナー、前掲書）。以上、80年前の惨事における官憲、警察、軍隊などの権力当局側の、朝鮮人虐殺への直接関与、そして、官憲が「自警団」に対して朝鮮人への襲撃をけしかけ「奨励」した事実を素描してみたが、なぜ「自警団」が素早く組織され、暴虐な行為にいたることが出来たのかという疑問点はまだ残る。そこで次に、想定できる議論を少し展開してみたい。

虐殺事件の背景分析の再考察

　「自警団」の意識を、その行為から分析する方法は、(1) 地震発生数時間後のデマ流布の早さもさることながら、朝鮮人に対する襲撃の早さ、(2) 殺戮の形態、(3) 前述した「自警団」構成員のイデオロギー的側面、などである。

　目撃者の証言などから、早くも地震の起こった翌日には、朝鮮人労働者が帰宅途中に殺害されたという報告もされている。このような行動の早さは、デマを信じる、信じないにかかわらず、朝鮮人に対する一定のステレオタイプを生み出すレイシズムが、広範囲に—震源地の東京近郊以外での朝鮮人虐殺が報告されている—そして強力に、すでに日本人のなかに浸透していたからと解釈できる。実際、樋口は、神奈川県の「自警団」形成の研究のなかで、「3・1独立運動」後、とくに反政府運動勢力と朝鮮人の動向を関係づける新聞報道が頻繁に見られることや、言葉が通じないことから生じる韓日労働者間での「ケンカ」を、「自警団」を組織することで「乱暴」な朝鮮人に対応しようとする地域社会が浮かびあがると指摘している（樋口、1984）。

　震災被害の混乱の真只中、それぞれが生存のために、とにもかくにも避難が最優先される時に「流言蜚語」に惑わされて人を殺すことができるということは、混乱時だからありえたという論理が成立したとしても、後世の者にとっては到底理解できないことである。他人はさておいて、自分自身と家族だけは、いち早くどこか安全な場所に避難させなければという思いと行動が先行する状況で、朝鮮人殺害が自分たちの生存の保証につながると考えたのだろうか？　あるいは当時の経済的・社会的不安や不満から、より底辺の層にいる朝鮮人にその社会矛盾の鬱憤をぶちまけることでその不安や不満が解消されると思ったのだろうか？

　当時の朝鮮人虐殺の生存者である慎昌範氏の証言によると、

朝鮮人が悪いことをしたというけれど、地震と大火のなかでは逃
げまどうのがやっとで、なかには焼け死んだ人も随分いたのです。
こんな時、人間は生きのびることだけで精一杯で、悪いことなど出
来る筈がありません。間もなく武装した一団が寝ている避難民を、
ひとり一人起こし、朝鮮人であるかどうかを確認し始めました。私
たち15人のほとんどが日本語を知りません。そばに来れば朝鮮人で
あることがすぐ判ってしまいます。武装した「自警団」は、朝鮮人
を見つけるとその場で、日本刀を振り降し、または鳶口で突き刺し
て虐殺しました（朴、1986）。

　この証言のなかの「こんな時、人間は生きのびることだけで精一杯で、
悪いことなど出来る筈がありません」という素朴な語りに、私たちは耳を
傾けなければならない。なぜならば、混乱の真只中にいた当事者の思いは、
朝鮮人に対する「流言蜚語」が事実として成立し得ないことの「状況証拠」
になりえると同時に、日本人自身も地震という「自然災害」から生きのび
ることで精一杯のはずであったということを証明し得るからである。にも
かかわらず、避難のために逃げまどう「非常事態」のなかで、一体何が避
難民を襲撃させ、殺人行為まで引き起こしたのかという問いを立てずには
いられない。
　またこの証言は、当時の日本人の「被植民地」民族である朝鮮人嫌悪
の根深さと、人間の暴力性について考えることを私たちに促している。こ
のような「非常事態」において、朝鮮人を見たら無差別に殺すというその
暴力性、白色テロの残忍さは、その「殺し方」にも現れている。「自警団」
は軍や警察当局から与えられた「武器」以外に、自分たちで調達した槍、
日本刀、料理包丁、竹棒、鉄棒、鎌などで武装し、そうした「武器」で朝
鮮人の顔や頭を乱打したり、刺し殺したり、内臓や眼球をえぐり出したり、
妊婦の性器部分に竹やりを突き刺したり、と朝鮮人を人間視していないの

ではと思わせる残忍な殺し方をしている。この残忍な暴力性の文化的背景は何なのかを問わざるをえない。言葉を失うような大混乱と組織的に流されたデマが起爆剤になった偶発的な惨事、あるいは被植民地民族に対する差別・蔑視・偏見だけでは決して説明しきれない重要な問いを私たちに投げかけていると思える。

　ソニア・リャンは、「自警団」の残虐な殺し方に注目し、ジョルジョ・アガンベンのいう「ホモ・サケル」（主権外あるいは例外状態にある存在、殺されることによってのみその存在が認められる人間であり、政治的秩序や宗教の領域では、その生の存在は認められない。したがってホモ・サケルとされた者を殺しても罪にはならない）という概念を援用しながら、「朝鮮人」は「ホモ・サケル」だと見なされていたからありえた暴虐行為であるという分析をしている。またリャンは、量的な側面から比較が成り立つかどうかの疑問は残るが、朝鮮人虐殺と、当時殺害された日本人の社会主義者や無政府主義者たちの殺され方を比較している。

　朝鮮人の場合、顔や頭を破壊されたり、手足など肢体をバラバラに引き裂かれるなど、本人確認が困難で無残な殺され方をしているのに、日本人の社会主義者たちの殺され方によく見られる斬首という例はまれである。しかし、一方、日本人被害者は斬首と言う形態がほとんどであるという。それは何を物語っているかといえば、「伝統的」な「サムライの殺し方」において敵の打ち首をとるということは、敵を討ったという勝利の証拠であり表象になるが、朝鮮人は敵にもなりえないホモ・サケルであるから、その打ち首には何の価値も意味もないということであると、リャンは説明する（リャン、2003）。

　リャンの考察は、植民地主義によって植えつけられた朝鮮人に対する意識や感情を作り上げた「政治文化」のイデオロギー的影響を受けた日本人が、朝鮮人を見るときのひとつの極端な形象としてあらわれる「文化的背景」、あるいは「文化的土壌」に起因しているのかもしれない。この「文

化的土壌」を私は「天皇制の文化」とあえて名付けたい。この「天皇制の文化」の問題と関連すると思われる「南京大虐殺」時の殺戮形態の問題性について言及しているピーター・リンの「南京大虐殺：悲劇、トラウマ、そして和解」という論文を少し引用して文化的・イデオロギー的側面の問題を喚起してみたい。

　リンは、「日本の軍隊の野蛮な残忍性の要因は、伝統的な〝サムライ〟訓練による日本軍の軍事文化、軍隊そのものの残忍な軍事訓練、長期間にわたる日本民族優越主義の教育、そして日清戦争以来の中国人蔑視、と広範囲に及ぶ」（リン、2003）と、分析している。リャンやリンが言うところの「サムライ」的なるものが、いわゆる「オリエンタリスト」的な発想を内包している可能性はあるが、非道な殺戮形態は植民地主義イデオロギーが人間の意識に与える影響の大きさを示す例として考察・分析し、一体何がそこまでさせたのか、という問いかけを前にして有効な洞察であると思う。

　私はリャンの言う「日本民族優越意識」が「自警団」一人ひとりが主体的に朝鮮人を殺戮していく残虐性と能動性を生み出していると思うのだが、その能動性を考察する上で有効な分析がある。丸山眞男が戦後まもなく発表して注目された「超国家主義の論理と心理」のなかで言及している「皇軍軍人」意識の心理的分析である。丸山は、「支配関係保持の強化のための国家的社会的地位の価値基準は社会的職能よりも天皇への距離にある」として、この支配体系のもとでは常に優越意識を煽られ、その「距離」との緊張関係がもたらす意識は、「自己を究極的実体に同一化しようとする衝動を絶えず内包しているために、封建的なそれより遙かに活動的かつ『侵略』的性格を帯びるのである」と分析している（丸山、1964）。私には、日本人の民族優越意識が上から教化された受動的な側面があるにせよ、この「天皇への距離」が心的内発作として働き、能動的になるという点こそ、「自警団」をより主体的で能動的な残虐行為に走らせた要因であると見え、

その「距離感」が自己の行動に対する正当化の論理として働くように思える。関東大震災時の朝鮮人虐殺と南京大虐殺との間には「時間」、「空間」、「軍人」と「非軍人」も含む「自警団員」という違いはあるが、近代天皇制国家「大日本帝国」の価値意識やイデオロギーに染まった国民（軍人）によって引き起こされたという点で、同一の「できごと」と考えられるのではないだろうか。

　1923年の「自警団」による朝鮮人に対する殺戮行為も、目に見えない天皇制文化のイデオロギーに教化・汚染された結果と見なせるのではないだろうか。実際、「自警団」の中心を担っていた「在郷軍人会」や「青年団」が、井上哲次郎らをイデオローグとする「日本主義」の影響下にあったことも指摘されている（ワイナー、前掲書）。個人の殺人行為を国家との同一化を生む手段としてとらえるこのような能動性は、形式的に持たれた公判で、多数の「自警団」団員が微笑を浮かべながら「朝鮮人を殺すことは愛国心になると思った」という証言のなかにもうかがうことができる。

　これまでの研究によって、一定の「共通認識」として確認されているのは、関東大震災時の朝鮮人虐殺を日本の近代国家、そして植民地主義の問題として捉えていることである。そして、具体的な事件の当時の社会・政治・経済的背景もある程度一致している。それらの分析は、(1) 1918年に起こった内地日本における「米騒動」、1919年の外地朝鮮半島における「3・1独立運動」の直後であること。(2) 地震前年の1922年には「水平社」の発足や日本共産党の結成をはじめとする日本労働組合、日本農民組合等の結成に加えて、東京・大阪朝鮮人労働組合などが発足していること。(3) 「大正デモクラシー」といわれる風潮のなかで、これらの団体と社会主義者や無政府主義者たちの反政府勢力の結合による政府転覆の可能性に不安を抱いた権力側が想定しうる社会騒乱を未然に防ぐために「朝鮮人暴動」のデマの流布を機に、いち早く虐殺行為に関与したということ。(4) したがって政府の責任は重く、そのことを絶対に隠蔽したり、正当化した

りできるものではない。そして、(5)「自警団」も虐殺に直接参加したという点で、官民一体の犯罪であるという見方である。

　しかし、「自警団」による虐殺行為の今日的責任についての論議には微妙な違いだけではなく、「日本人」研究者のアンビバレントな視点や立場が読み取れる。ここでは「自警団」は国家との関係において、官憲から虐殺の協力を要請された「被害者」でもあるという意味での「被害者性」の問題は「自警団」団員も含めて、日本人民衆が震災の「被害者」であり朝鮮人虐殺の「加害者」でもあるという両面性をどのように考え、そしてどの程度認め判断するのか、明確に示されていない。そして加害者として判断すべき「主体」はどこにあるのかということについてもアンビバレントである。

　山田昭次は1952年に埼玉にある安盛寺、1959年に同県にある長峰墓地、1957年に群馬県成道寺墓地に建立された3つの朝鮮人慰霊碑の碑文のなかに、虐殺した「主体」の記述がないことを指摘している。仮にその碑文に、朝鮮人を殺害した「主体」は「自警団」の構成員であった日本人一般市民であると明記されていたとしても問題は残る。その「主体」となる一人ひとりが、なぜそのような虐殺行為に参与したのか、という加害者としての認識が徹底されていなければならないのではないだろうか。日本人民衆も、被害者であり、加害者でもあるという両面性を認めても、加害の主体となる個人が、その可変的両面性を具体的な歴史において矮小化せずに認識し、また無意識のうちに便宜的に「両面性」を自己正当化の「詭弁」として使い分けてしまう可能性を、誰とどのように検証するのかということが問われてくるのである。自己省察の作業を抜きにして、山田の提案する「加害者である自覚はもちろん必要だが、他面ではアジアの被害者とともに日本国家の被害者の立場からも日本国家と対決し、国家の戦争責任、植民地支配を認めさせることが、アジアに対する日本人の義務であろう」（山田、1995）という言及は、悪用されてしまう可能性がある。

私は「他者」との「関係性」において語られない日本人民衆の被害者意識こそが、この「事件」について長い間の沈黙を許してきたのではないだろうかと思う。日本人が中心となって始まった、荒川河川敷の遺骨発掘作業の過程で、目撃者の証言が出てきたものの、発掘作業が困難になると、最初は積極的に語っていた証言者たちも口をつぐんでしまったという報告がなされている（追悼する会、1992）。元「自警団」団員をはじめ日本人一般が自らの加害者性を「他者」との「関係性」の中で検証できなかったがために「国家」との関係における被害者意識だけが残り、結果的にはその被害者意識がこの「事件」の沈黙を許してきたのではないかと思う。

沈黙を可能にさせたもの

　「自警団」の行動にかかわる責任の所在についての論議は、微妙かつ複雑である。しかし、その行動と意識に焦点をあてることなしに、朝鮮人虐殺事件の問題の本質と解決に向けての課題は見えてこないのではないだろうか。ここでは、この「事件」の全体的な問題点を、今日的意味というところに引き寄せて少し述べてみたい。

　「朝鮮人虐殺」についての研究は、1940年代後半から始められたと言われている。だが社会的な問題として登場したのは、虐殺40周年を迎える1960年代に入ってからである。その頃から、個人およびグループによる遺骨発掘作業、証言収集作業、追悼式の開催、あるいは10年ごとの節目の年に論壇において、「特集」を組んだりして散発的に、この「問題」は取り上げられてきた。にもかかわらず、冒頭で述べたように、なぜ80年後の今日にいたるまで、日本政府による被害者やその遺族に対する「公式謝罪と補償」と真相究明のための調査がなされてこなかったのだろうか。

　金石範は、朝鮮半島が植民地ではなく独立国であったならば、大虐殺は起こらなかっただろうと「亡国の民」の悲哀を語っている（金、2000）。

この指摘のように、植民地下という「亡国の時代」に起こった事件ゆえに、日本政府は無視し続けてよいと錯覚しているのだろうか。日本政府の「1965年の韓日条約で植民地支配の問題についてはすべて解決済み」という常套句は、実際の条約ではこの事件についていっさい触れてもいない以上、その無視や沈黙には説得力がない。こうした紋切り型の説明は、ことの重大性を無視しているだけではなく、被害者の霊、そして被害者の家族の苦汁に満ちた「恨(ハン)」の感情を踏みにじるものである。

　そこで1つ素朴な問いを立ててみたい。日本政府の責任の不在は論外にしても、なぜこの問題が日本社会の中で社会的・政治的問題として「公共の言説空間」のなかで、これまで浮上してこなかったのかということである。もちろん、一部の朝鮮人や日本人の熱心な研究者、そして、一部の良心的な市民による慰霊活動や、問題解決に向けた真相究明の資料収集活動が地道に続けられ、年に1度の慰霊追悼記念行事などが日本各地で持たれたりしてきた。また、こうした地道な努力が新聞などで取り上げられることもあったが、大きな社会問題として注目を浴びることはなかったように思える。

　比較が目的ではないが、この疑問点を明確にするための1つの例をあげたい。周知の通り90年代以降、日本の植民地主義の未解決の問題の1つである「従軍慰安婦」問題は、元「慰安婦」の金学順さんの勇気ある衝撃的な証言を契機に、日本社会の「公的言説空間」のなかで、かなりの議論を呼び起こした。もちろん、そこにいたるまでの金学順さんの歩んできた道のりは決して容易なものでなかったことは、誰であれ想像がつくものだ。しかし、パブリック・ディスコースのなかには、元「従軍慰安婦」のハルモニたちの生と人間性を愚弄するような日本人の「右翼知識人」の恥知らずな言いがかりもあり、そのことによって「従軍慰安婦」問題が「公共空間」で論議されることに伴う否定的な側面があることも事実である。しかし、元「慰安婦」に対する個人補償の問題も含めて、日本政府が封殺

できない程の社会問題にまで発展した。もちろん、全面的解決からはほど遠いものであり、前述したような元「慰安婦」の尊厳を冒瀆する反動的知識人の言説の氾濫とその影響、それに元「慰安婦」の意思を無視した「国民基金」提案の登場などの問題を考えると、社会的な問題として大きく浮上したということを単純に評価することはできない。

　しかし、この「従軍慰安婦」の問題が、日本の過去の植民地主義の責任を現実的な意味での「植民地主義」や「戦後責任」を問うものであるならば、関東大震災時における朝鮮人虐殺の問題も、植民地主義がもたらした結果であり、その責任が果たされていない以上、日本の「戦後責任」の１つとして「公的空間」で問われるべきものである。にもかかわらず、個別に語られてきたこの２つの問題の社会的反響の大きさの違いを比べると、こうした違いがどこから生まれたのかは分析すべき重要な課題ではないだろうか。

　これらの問題の解明や解決に向けての活動や研究に、全く関心を示さない倫理的土壌は、関東大震災時の朝鮮人虐殺の問題に対しても、「従軍慰安婦」の問題に対しても、同質の日本社会の歴史教育、歴史認識に原因があることは事実としても、90年代の「戦後責任」という語りのなかで取り上げられる「従軍慰安婦」の問題との違いはどこから来るのかという疑問が残る。

　軽率なことは言えないが、いくつか想定できうる点を述べてみたい。(1)「従軍慰安婦」の問題は、80年代以降、韓日両国で成熟しつつあるフェミニズムの高揚と、当事者の衝撃的な証言が機を熟したかのように合流するなかで、大きなインパクトを与えることができた。(2) 日本の右翼知識人の教科書問題も含む「従軍慰安婦」問題に対する露骨な反動的言説の氾濫が逆効果として作動した。(3) 日本の司法の裁可を求める提訴やいわゆる教科書問題にまで運動が拡がるなかで、韓国や中国政府から外交上の圧力がかかった。(4)「震災時虐殺」に関しては、地震後の1923年10月に開

かれた裁判で一応加害者に対する裁決がなされている。(5) 同じ日本の植民地主義の問題であるにもかかわらず、生存者や遺族の大半がどこに住んでいるかによって、国際世論の圧力に変化が生じる「国際問題」と「在日という国内問題」というカテゴリーの相違がある。(6) 人間への暴力というところでは同質の「犯罪性」を内包しているが、生命抹消という「殺人行為」に至ったかどうかの違いがある、などの項目が考えられる。

　以上、ランダムに２つの問題に対する日本社会の反応の違いを素描してみたが、なぜ日本政府や元「自警団」団員が、自らの責任を完全に無視し沈黙し続けることができたのかを考えてみたい。仮に、日本政府および当時の「軍性奴隷制」に関与した人びとが、全面的にその犯罪性を認め謝罪した場合、「慰安婦」を性奴隷にした当事者である軍人個人の謝罪も自動的に含まれるだろうとは想定し易い。それは性奴隷という女性の身体への暴力と搾取が植民地主義の「制度」として機能していたことと、その行為は戦時下の軍人によるものだということから「公的謝罪」が「個人謝罪」も含まれるという詭弁が成立しやすいからかもしれない。

　もちろん、そうした「制度」そのものは絶対に正当化できるものではないことは、ここで改めて言う必要もないであろう。しかし、関東大震災時の朝鮮人虐殺の場合、官憲ならびに公権力の意図的な介入や「自警団」の行動には、「制度」として成立する与件が存在していなかったことが「事件」に対する責任を不問にした状態を続けさせた側面があるのではないだろうか。だが「制度」として機能していなかったにせよ、植民地主義そのものが１つの「制度」なのだから、日本政府の「公的」な謝罪は決して否定できる筋合いのものではない。犠牲者に対する謝罪は人道や倫理上の要請でもある。しかし「自警団」として、その虐殺に参加した日本人一般市民の「謝罪」は、誰がどのようにして謝罪するのか。いや謝罪以前に、初歩的な問題として、一体誰が誰をどのようにその犯罪性を問い、そして裁くのかという困難性がそこにはある。震災の１ヶ月後に、「自警団」の一

部に対して行われた裁判での裁決は、歴史的な裁きと言い切るにはあまりにも公正さを無視したものである。

　仮に、現在の日本政府が日本人による朝鮮人虐殺の被害者およびその遺族に「公式謝罪」したとしても、「自警団」に参加した個人の謝罪を代行することはできない。公的機関による「代理謝罪」は真の謝罪となりうるものではないだろう。刑法上の免責ができない「殺人行為」を謝罪するということ自体が論理的にも倫理的にも成り立つのかどうかという、極めて困難で複雑な問題であるといえる。恐らく被害者の親族も加害者も現在生存している人は極めて少数だ。しかし、まだその家族あるいは目撃者が生存している可能性がある。とするならば、この困難で複雑な問題に対して、今私たちに求められていることは沈黙を破り、それぞれが個人の立場から、この虐殺の問題を自分自身の問題とし、今一度問い直し日本帝国がもたらした歴史の悲劇、植民地主義の問題とその遺制に対抗する行動を取ることが強く求められているのではないだろうか。

おわりに

　私はこの小論を書きながら、多くのことを考えさせられた。本稿で引用したマイケル・ワイナーは『在日朝鮮人コミュニティの起源：1910—1923』のなかで、中心的テーマとして、１章全体を関東大震災時の朝鮮人虐殺についての記述に費やしている。１章まるごとを費やした動機を、「この『事件』が在日朝鮮人の未来を決定づける分岐点だとみなすからだ」と語っている。在日朝鮮人の歴史家の多くも同じことを語ってきたのだろうが、私は「第三者」であるワイナーが在日朝鮮人の歴史を、この関東大震災時の虐殺事件を分水嶺とする視点に大きな示唆をうけた。同時に、私自身のこの「事件」に対する問題意識の欠如を反省せずにはいられなかった。その問題意識とは、残虐な殺戮のあり方とその襲撃の早さに現れる日本人の朝鮮人嫌悪や蔑視、差別する側が差別される側にもつ不条理な恐怖感、

レイシズムの視点、「朝鮮人が日本人女性をレイプしている」という「流言蜚語」に現れるジェンダーの視点、「自警団」の構成員の多くが労働者であった事実に対する階級的視点と現在そして今後の「在日朝鮮人問題」との関係である。

　日本政府は、未だ被害者と遺族に対する公式謝罪も補償も一切行っていない。1995年の阪神大震災時には、（朝鮮人に対してではなかったらしいが）アジア系外国人に対する同種のデマが流れたという（グローカル誌、2000）。現在の日本社会に表われている依然として根強く残る外国人に対する排外意識や、「有事立法」の成立などに見られるなし崩し的「右傾反動化」は、この過去の「惨事」が「象徴天皇制民主主義国家」社会と称される日本社会の今日的な政治と人権の問題であり、過去の植民地主義の「精算」というだけではなく、まさにポストコロニアルの問題であることを物語っているのではないだろうか。そうであるならば、死語になりつつある日本社会の「社会正義」、そして「公正な関係（ジャスト　リレーション）」の構築に向けて、日本人一人ひとりが現在進行形の倫理的問題として捉える必要があるはずだ。この朝鮮人虐殺の問題が、制度的に、そして道義的に解決されない限り、震災という自然災害による被害の裏で惨たらしい「殺人行為」があったということを、今を生きる私たちは語り続けていくことを要請されるだろう。これは単なる過去からの教訓を学ぶためではない。現在の日本人が、未だ果たされたわけではない「戦後責任」の取り方を模索し実践していくために、そして明日の日本社会を構築していくためにこそ必要な行為だろう。また、日本社会の構成員である在日朝鮮人側も、歴史的主体として日本社会で生きていくために、どうしてもしなければならない作業だろう。

［引用文献］

梶村秀樹「関東大震災の歴史的責任」『福音と世界』7月号、1978

関東大震災時に虐殺された朝鮮人の遺骨を発掘し追悼する会編『風よ鳳仙花の歌をはこ
べ—関東大震災・朝鮮人虐殺から70年』教育史料出版会、1992

姜徳相・琴秉洞編『関東大震災と朝鮮人』現代史資料（6）、みすず書房、1964

姜徳相、サイニュース、44号、2002

姜徹『在日朝鮮人史年表』雄山閣、1983

金石範「『騒擾』はだれが起こすのか」内海愛子、高橋哲哉、徐京植編『石原都知事「三
国人」発言の何が問題なのか』影書房、2000

朴慶植『天皇制国家と在日朝鮮人』社会評論社、1986

樋口雄一「自警団設立と在日朝鮮人—神奈川県地方を中心に」『在日朝鮮人史研究』14号、
1984

松尾章一「朝鮮人虐殺と軍隊」『歴史評論』521号、1993

丸山眞男「超国家主義の論理と心理」『増補版 現代思想の思想と行動』未来社、1964

望月雅士「関東大震災研究をめぐる諸論点—虐殺事件と復興論」『歴史評論』521号、
1993

山田昭次「関東大震災時の朝鮮人虐殺責任のゆくえ」『歴史評論』521号、1993

山田昭次「関東大震災朝鮮人虐殺と日本人民衆の被害者意識のゆくえ」『在日朝鮮人史
研究』25号、1995

山本美編『大正大震火災誌』改造社、1924年（大正13年5月）。

「やめて！ 東京都による「防災」に名を借りた九・三自衛隊演習」実行委員会編『グロー
カル』572号、2000年7月30日。

Lee Changsoo and De Vos George, Koreans in Japan: Ethnic Conflict and Accommodation,
University of California Press, 1981.

Lin Peter, The Nanking Holocaust: Tragedy, Trauma and Reconciliation, Kevin Reilly 他編、
Racism; A Global Reader, M.E. Sharpe, 2003.

Ryang Sonia, Ethnic Horror Story: The Great Kanto Earthquake and the Great Massacre of
Koreans in 1923, トロント大学、メリーランド大学、パーク大学における講演、2003
年3月。Anthological Quarterly2003年秋。

Weiner Michael; The Origins of the Korean Community in Japan 1910-1923, Humanity
Press International, 1989.

第7章　韓日条約は在日同胞に何をもたらしたか —ポストコロニアル的一視点

　韓日国交正常化50周年、戦後70周年を迎えた2015年の今年、韓日両国において様々な行事、新聞記事、そして論考があった。イベント的プログラムは祭典として50周年を喜ばしく記念すべきものかのようにして開催されていた。その光景はあたかも韓日条約そのものが、歴史に照らし合わせ、積極的で肯定的な意味があったとするかのようだ。条約締結前から多くの問題点と課題を抱え、激しい反対運動が両国で展開されたにもかかわらず、50年という歳月は、条約が内包する問題をかき消すかのように韓日の準軍事同盟的関係を動かしがたい既成事実としている。

　この50年間という歳月は在日朝鮮人社会（注1）にとってどのような結果と意味をもたらしてきたのだろうか。また、両国の「国民」の在日朝鮮人に対する見方や態度にはどのような変化があったのか改めて考えてみたい。

　条約締結時によく流通した言葉に、韓国政府の在日朝鮮人に対する基本的な立場という意味合いの文脈で使われていた「棄民化政策」というのがあった。歴史はいい意味でも悪い意味でも変わるものだ。日本に住む韓国人は戦前の植民地統治のために、日本に住み着いた在日朝鮮人の末裔だけではなくなった。

　1988年のソウルオリンピックを期にパスポートの発給が自由化し、韓国からの出国が容易なものに変わった。ちょうどその頃と前後して、韓国や他のアジア諸国から日本へと向かう人びとが急増するようになった。彼・彼女たちの国を跨いだ移動の主な理由は職を求めて、あるいは留学、婚姻などである。さまざまな事情で韓国から日本に来た彼・彼女たちの韓日間の往来は、韓国に住む人びとの在日朝鮮人に対する認識と理解に、少しずつではあるが変化をもたらしているように思う。

「冬のソナタ」や韓日合同主催のワールドカップを契機に始まった「韓流」ブームのインパクト、そして、金大中政権当時の日本コンテンツ解禁などによって、韓日の距離間が一挙に縮まったかのような韓日関係の変化も、また韓国における在日朝鮮人に関する認知や認識の変化を生んだようだ。

　一方、日本においては多くの論者が指摘するように「韓流」ブームは、日本人の在日朝鮮人に対する認識に大きな影響を及ばさなかった。いずれにしろ、人の往来は人の具体的な生活の場を知ることを可能にし、そのことを通してお互いの実像に接近することができ、旧来の偏見と無知からくる固定観念にも影響を与えることができる。

　これまでの韓国に住む人びとの在日朝鮮人に対する最も一般的な固定観念は在日朝鮮人が日本社会で差別され、自国の言語も話せない可哀想な人びとというものであった。片や日本の高度成長の恩恵に与り「物質的」豊さを享受しているという「誤解」も含めてある種の妬みの対象でもあった。加えて、韓国社会で陰に陽に「反共教育」を内面化して育った韓国人たちは、在日朝鮮人コミュニティの歴史的、具体的事情も十分に知らないまま、北を支持する朝総連（在日本朝鮮人総連合会）と結びつけ「危険」な存在として敵対視するというものであった。これらの一連のステレオタイプ化した見方は、在日朝鮮人の生活や意識を実態的に反映したものではなく、単に、朝鮮半島分断の現実を反映したものに過ぎない。

　一方、日本人は、いわゆる「在日朝鮮人問題」を朝鮮人の問題であって、日本人の問題として認識し受け止めていない。また、韓国人は在日朝鮮人の問題は日本人の問題であるか、あるいは、同化した日本人と見なすようなまなざしで見ている。分断や植民地主義の「未精算」が「在日朝鮮人問題」を生み、そのことは本国の人びとの問題でもあり、日本人の問題でもあるという視点が弱い。継続する分断と植民地主義の負の遺産として見る視点は弱い。

本稿は韓日条約締結後の半世紀を、在日朝鮮人2世である私が経験し、考察してきたことを中心に綴ろうとするものである。またそれはこの間、韓国でも在日朝鮮人に関する研究者が増えたものの、まだまだ「在日の生の声」が理解され届いているとは思いにくいからである。そういう意味において本稿は、日本社会と韓国社会のはざまで生きてきた一人の在日朝鮮人が日本と韓国に向けて発するメッセージでもあり、韓国人と日本人の在日朝鮮人に対する理解不足へのクリティークと言えるかもしれない。

　解放70年、そして韓日条約が締結されて50年という節目の年に、「在日朝鮮人問題」とは「在日」だけの問題なのか、日本の戦後責任の不在性の問題なのか、あるいは祖国の分断状況が継続していることに起因する問題なのか、一体全体、韓日条約は在日朝鮮人社会に何をもたらしたのかを再考し検証してみたい。その方法と視座となるのがポストコロニアルである。なぜならば、ポストコロニアリズムは「歴史が個人に与える影響を最大限大きく見る」（注2）とされているからである。したがって、本稿は個人の経験と記憶を頼りに綴ろう。

戦後の在日朝鮮人コミュニティの特殊性

　まず、在日朝鮮人社会の特殊性を簡単に確認しておきたい。周知の通り、日本の植民地主義は朝鮮半島から多くのコリアン・ディアスポラを生み出した。旧ソビエトの沿岸州から中央アジアに強制移動させられた、「高麗人」と呼ばれる人びと、中国延辺地域を中心に住む「朝鮮族」、そして在日朝鮮人である。また、これらのコリアンディアスポラとは歴史的文脈が違うグループとして、在米韓国人社会が急速に大きくなっている。これらコリアンディアスポラのなかで（注3）、在日朝鮮人社会は朝鮮半島の分断状況が生み出す対立や敵対の様相が最も色濃く残るコミュニティーである。

　解放後に生まれたさまざまな民族団体のイデオロギー的あるいは党派的分裂と対立は、祖国における2つの国家の成立や、その結果の朝鮮戦争

を経てさらに激化した。分断の矛盾がもたらす影響は、在日朝鮮人社会における政治的な側面だけではなく、生活面においても多大なものであった。たとえば、同じ親族の中で一方は北の政府を支持する団体に、他方は南の政府を支持する団体に属し、互いがいがみあうというようなことである。もちろん、冠婚葬祭などにおいては別の次元の付き合い方も存在してはいた。だが、分断の悲劇はこのコミュニティの人間関係のあり方にも大きな影を落としてきた。政治的な側面では、本来であれば、日本政府の戦後責任としての植民地主義の未清算に対し団結して闘わなければならないにもかかわらず互いに協力できない、しないという状況を継続させてきた。このように祖国の分断と日本に継続する植民地主義は、日本社会で在日がマイノリティとしての政治的力を育み、イデオロギーの違いを乗り越えて大同団結を図ることが困難な状況を生み出し継続させている。

　このような歴史的政治状況の中で、南の韓国政府だけと国交正常化を図ったということが在日朝鮮人社会に大きな影響と負の遺産をもたらしたことは火を見るより明らかなことである。

身体的記憶としての韓日条約

　韓日条約が締結された50年前の1965年、私は小学校5年生だった。50年前にもなる当時の記憶は、夜明けを知らす朝霧がかかっているようなぼんやりとした情景が残っているだけだが、当時の在日朝鮮人コミュニティのざわめきの様相が、今も鮮明に私の身体に残像として刻まれている。

　韓日条約が何のことなのかも理解できるような年齢でもなく社会の動きについて敏感な年頃でもなかったが、自宅の玄関先でアボジ（父親）ら1世たちが出たり入ったりしながら慌ただしく話し合っていた光景を昨日のように思い起こすことができる。とりわけ大人たち、当時の1世たちが、頻繁に口にしていた「永住権」、「協定永住」という言葉は、長い間、私の耳に張り付いた記憶として残っている。そして、その記憶に基づく情景

は、韓日国交正常化 50 周年の今新たによみがえる。もちろん、50 年ぶり
ということではなく、これまでも事あるごとに、特に日朝、日韓関係そし
て、在日朝鮮人の人権問題などのトピックが、マスメディアを通して社会
的に浮上するたびに、当時の 1 世たちの発していた「永住権」という言葉
が耳鳴りのようによみがえるのだ。なぜなら、韓日条約上における在日の
「永住権」をめぐる法的地位の問題は、在日朝鮮人にとって朝鮮半島の分
断と韓日条約そのものが内包する矛盾が最も顕著に表れているからだ。言
い換えれば、「分断の悲劇」とそのことを冷戦下の状況にあって「北朝鮮」
を利用しようとする韓国政府と日本政府の結託が透けてみえるということ
だ。

　在日朝鮮人の生活権の根幹となる居住権の永続的確保、国外追放の脅
威の可能性の理論的消滅を意味する「永住権」の取得は当然、最もイン
パクトを与える内容の一つであった。とにもかくにも、その当時の在日
朝鮮人コミュニティは、百家争鳴的な慌ただしさに覆われた状況だった。
振り返ってみるとその喧噪は、永住権取得にまつわることだけではなかっ
た。

　1961 年の南における軍事独裁政権の誕生と 50 年代の粛清を終えた北の
独裁政権との対立は、在日朝鮮人社会にも持ち込まれたかの様相を呈す
状況を生み出し、在日間の対立を激化させた。そのような政治的喧騒と
イデオロギー対立の時期になされた韓日条約締結は、南北どちらかの政
権を支持する双方の民族団体が在日同胞社会での主導権を争うかのよう
にして宣伝合戦を繰り広げた。私が育った地域か在日同胞が最も密集し
ている地域という事情も手伝ってこの地の宣伝合戦は激しく行われてい
た。宣伝カーを街頭に走らせ、その宣伝カーの拡声器から双方ががなり
立てるかのようにして、対立する南北の政権をお互いに傀儡政権として
罵倒するという事が日常的に頻繁に見られた。

　当時、韓国語をほとんど知らなかった私が丸暗記するように頭の中に

残っている朝鮮語がある。拡声器をつかった宣伝カーから聞こえる「チネハヌントンポヨロブン（親愛なる同胞のみなさん）」であった。とりわけ朝総連の組織母体が強い地域であったせいか、この言葉に続いて「ウィデハンスリョンニム（偉大な首領さま）」という明らかに北の支持を訴える宣伝カーであることがわかる文言が、当時その意味も分からないままに、音として今も私の脳裏に残るぐらい、祖国の分断の現実が在日社会に及ぼす影響は、韓日条約締結を機にさらに激しくなったといっても過言ではない。実際、当時の民族団体の新聞をみると激しい憎悪表現であふれかえっている。

　居住者に朝鮮人が多い地域であったので、「チョーセン人」といって日本の子どもたちから直接いじめられた記憶はないが、どこから幼いながらに、注入されていたのか、朝鮮人であることが何故かしら「恥ずかしい」と思っていた幼少期に見たこの光景は、恥ずかしいという思いをさらに深めさせ、私の心を暗くした。それでなくても日本社会で身を小さくするかのようにして生きざるを得ない中で、いがみ合う民族団体の宣伝カーが自宅の前を通るのを見る度に、日本人に格好悪い、恥ずかしい、穴があったら隠れたいという思いと感情で体中が痛くなるような感覚だったことを覚えている。

　今となってはあり得ないこととは知りつつ、もし、日本がこの時点で南北の両政府と国交を樹立していたならば、在日朝鮮人コミュニティ内の対立の様相は変わっていただろうと思うのはナイーブすぎるが、後に起こった「拉致問題」は起こらなかった可能性が高い。冷戦が終わってもその冷戦構造が生み出した南北朝鮮の対立は今も続き、その悪影響が在日社会に及ぼしている様を見るにつけ、そういう対立の悪影響をなくすために朝鮮の統一が来る日を、私は夢ではなく現実的な課題だと理解して生きている。

　「永住権」をめぐる法的地位、そして、申請条件である大韓民国への

国籍変更などの意味がわからず、幼かった2世たちは、親の意向で決められた「国籍」を持つことになった。この歴史的経緯は現在の、そして、将来の在日朝鮮人社会の動向を理解する上で無視できない。そこで、次の節では経緯の始まりとなる「協定永住」そして、国籍変更に関連して当時の1世たちの思いを想起しながら綴ってみたい。

1世の心情に寄り沿って

　周知のように、解放直後200万以上いた在日朝鮮人はその年の12月までに3分の2以上が祖国に向かって帰っていった。 私の両親もその心つもりで解放後すぐ故郷の済州島に荷物を送った。父親の母すなわち私のハルモニ（祖母）は日本から送られてきた行李の箱を息子が戻るまで開かず、息子が帰るのを待ちわびていたという。そして、無念にもとうとう再会することが出来ないまま、2人はこの世を去った。

　私が生まれる6年前に大火傷を負った父親は、その後遺症のため帰国を果たすことができなかった。望郷の思いをいだいたまま生涯苦しみ、還暦を迎える2ヶ月前に亡くなった。最後の病床の中ですらも故郷に帰りたいと何度も口にしていたことを私は生涯忘れることができない。戦後まもなく、帰国準備をし、荷物まで送っていたといういきさつを聞いたのは父親が亡くなった随分あとのことである。 私はこの話を母親から聞いたとき、ふと、もしその時点で両親が帰国していれば、私は在日2世になることなく済州島に生まれていただろうと想像して、妙に不思議な気持ちになったものだ。つまり、1人の人間の人生に政治と歴史がいかに直結しているかということを皮膚感覚で感じたのだ。紙一重とも言える歴史的瞬間の判断いかんで、結果として、その人生が大きく変わるということを実感したのである。そういう意味では近現代史における「朝鮮民族」の多くが歴史と政治に翻弄されてきた人生を歩んでいると言える。

　解放の喜びもつかの間、多くの在日同胞が念願だった帰国を断念せざ

るを得なかった理由は、いくつか指摘されてきている。第一義的には日本政府とＧＨＱの朝鮮人への帰国政策が極めてお粗末で、さまざまな制限が加えられていたこと。数十年という異郷暮らしによって故郷での生活基盤がないこと。加えて、朝鮮戦争勃発など様々な要因が、「在日」の家族の帰国を困難なものにした。しかし、その後も帰国への道を探っていた１世たちは、いつか必ず故郷に帰るという意思と希望に支えられて生きてきた。

　１世たちにとって、日本での生活は最後の最後まで「一時的な生活をする場」でしかなかった。とりわけ、１世の男性にとってその思いは強かった。彼らにとって、望郷の念とは感傷的なものを一切含まない切実な「魂の叫び」とも言えるものであった。苦渋の思いを抱えて戦後の日本を生きてきたはずだ。そんな中、韓日条約がもたらした「永住権」の取得は「永住するつもりのなかった日本」の「永住権」を得るものであったが、故郷の土を踏むことができる可能性が出てきたことは歓喜すべきことだったのかもしれない。しかし、それは在日コミュニティや家族をも分断するような条件付きであった。

　１世が在日朝鮮人社会での主流であった時代に、歓喜と相反する感情の激化、対立という複雑な様相でもってコミュニティ全体が湧き上がるのも至極当然のことだったのだろう。日本に永住することを必ずしも望んでいない１世たちにとって、そういう時代状況の中、ましてや申請期間５年というタイムリミットの条件付き、それも国籍変更が条件である永住権取得手続きするということはどのような思いであったろうか。

　日本の戦後責任として在日朝鮮人に与えるべき権利として与えられたものではなく「永住許可」は、お上からの許可である一種屈辱的な妥協の産物が「協定永住」という法的地位であった。にもかかわらず、妥協としてではなく、人びとは進んで申請した。「永住権」を取得することは場合によっては同郷の人びとを裏切るような行為だとみられてもおかしくはないという選択をどのように受け止めていたのだろうか。

韓日協定第1条1項に大韓民国の国籍を持つ者に永住資格を与えると明記されている。大韓民国の国籍を持つものということは政治的にどのような意味を持つものだったのかを知る1世にとって、苦しい選択を迫られた人びともいたのではないだろうか。

　コミュニティ内あるいは家族内ですら敵対と不都合を生んだ「国籍変更」の「国籍」とは何だったのだろう。

　1947年に、昭和天皇最後の勅令である外国人登録令が発布された。その外国人登録令は当初、在日朝鮮人を「当分の間外国人」として取り扱ったため、朝鮮半島出身の人びとという意味で、国籍欄に記述された「朝鮮」が在日朝鮮人にとっての戦後における初めての「国籍」になった。

　戦前、大日本帝国の臣民として朝鮮人には「日本国籍」が与えられた。その国籍を「正式」に喪失したのは1952年にサンフランシスコ講和条約が締結された時だ。そんな歴史的経緯を知る由もなく、外国人登録上の「朝鮮」籍が、たとえ、日本の市町村が行う行政上の便宜、つまり、記号か符号でしかなくても気に留めることなく喜んで受け入れたのだろうか。

　近代国民国家が生み出した国籍という概念は、あくまでも国籍はその国家の主権範囲に住む人びとが帰属し、忠誠を表明する国家から与えられるということを前提とされているならば、1947年に日本政府から与えられた「朝鮮」という記号を国籍と見なすのはおかしい。ましてや、その時点では、朝鮮半島に国民国家としての近代国家というものは存在していなかった。

　だが、1世たちにとって「朝鮮」が記号であろうと「朝鮮民族」であるという自覚には影響しなかったのだろう。いやむしろ、そのように日本人と差異化されることを喜んでいたのかもしれない。そして、1948年に朝鮮半島に2つの国家成立後は、外国人登録上の理由により記載された「朝鮮」という国籍に、帰属意識が生まれた者や反発する者もいたかもしれない。

「愛国心」や「民族意識」は、1世にとっては当然持ち合わせているものであるが、生活に追われているが故に、国籍の問題が投げかけるものに対峙しきれなかったのだろう。だが、「朝鮮」籍が国家と個人の帰属を示す国籍と意識されるようになったのは、韓日条約の締結を起点とすると見なすのが妥当だと言えるが、国籍がイデオロギー的な帰属意識となったのは1948年に祖国に2つの国家が成立してからである。イデオロギー的であれ、心情的であれ、あるいは「統一国家」としての朝鮮という原則的側面からであれ、当時の1世たちの国籍に対するその思いと変更に関して、個々の決断の動機を知る手立てはない。推察できるのは、現実的な判断が当然含まれていたことだ。日本での居住の「正当性」を補償する法的地位を得ることで「安定」した生活の展望が開かれるわけであるため生活と直結している居住権の確保が、この機会を逃せばないだろうという強迫観念的な危機感を感じていたのかもしれない。あるいは民族団体からの組織的推進運動促進の結果だったのかもしれない。

　祖国への合法的往来が可能となるという展望を与えた韓日の国交正常化は1世たちにとっては大きな意味を持ち、日本という客地で生きて行くための新たな精神的な糧となったはずだ。言い換えれば、心理的、精神的に第2の「解放」につながる大事件であったはずだともいえる。

　しかし、長年の希望であった故国訪問の道への第一歩がまず大韓民国の国籍変更によって可能であることは、95％以上の1世たちが南側の出身である事実から照らし合わせると、大して葛藤がなかったはずだと判断するのは間違いである。

　いずれにしろ、結果として、多くの在日朝鮮人が韓日条約を機に大韓民国籍になった。このことをどう考えるかという議論はもっと広範囲になされるべきだろう。しかし、ここでは2点だけ確認しておきたい。1点目は、韓国籍を選択しなかった人びとのすべてが「北」の政府を支持していたわけではないこと。2点目は韓日条約が戦後の韓日関係の動かし

がたい基礎、つまり、「日韓関係を規定した文字通りの基本」（注4）となったとすることが多くの論者の基本的認識だ。そればかりではなく、在日朝鮮人社会にコミュニティの分断という決定的な負の遺産を生み出した歴史的事件であるということだ。

韓日条約の負の遺産──国籍問題をめぐって

　集団的国籍変更が生じた韓日条約以降、在日朝鮮人の国籍は大まかに分けて3つである。「大韓民国」籍、「朝鮮」籍、そして、「日本」籍である。前者2つに属する人びとは、現在、韓日条約時に生まれた「協定永住」という法的地位がなくなった結果、大半が「特別永住者」というカテゴリー（注5）になっている。しかし、負の遺産としての「国籍」の問題は残ったままである。

　1990年代末に在日朝鮮人の「国籍」をめぐって話題になった論争がある。在日朝鮮人文学の金字塔といわれている「火山島」の作家の金石範と芥川賞作家の李恢成との感情的とも言える手紙形式の論争が月刊誌『世界』に掲載（注6）された。70年代の始め「在日」のいわゆるかつての朝総連系の文化人たちが韓国政府に招かれて何人かの人びとが訪韓した「事件」も在日社会に衝撃的な話題となったが、この論争もある意味で「国籍問題」の延長線上のものと言える。李恢成の韓国への国籍変更に関するいきさつを書いたエッセイが、論争の端を発した。どちらの言い分に妥当性、あるいは、説得力があるという判断をここでするするつもりはない。だが、この論争が投げかけた重要な問題提起がある。それは近い将来に起こりうるだろう「朝鮮」籍の人びとの内、少なからずの人びとが「無国籍」者になる可能性があるということだった。

　2000年の秋、小泉首相が平壌を訪れたとき、多くの在日朝鮮人は、どちらの国籍であろうと、「北朝鮮」と日本との国交正常化に期待を抱いた。しかし、残念なことに、その時、北朝鮮政府が日本人を拉致した事

実を認めたことから、日本国内で在日朝鮮人に対するバッシングが激しく起こった。その当時、米国に住んでいた私は、日本に戻ってきた時に会った多くの友人たちが、息をひそめるかのようにして生活している状況に驚かざるをえなかった。その後、日朝関係は悪化したままだが、もし、近い将来、朝日間で国交が結ばれ、その後も南北の分断が続いたままであれば、その時点で「朝鮮」籍の人びとは北朝鮮の国民として北朝鮮への国籍変更をするのだろうかという問題提起がその論争の中での金石範の主張である。そして、彼の主張は事態の成り行きとして、朝日国交正常化後、外国人登録上の「韓国」籍が大韓民国につながり、「朝鮮」籍が北朝鮮につながるのであれば、その「朝鮮」籍を否定して「無国籍」になる人びとが出てくるというのである。ディアスポラ内にディアスポラを生み出す可能性が生じるということだ。

　国籍の問題1つをとっても、また日本社会に今なお残る朝鮮人蔑視をみても、この半世紀大きく変わったものはあるのだろうか。これからの在日社会はどこに向けて歩むべきなのだろうか。

ポストコロニアル視座から見た韓日条約の負の遺産

　日本社会でいつ頃からか、在日同胞のことを、「在日韓国・朝鮮人」あるいは「在日朝鮮・韓国人」というふうに呼称した表記が頻繁に使われはじめた。恐らく70年代に入って在日朝鮮人の人権回復闘争などを通して、その存在が少し可視化され、論壇や学界などでも在日朝鮮人研究などが増えるなかでこの表記が目につくようになったといえる。この表記のあり方は言うまでもなく、分断の現実を反映している。つまり、この表記は朝鮮半島の分断状況を前提にしたものであり、どちらの国家にも帰属しないと考える「在日」には、ナカグロのない在日朝鮮人、あるいは在日韓国人だけでいいのである。この表記の弊害を日本人が、あるいは「在日」が意識したのか、現在は在日朝鮮人を指す言葉としては在日

コリアンが一般的に使われるようになった。この呼称は確かに便利である。使うほうも使われるほうも「朝鮮人」という言葉を捨象できるのだから。この表記が物語るように、祖国の分断状況を直接、間接的に影響を受けながら「在日」が日本社会で生活しているということを繰り返し本稿で述べてきた。それは、究極的にその事実そのものが日本の植民地主義の現在的問題すなわち、ポストコロニアルの問題であるからだ。

　1980年代に広く取り上げられるようになったポストコロニアル理論；批評は植民地以降、つまり、脱植民地化のプロセスを経たのちも支配／被支配あるいは抑圧／被抑圧という構造が解体されず再生産されているメカニズムを分析するために発展してきた理論である。

　　「ポストコロニアル研究」とは，植民地体制の終結後も植民地的な支
　　配や文化・意識が依然として残存し，あるいは形を変えた植民地主
　　義がいっそう強化されているという現状を踏まえ，植民地時代以降
　　の社会・文化状況を改めて再検証していく作業（注7）を意味する。

　この簡潔な定義から韓日条約を評価するならば韓日条約は植民地後における最大の支配体系と言える。朝鮮半島の分断を固定化することに「貢献」してきたのみならず、「韓日条約体制」ともいうべきものは、100万にも満たない数の植民地出身者の末裔である在日朝鮮人総体への法的地位を含む様々な社会的、文化的そして、政治的権利を認めることなく、北朝鮮を標的にしたかのような朝鮮半島の分断状況を利用し日本のナショナリズムの高揚の正当化に口実を与えている。植民地支配の結果起こった朝鮮半島の分断状況を日本の安全保障に利用していることは、日本のマスメディアや様々な言説を通して明らかだ。90年代までは、まだ明確に日本人の良識には植民地支配に対する反省意識があった。いまそういう良識の存在は危機に瀕している。その理由の1つは戦後民主主義

を支え、世論をリードする大知識人の時代が終わり、知識人の世代交代が進まない中、為政者間において歴史修正主義者が台頭してきたことである。権力層における「歴史修正主義者」の存在がマスメディアを通じて国民世論の形成に影響を及ぼしている。

　朝鮮人に対する差別は、かつては就職差別や入居差別が代表的であったが、近年はそういう差別はグローバル化の影響もあり減ってきている反面、個別的には増えているようだ。一方、そのグローバル化は各国のナショナリズムを刺激し、日本では90年代に、「新しい歴史教科書をつくる会」を生み出した。この「作る会」は従軍慰安婦問題に対する反動として出てきた経緯を有する。この「作る会」とヘイト・スピーチで「名を上げた」日本版レイシスト「在特会」の存在が「在日」にとって有する意味は、ヘイト・スピーチでも明らかな様に、在日朝鮮人がレイシズムの対象になっていることだ。韓日関係の歴史を巡って排外主義的主張や言論がレイシズムと結びついている。そのことは「作る会」が朝鮮人慰安婦を商売女と表象することでも明らかだ。

　こういうレイシストたちの出現と活動が今の在日朝鮮人を取り巻くポストコロニアルな状況である。

おわりに

　日本人から、韓国人からそして、アメリカ人からよく尋ねられた質問の中に、私がどの国のパスポートをもっているのかということであった。往々にしてその質問が発せられるのは、私の講演を聞いた後である。私の話方あるいは、内容に問題があるからか、あるいは、世界の常識となっている、国籍の取得与件である「血統主義」と「生地主義」そのどちらにも当てはまらない「在日」の存在性の複雑さが理解できないからなのかわからない。 私が大韓民国のパスポートすなわち「韓国」籍だとわかると、ほとんどすべての人が驚いたかのような反応をする。私はその驚

く反応を見てより驚くのである。アメリカ人はともかく、日本人と韓国人は少なくとも在日朝鮮人の国籍がどのようになっているのか位は知っておいてほしい。

　本稿はそういう意味も込めて、在日朝鮮人にとって韓日条約とはなんだったのか、そのことを戦後70年そして、条約後の50年をその間の私の「在日」の記憶と在日としての体験を基に振り返ってみた。取るに足らない、恨のうめき声とも捉えられるかもしれない。しかし、3つの国家に翻弄され続けているという、私の、いや「在日」の歴史的現実を、多くの韓国にいる人びと、可能ならば日本人とも共有したいという思いがあった。歴史の「被害者」として自ら「在日」を語ることの限界を乗り越えようとする試みだ。その時代を生き、経験した者の視点から、韓日条約の負の遺産がどのような形で現在も続いているのかを当事者のひとつの声として書いた。

注
1. この表記は南北どちらを示すという政治的な意味ではない。戦前からの人びとを指す歴史、社会科学の用語として使う。
2. 菊池夏野『ポストコロニアルとフェミニズムの接点—スピヴァク、「慰安婦」、「ジャパゆき」』
3. 1960年代からドイツなどへ看護師として移民した人々や南米、近年増えているオーストラリアなどへの移民社会は、数的にも地理的にも分散しているという事もありここでは含めない。
4. たとえば高崎宗司『検証日韓会議』岩波新書、1996年、p.ii　など参照
5. 1991年に旧植民地の人びとがもっていた、「韓国」、「朝鮮」、「台湾」籍所有者がこの法的地位に一律化された。
6. 岩波書店、『世界』1998年10月号、1991年1月号、1991年5月号参照
7. 張源銘『台湾におけるポストコロニアル研究の現状と課題の一考察—陳　芳明によるポストコロニアル研究』立命館産業社会論集 第39巻第3号 2003年12月

Ⅳ部　差別の現在性

第8章　日韓（朝）関係から見た在日朝鮮人 (注1) の人権

はじめに

　ここ数年、多くの論者が枕詞の様にして「日韓関係は最悪だ」と語ってきた。そして、2015 年、日韓条約締結 50 年、戦後 70 年の節目の年を迎えるにあたっても韓日の関係改善は難しいのではという憶測が一般的であった。

　しかし、その節目の年が終わろうとする年度末ぎりぎりに韓日関係は突然変化の兆しを見せた。日韓両国政府間での「従軍慰安婦」問題についての合意である。「性奴隷」として戦地に駆り出された被害女性たちへの謝罪と「お詫び金」に関する「合意書」(注2) である。今回の合意、水面下でどのような交渉と妥協がなされてきたのかわからない。韓日関係の悪化を憂慮するオバマ政権の意向が働いたとも言われている。

　しかし、「慰安婦」にされた女性たちの意向を聞くことなく、慌ただしい年の瀬の迫る時期（2015 年）に、韓日の政府間レベルでなされた「政治決着」を誠意の欠いた政治的パフォーマンスとして受け止めた人びとは少なくはないだろう。アメリカの意向を気にするあまり、韓日の両政府は国内世論を見誤ったかのようである。そのことは、その後、被害者や支援の人びとから猛烈な抗議を受け、一般市民からも合意に対する抗議行動が起こったことからもうかがえる (注3)。このような政治的思惑による妥結は、被害者女性に対する人権と名誉の回復、そして何よりも、心の傷を少しでも癒すことに繋がるというよりは、むしろ、長い間、抑えて生きてきた彼女らの怒りが、いつまでたっても昇華されないまま、更に呻吟させる

145

だろう。被害当事者の心痛とは裏腹に、両社会の報道はこの「合意」を「祭り事」のように大きく取り上げ評価した。そのうえ、さらにあろうことか、報道の中で不適切と言わざるをえない言葉が何度も使われていた。日常的な会話ではほとんど使用しない、また、文脈的使い方にも疑問を呈したくなるような「不可逆」という単語の使われ方である。この「不可逆」という言葉は日本政府が特に強調して使っており、そのことに、この問題に対する日本政府の思惑が透けて見える。思うに、この言葉の背景の一つに次のことが考えられる。日韓関係に関してよく聞く日本の一般的市民の反応が「何度謝れば済むのだ」というものだ。同じ日本人市民はアメリカによる原爆投下は「謝らなくていい」と考えているのだろうか。

　政治的思惑や双方の主張の隔たりによって、韓日の歴史問題を巡っては「本質的」な、あるいは根本的な解決に至ることがないままに、「お詫び」や「反省」の言葉が使われてきた。そのために日本人としては被害を受けた韓国や韓国人の気持ちや感情がどうであれ、謝ったつもりでいるのかもしれない。この問題の根っこにあるのは、36年に及ぶ不当で過酷な日本による韓国の植民地支配である。この問題に対して日本が謝らずに済んだのは冷戦構造のおかげであった。

　被害女性の声や真の願いと要望が、一般市民には見えていない、又は見たくない、あるいは見えなくされているためか、いつまで経っても十分に歴史的背景が理解されていないため、このような反応が根強く残るのだろう。日韓（朝）間の個別の問題を歴史的に捉えて考えないかぎり、このような反応はなくならないだろう。いつまでも続く無理解、そして、歴史認識の分母が、支配者と被害者間で違うところで強調される「不可逆」という言葉は、どのような意味と結果をもたらすのだろうか。要はこれからは過去のことは蒸し返すということであるが、過去が現在の状況を規定している以上、蒸し返す、返さないという次元の問題ではないだろう。ましてや、被害当事者の意向が汲み取られていない一方的な「政治決着」に

「不可逆的」もなにもないだろう。

　被害者の人権と尊厳、そして心の痛みと傷は、このような政治的外交交渉によって、何度も傷口に塩を擦り込まれるように、2次被害、3次被害を被ってきたと言われている（注4）。

　このような不誠実で理不尽な「政治決着」は被害者のみならず両国の人びとが互いに理解し合うための更なる足かせになるだろう。そればかりか、格差社会の問題が言われて久しい今日、人びとの政府への不満が実体の伴わない「日本人」と「朝鮮人」という他者への怒りとして転嫁しかねない。結果として、未来志向の関係性を築く上で、決してプラスとならない政治決着であった。

　次世代の日韓関係において、禍根を残すことになりかねない政治決着を急いだ理由は韓国側にはなく、日本側の理由に基づくものだ。国際社会でプレゼンスが低下し続けるなか、日本のナショナリストの「目の上のたんこぶ」が慰安婦問題であった。「たんこぶ」を強引に切り取った安倍政権は国内の支持基盤を固め、朴槿恵大統領は切り取った後の出血が止まらない中でいわゆる「崔順実ゲート事件」や「セウォル号沈没事件」などのスキャンダルを機に退陣に追い込まれた。

　「不可逆」という言葉は、日本人が「継続する植民地主義」（注5）に向き合うことを、更に困難にすることにつながるのではないだろうか。「継続する植民地主義」とは、学問上の観念的な議論ではない。在日朝鮮人にとって戦前から戦後、そして、現在に至るまでポストコロニアルの問題として、その生と生活に具体的に影響を及ぼしている。つまり、人権問題としてもしかり、それ以上に生存の問題にまで及んでいるのである。

　本稿のはじめに、昨今の日韓関係における両社会の動向と反応に対する現状認識と問題意識をかなりの紙数を使って述べたが、その理由は在日朝鮮人の人権は、日本の中の「マイノリティ問題」という側面のみで捉えることに限界と問題があるという前提を確認しておきたいためである。

本稿は以上の議論の枠組みをベースに、昨今の在日朝鮮人を取り巻く状況から現在の日本社会を論じ、在日朝鮮人にとって人権とは何なのかということを考えてみたい。具体的にはスティグマ化されている「朝鮮人」という表象の問題と「表現の自由」のもとで横行するヘイト・スピーチについて一考してみたい。そして、ヘイト・スピーチやヘイト・デモを実行している中心団体とみなされている「在日の特権を許さない市民の会」（以下「在特会」）のメンバーの意識と行動について論じ、在日朝鮮人の人権を考えるときのポストコロニアルの問いと視点を共有したい。

ヘイト・スピーチが横行する土壌は何か？

　周知の通り、この数年カタカナ英語のヘイト・スピーチ（憎悪表現）という単語が日本語の語彙として定着するほどまでに新聞紙上や、論壇などで広くみられるようになった（注6）。このイッシューはまさにポストコロニアルの問いであると言えるだろう。そのせいかどうかはともかく、ヘイト・スピーチに関連する研究書や関連書籍の出版も相次いでいる。研究者の中にはヘイト・クライム（憎悪犯罪）と同次元でヘイト・スピーチを考えるべきだと指摘をする人もいる（注7）。表現があまりにも露骨で悪意や敵意と暴力性に満ちているため、その急速な広がりに政治家たちも危機感を抱いたためか、あるいは諸外国の評判を気にしてか、2015年の5月に、憎悪表現をはじめ人種差別撤廃施策推進法案が民主党、社民党の議員から提出されている（注8）。そして、同年12月22日には、はじめてヘイト・スピーチが人権侵害であるという勧告が出された（注9）。

　強制力が伴わない勧告をどう評価するのかが問われている一方、法規制の整備へと発展させていくことが課題だとも言われている。それと同時に規制法を制定することが、この問題のあるべき姿の解決につながるのかどうか、ということも今後考えていくべき大きな課題である。いずれにしろ、これらの動きの背景にあるのは、ヘイト・スピーチを社会批評や研究

対象にする人びとが増えたからではもちろんなく、具体的にヘイト・スピーチのターゲットになり、被害を受けている人びとが存在するからであるということは周知の通りである。

　ヘイト・スピーチに関連する民事訴訟を起こした原告にとって、画期的な判決が下された、「京都朝鮮学校襲撃事件」（注10）である。裁判まで至らなくても、私の身近なところでも憎悪表現のために子どもたちが傷付けられている被害の事例を多く聞いている。

　ヘイト・スピーチを憎悪言論、憎悪発言、あるいは本稿で使っている憎悪表現など日本語訳は多様で、その解釈も論者によってさまざまである。ここでは、本稿の議論の争点の一つと関連づけるために、以下のようにする。「人種、民族、国籍、宗教、性別、性的指向など、個人では変更困難な属性に基づいて侮辱、扇動、脅迫等を行うこと」（注11）。

　ここに挙げられた諸々の属性が個人的に変更困難かどうかは議論の余地があるが、ヘイト・スピーチの被害を受ける対象、あるいは理由を広く捉えていることは、被害者を守る「盾」としての適用範囲が広くなるために意味があると思う。しかし、この定義が普遍的価値を持っていることと、ヘイト・スピーチが実行されている日本のコンテキストの中で、この定義の適用が可能かどうかは別問題である。それはこの定義が生まれたコンテキストの違いや定義そのものの限界ではなく、むしろ、日本社会の「特殊性」からそう思うのである。「特殊」と規定することの危険性も踏まえたうえでそう思う。

　しかし、ヘイト・スピーチを巡ってはその執拗さ、悪質さ、暴力性など、なぜヘイト・スピーチの対象として朝鮮人がターゲットとされるのかといった点で、私には「特殊」だと映る。そもそも、なぜ憎悪表現のターゲットが在日朝鮮人に集中しているのだろうか。植民地支配の時代から現代にいたるまで「朝鮮人は劣等民族」とする言説が為政者の間で横行してきた。そうした不当な言説を止揚できないままに、韓日関係の悪化を声

高に語り、「北朝鮮」の脅威を叫ぶ右翼言論が、歴史的に何も知らない人を焚き付けているのだろうか。排除や排外の問題を論じる脈略でよく言われるのは、文化の違いというものである。しかし、文化の違いとは一体何を指して言っているのだろう。至極当然のことであるが、関西と関東の文化、都会と地方の文化など、文化の違いは同じ国土に育ったものでも地域や個人によって当然違う。その違いが斟酌されずナショナルな範囲でのみ考え理解するときに、文化の違いは排外主義の口実となることが多い。何故なのだろうか、という根源的な問いを繰り返し発することが必要なのではないだろうか。人を唖然とさせるような憎悪表現・犯罪氾濫の原因を理解するのにどのような分析と説明が必要なのだろうか。ところで、ヘイト・スピーチの対象には、他のマイノリティグループも入っていることも事実である（注12）。しかし、ヘイト・デモのプラカードの内容が主に向けられているのは在日朝鮮人であり、具体的に攻撃されている大半も在日朝鮮人である。

　1905 年の乙巳条約（注13）からちょうど110 年、「日韓併合」から105 年と１世紀以上を経ても過去の支配－被支配の関係がもたらした負の遺産が「清算」されず、むしろ、ヘイト・スピーチのデモ隊の出現などに、植民地主義の再生産を見ることができる。戦後の東アジアにおける国際政治の「駆け引き」の中で、日本の朝鮮半島への植民地支配の清算は、なし崩し的に 1965 年の「日韓会談」ですべて解決済みと処理されてしまった。結果として、植民地主義の「未精算」は朝鮮半島の北半分の国家、朝鮮民主主義人民共和国（北朝鮮）との国交正常化の未締結状態を継続させている。この未締結状態のはざ間で拉致問題は起こった。そして、拉致問題の存在が一部世論のヘイト・スピーチに対する寛容を生んでいる。こういう循環の悲劇性は、戦後責任の不在がもたらしたものである。加えて、停戦状態のままにある南北の分断、その分断故、より強化される日米韓同盟は「北朝鮮」との関係を改善しない、あるいはできないまま「北朝鮮の脅威」

を国内政治のだしに使っている。その「北朝鮮」を「脅威」とみなす日本国内の言説の「氾濫」の影響は生身の在日朝鮮人を「敵国の子孫」とみなす憎悪の視線をこの社会で蔓延させる。結果としてこの状況は、在日朝鮮人の社会的、文化的地位とともに、その生存をより脅かす一因になっている。在日朝鮮人の人権を考えるときに、このような政治環境の歴史的背景や国際政治の動向、思惑を理解する努力を放棄してしまうと、結局は「イスラム・フォビア」のように為政者に都合のよい論理と神話に振り回され「コリア・フォビア」という形で表出するのだ。その証左の一つが昨今のヘイト・スピーチである。そして、日本社会に深く根付いている朝鮮人に対する差別意識が、為政者の政治的思惑と結びついてしまうと朝鮮人差別は、極端な場合、関東大震災時の朝鮮人虐殺のような極限の暴力をごく普通の市民が振るう最悪の事態を迎える可能性も芽生えてしまう。

　ここで、翻って考えなければならない点がある。それは、日本が朝鮮半島を植民地にしなかったならば、朝鮮半島は第2次世界大戦後に連合国間での植民地主義的な領土再分割の対象になることもなかった点である。言い換えれば、そのような歴史的背景と過程がなかったならば、現在の分断国家としての「北朝鮮」、日本人の最も嫌う「北朝鮮人」は生まれていなかったはずである。だからこそ、このような歴史的文脈を理解することは、日本人にとってより重要である。

　このように考えてくるとヘイト・スピーチが生まれる土壌は、1つには学校教育の場で日本の近現代史の教育が重視されていないことである（注14）。そして、直近の日本の過去の歴史を知らないことが植民地支配に対する責任を自覚できない状態に「日本国民」を追いやっている。日本の植民地支配は過去のことであっても、その植民地支配の結果である朝鮮の分断は現在のことである。つまり、日本人が過去の近代史を学ぶことは朝鮮の現在を知ることにつながり、そのことによってヘイト・スピーチが如何に不当な言論行為であるかが分かる次第である。「在特会」のような「新

右翼」的な団体は、戦後責任の不在と自国の歴史に対する無知が広がる戦後空間に咲いたあだ花にすぎない。

　しかし、これだけでは彼・彼女たちの「普通」の中にある「異常」を説明できない。何が彼・彼女たちを街頭での街宣活動に向かわせるのであろうか。

「在特会」から見える日本社会

　暴力行為の伴うヘイト・スピーチ発端の中心団体と言われるようになった「在特会」は、ネット右翼として今やかなり知られるようになった。1万人とも言われるほどの会員が全国にいるといわれている。2006 年 12 月に準備、翌年の 2007 年 1 月に立ちあがった。そのリーダー桜井という人物は立ち上げの動機を在日朝鮮人の無年金訴訟だという（注 15）。インターネットで会員にヘイト・デモを呼び掛け、現地に向かうというのがそのやり方だといわれている。デモ参加者の大半は一見「普通」の大人たちである（注 16）。この会については多くの論者が語っている一方、その「幼稚」な言動のためか、それほど深刻に捉えられたり扱われたりしてもいないようにも思える。しかし、被害者にとっては大変な「脅威」となる存在である。

　「在特会」のような「新しい型の右翼」の台頭の背景は、一般的に言えば日本社会の閉塞感、経済的後退、いびつな形の自己存在の証明、換言すれば、自己責任論の蔓延と呪縛、その他諸々の個人的コンプレックスの錯綜、そして、日本社会における外国人の増加などが考えられる。そのため込んだ不満のはけ口が在日朝鮮人をターゲットにしたヘイト・スピーチである。そして、前述したように攻撃対象は他の外国人や他の社会問題に関っている人にも及んでいる（注 17）。

　しかし、「在特会」の名称につかわれている「在日特権」の「在日」とは「朝鮮人」のことなのである。そして、その特権の中身とは事実を歪曲し、自己の歴史的な無知をさらけ出したものである。

「在特会」のカウンターグループと言われている「レイシストしばき隊」のリーダー野間易通は、その著書「特権の虚構」を5つ上げて説明している。その5つとは在日朝鮮人の「特別永住資格」、「年金問題」、「通名制度」、「生活保護受給」、「住民税減税」である（注18）。このようにまとめられたのは「在特会」側の主張に沿って彼らの事実の歪曲を崩すためのものである。その反論の真意に対してなんら疑問はない。しかし、紙数上のこともありここでは詳しく1つずつ検証できないが、その説明のいくつかの事実認識には問題がある。更に「在特会」とまったく違う出発点からの論駁であるにもかかわらず、「継続する植民地主義」という視点を、彼らが前提としているにせよ、そこに見出すのは難しい。故に私は「カウンター」側の主張でさえスライドしてしまう、「継続する植民地主義」に対して、日本で在日朝鮮人の問題を解決する困難性を見てしまうのである。

　「継続する植民地主義」という視点は、在日朝鮮人の問題を日本の福祉の問題という次元でもなく、また、個人の人権擁護というだけの次元でもないという認識を導くのに有効である。加えて、その視点は、現在の「日本国家」が近代の「帝国国家」を築こうとした時から始まったアジアに対する蔑視と野望をベースにしたナショナリズムを、再生産しているという問題を見ることを可能にするだろう。つまり、日本社会の問題意識と歴史認識の在り方に対するポストコロニアルな問いが見えてくるということである。言い換えれば、俗に言われてきた「在日朝鮮人問題」は、日本社会のひいては日本人、そして、日本に住むすべての人びとの問題であるという再確認が常に必要とされているということである。

　アジアに対するまなざしと態度、具体的には朝鮮半島についての植民地主義に対する反省の不在は、2015年8月の「安倍談話」にも如実に表れている。朝鮮史の研究を1950年代から始めていた宮田節子は談話発表1カ月前の論考で、安倍首相の談話の内容が「『植民地支配』と『侵略』という文言が消え、日本の過去をただ『反省』するという内容になる」と

予測していたが、まったくそのようになった（注19）。

　「安倍談話」の中で植民地という言葉が6回出てくる。しかし、使われたどの文脈でも一度として朝鮮半島という言葉もなければ、朝鮮に繋げて言及することもなかった。最初から最後まで「朝鮮」という言葉は一切出てこないのである。宮田が指摘する植民地支配や侵略という言葉は「談話」の中で消えはしなかったが、近代の世界秩序という文脈でのことであって、日本が西洋から侵略されるかもしれないという、あいも変わらない「被害者」の主体としての脈略的言説である。「加害者」としての主体は全く見いだせない。加害の主体として向き合わなければならない「朝鮮」半島という決定的な固有名称は出てこなかった。つまり、日本にとって植民地主義とその記憶というのは、遠い西洋諸国の帝国主義だけを連想させるものでしかないようである。安倍首相であれ、歴代の、そして未来の首相が植民地について言及するならば、少なくとも朝鮮と台湾に関して言及しないわけにはいかないはずである。しかし、「安倍談話」は植民地主義というのは近代における帝国の「普遍的」な問題としてあったという風にあいまいにする。そのように言及することによって日本の朝鮮支配をあたかも世界の潮流の中でのこととして正当化する、あるいは、その次元で片付けようとするものである。このことによって安倍は日本の戦後責任の問題に向き合うことなく、歴史の書き換えも厭わない歴史修正主義者として国内の右派勢力にアピールした。このアピールは祖父の岸信介に連なる憲法改正のための地盤固めであったことは言うまでもない。つまり、憲法改正のために右派の選挙票を確保するためには、朝鮮の植民地支配や戦後責任への言及はプラスにならないと判断されているのである。そのため一般論の文脈、例えば、「先の大戦」では反省というが、朝鮮への植民地支配についての反省という言葉は一切ない。「従軍慰安婦」の問題に関しても「多くの女性たちの人権」が踏みにじられたというように「普遍的な」装いでごまかすという具合である。なぜ、具体的に言及して向き合うことができ

ないのだろうか。多くの人が指摘してきたように、「継続する植民地主義」の責任をあいまいにしてきたからである（注20）。

　日本の支配層が植民地主義を自分たちとは関わりない過去のものとして、忘却の彼方に追いやろうとしているかぎり、植民地主義の負の遺産としての朝鮮人に対するステレオタイプ、優越感、蔑視と差別は続くといえる。その上、昨今のヘイト・スピーチ、そして「在特会」や「呆韓論」、「恥韓論」というような「嫌韓流」本が21世紀の今日、巷で堂々と流通している。このような「憎悪文化」が、他者を排除することで自己の存在をアピールしようとする思考回路を生みだしているのだろう。

　いつになったら「日本人」は、在日朝鮮人を一人の隣人、少なくとも住民として「普通」に付き合うことができるのだろうか。いつになったら1世紀を超える朝鮮人に対するネガティブな表象から実存的等身大の「朝鮮人」に出会おうとするのだろうか。それは可能なのだろうか。そのようになるためには何が必要なのだろうか。人権教育、民族教育、あるいは多文化教育と言われて実践されている教育が果たして、このような状況を乗り越えるために有効なのだろうか。多文化教育は総務省でも外国人子弟が増える現状に対応する目的で、研究会などが立ちあがったりしているが、外国人子弟に日本語を教えることや日本人子弟に他の文化を教えることにかなり偏っている。多文化教育が果たして、具体的にどのような成果をもたらしてきたのだろうか。ヘイト・スピーチの最初の標的となった「朝鮮学校」の子どもたちが受けている「民族教育」が何故戦後70年を経ても現在も続けられているのか、その意味をどこに見出すべきだろうか？　以下、教育と政治について少し論じてみたい。

「民族教育」をめぐる政治性

　前項の部分で議論してきたように1世紀以上も引きずっている植民地主義の負の遺産が続く中で、在日朝鮮人は何を持ってサバイブしていくべ

きなのだろうか。

　『「語られないもの」としての朝鮮学校』の著者、宋基燦は「在日コリアンの歴史は民族教育の歴史だといっても過言ではないだろう」と述べている（注21）。確かにそのような表現に見合うほど在日朝鮮人にとって「民族」という言葉はその生に大きくのしかかってきた。時には被差別体験を共有できる「共同体」として、時には朝鮮半島への繋がりの象徴として、時には、差別に抵抗する「共同体」として、そして、なによりも日本社会で作られたネガティブな自己像を払拭するために「民族」があった。また、他者に規定されない自己主体性の確立と確認の必要性から「民族」というものに向き合い、自己のアイデンティティについて葛藤してきた。そして、アイデンティティ形成においては第一義的に「民族」を考えることが出発点でありゴールであった。そういう意味で、「在日」にとって在日朝鮮人の歴史は「民族教育」を通してであれ、他の日常空間であれ「民族」を問う歴史だと言えるかもしれない。それは何も偏狭なナショナリズムとして意識されてきたというわけではない。日本社会で他者化される理由の一義的な理由が「朝鮮人」であることからそうならざるを得ないのであった。つまり、朝鮮人としての被差別体験が与える主体の心理的損傷を回復するための回路として「民族」、つまり「民族の歴史的経験と記憶」があるのであった。

　一方で「民族」を忌避し、「出身」を隠し、日本社会に同化して生きる者もいる。在日朝鮮人の歴史とは意識的であれ、無意識的であれ、「民族」にまつわるものを無視して生きていようが、日本国籍を取得して「日本人」として生きるという選択をした者であろうが、それぞれが必ずと言ってよいほど、その人生の様々なライフサイクルの中で、事折々に、「民族」を経験しなければならないといえよう。それが在日朝鮮人の生活の磁場である日本社会の状況なのだ。そういう意味で、制度的民族教育を受けた者と日本の学校教育を受けた者との間には現象面として違いがある。一般化して言えることではないが、やはり、学校という空間で同じ世代の友人たち

と共に「民族教育」を受けた子どもたちは仲間意識が強い。それに比べて日本の学校に通う子どもたちは、数的にマジョリティの日本人に囲まれているということもあり、やはり、「朝鮮人」というイメージやリプリゼンテーションのされ方がネガティブなため、いつ自分が差別され排除されるかと「ビクビク」して学校生活を送らざるをえない。学齢期のこういう環境が人格形成においてプラスの果実を生み出すこともあるとはいえ、やはり負荷が大きい。日本人対非日本人のこのような状況は外国人子弟が増える中でもあまり変化していないと思われる（注22）。在日社会に有為な人材を多数輩出した民族学校の「民族教育」は戦後間もないころ、植民地支配から解放された「在日」が故郷に帰るために、子どもたちに「母国語」を教えたいという1世の親たちの切実な思いから始まった。GHQの時代に米国と日本政府から何度も弾圧をうけながらも守ってきた「朝鮮学校」は、学校教育法における一条校として認められていないために、高校無償化の枠からもはずされている。理由は「北朝鮮」の支持団体が運営しているからだという。韓国政府から援助をもらっている「民族教育」機関は一条校として認可されているということもあってか無償化の対象に入っている。設立当初の「母国語」を教えるという純粋で熱い思いは、朝鮮半島の分断により、その教育内容に大きな影響を及ぼすに至った。もちろん、日本でも教科書検定や韓国でも国定教科書制度導入など、教育の原則である「中立性」は保障されているとは言えないが、朝鮮半島の南北のイデオロギー的対立が民族教育の内容に及ぼす影響は甚大である。教育や社会が創りだしてしまう他者に対するステレオタイプは、不信、敵視、憎悪、という感情を膨らますことを容易にする。このような政治状況の中で考えなければならない在日朝鮮人の人権とはなんだろうか。

　先進国日本で生きる者にとって教育を受ける権利は、すべての児童に与えられるべきであることは言うまでもない。だが、「朝鮮学校無償化」からの除外問題だけではなく、ヘイト・スピーチの露骨な暴力行為を受け

ているのも「朝鮮学校」の児童である。その攻撃は今に始まったものではない。1990 年代後半に頻繁に起こった「朝鮮学校」の女子生徒襲撃事件、いわゆる「チマ・チョゴリ事件」や、さらに下った時代も同じような事件は起こっていた。このような日本社会の底辺に存在する「敵視と憎悪のまなざし」は、為政者の朝鮮軽視と蔑視、あるいは敵意を根絶できないままに国際化の時代である今日も、民族教育の場を「危険地帯」かのように攻撃し、政治利用している。

　教育の重要性は普遍的である。政治的理由から民族教育を危険視することは、それこそが人権を軽視した危険思想である。

過去からの行進

　在日朝鮮人文学を代表する金石範の作品に『過去からの行進』（注23）というのがある。この作品は、1970 年代の韓国の独裁政権下という時代背景をもとに、国家暴力に屈した者の「人間の復活」の物語である。終わりに代えて、このタイトルを付した理由は、繰り返し述べてきた在日朝鮮人を取り巻く現在の日本社会の状況は、表面的には変わったものもあるように見えても、「本質的」に何も変わっていないという、憂鬱な現状を変えたいと願う私の欲求からである。私たち日本と朝鮮半島に関係する人びとは過去を振り返って未来に向けて行進できるのかという問いである。暴力と排除はもちろん、日本社会だけで起こっているものではない。世界の国々で起こっている問題からすれば朝鮮人への差別は取るに足らないという人もいるかもしれない。しかし、１人の人間の痛みは、肉体的であれ、精神的であれ、比べることはできない。物質的に豊かな日本で、確かに在日朝鮮人が飢え死にすることはほとんどないだろう。しかし、日本政府の一貫した戦後の歴史解釈と政策、そして、朝鮮半島と日本の政治に翻弄される位置にある在日朝鮮人の自己尊厳、生存権、そして人権は、日本に住む人びと一人ひとりがどのような歴史観、人間観を持つのかで、その内実

が決定的に違ってくる。支配者の作り上げたナショナルな過去から前進し、行進するために一人ひとりの意識と社会に対するビジョンと責任が求められている。支配者の押しつける排外文化の規範を振りのけ、繋がる関係性の規範が求められているのではないだろうか。

「在特会」を追跡調査した安田浩一はその著書で、「『在特会』は何者かと聞かれることが多いがそのたびに私はこう答える、あなたの隣人ですと答えている」という（注24）。ヘイト・スピーチ、ヘイト・デモに遭遇した人、あるいはネット映像で見た人は、「普通」の感性であれば「異常」な一部の日本人と思うだろう。しかし、「普通」の人間がレイシストになるのは本人の問題である部分と政治的環境要因によってそうなるところがある。韓日関係が歴史問題のハードルを乗り越えられない間は、日本版レイシストは存続し続けるだろう。

鵜飼哲がレイシズムは「普通の人」を「レイシスト」と断罪することで生みだされるものではないと警鐘を鳴らしている（注25）が、歴史に対する私たち一人ひとりの応答責任を考える上で彼の問いかけは重い。排除するものを排除することによって何か生まれるかどうかはわからない。しかし、一方的な言いがかりで無垢の人を排除しようとする人を排除することが間違っているとも思えない。

在日朝鮮人の人権問題は日本と朝鮮半島に住む人びととの関係性を核のひとつとして捉えるべきだろう。つまり、「在特会」のメンバーだけではなく、すべての差別する側も差別される側もその過程でその歪められた人格を回復し「人間性の復活」につなげられるのかということが問われている。これがまさに在日朝鮮人の人権に関するポストコロニアルの問いの1つだと思う。

注：

1 原稿を書くたびに同じ注を書かなければならないことに悲哀の伴う複雑な思いにかられるのだが、この表記は南北のどちらの「国家」を支持あるいは無視している事に関係なく、戦前の植民地支配の結果日本に住むようになった朝鮮半島出身の人々とその子孫を指すものである。

2 日本円で 10 億という金額は nothing と日系アメリカ人の州議員の友人が言っていた。戦時中強制収容された日系人に対して一人 2 万ドルと支払われた金額も十分ではないが、それに比べてもこれはひど過ぎるという。のみならず、このお金は被害者個人にいかず、韓国側が設立する財団にいくという。しかも、アメリカ政府の拠出金は過ちを認めて出されるリドレス（redress）という名目で、補償金（compensation）とは違うものであった。

3 ちなみに日本では 171 もの市民団体が反対表明している。2016 年 2 月 5 日緊急シンポジューム模様の動画サイト参照。https://www.youtube.com/watch?v=bL3lqa4klug&feature=youtu.be

4「従軍慰安婦」に関する文献は多くある。ここでは最近の論文として、また日本人女性による日本社会の問題としての視点が明確であるという点から挙げておきたい。岡野八代、『従軍慰安婦：問題と日本の民主主義』、『抗路』、抗路舎、1 号、66-79 頁、2015 年。

5 岩崎稔、大川正彦、中野敏男、李孝徳編、『継続する植民地：ジェンダー / 民族 / 人種 / 階級』、青弓社、2005 年、10 年も前に発刊された書物のタイトルと問題意識であるがまだまだその視座は有効であり重要であると考える。

6 ちなみにこの言葉は 2013 年度のユーキャン流行語の 10 位に入っているという。しかし一部の市民社会でしか、事の重大性を受け止めていないように思える。

7 ヘイト・スピーチについて岩波新書版『ヘイト・スピーチとは何か』に簡略に、しかし丁寧に説明する師岡康子は、アメリカで 1980 年代に両方の用語が拡がったといい、ヘイト・スピーチという言葉が広く日本社会で拡がった 2013 年以前に『ヘイト・クライム』<2010> というタイトルで出版した前田朗は「在特会」による暴力行為などをその文脈で説明している。

8 前田朗、人種差別撤廃施策推進法案について、『人権と生活』在日朝鮮人人権協会、vol.41.2015 年 12 月、62 頁。

9 朝日新聞 12 月 22 日付デジタル版。

10. 2014 年 7 月に地裁、つづいて高裁と最高裁で原告側の主張が認められている。

11 明戸隆浩、アメリカにおけるヘイトスピーチ規制論の歴史的文脈ー 90 年代の制

論争における公民権運動の「継承」、アジア太平洋レビュー 2014、https://www.
keiho-u.ac.jp/research/asia-pacific/pdf/review_2014-03.pdf、2016 年 1 月 2 日参照。

12 たとえば、1990 年代前半上野公園にいるイラン人への排斥運動、樋口直人、『日
本型排外主義』名古屋大学出版会、10 頁、2014 年、参照。

13 日本では第二次日韓協約あるいは日韓保護条約とも言われているが、当時の大韓
帝国が外交権、軍事権を奪われ、実質の植民地下に入ったと言える。

14 元衆議院議員野中広務が靖国神社問題を取り扱った日韓共同ドキュメンタリー
「あんにょん・サヨナラ」のインタビューでの発言。

15 野間易通『「在日特権」の虚構：ネット空間が生み出したヘイト・スピーチ』河
出書房新社、2015 年。

16 「在特会」を取材した本の中でその「普通」さを何度も言われている。安田浩一『ネッ
トと愛国：在特会の「闇」を追いかけて』、講談社、2012 年、315 頁などに何度
も出てくる。

17 前田朗編、『なぜ、いまヘイト・スピーチなのかー差別、暴力、脅迫、迫害ー』
三一書房、2013 年、13 頁。

18 野間易通、前掲書 168 － 176 頁参照。

19 宮田節子、『世界』2015 年 7 月号。

20 たとえば、徐京植、Hangyore 新聞、http://japan.hani.co.kr/arti/opinion/21916.
html や雑誌『世界』2015 年 10 月号で様々な論客が「安倍談話」を検証している。

21 宋基燦、『「語られないもの」としての朝鮮学校：在日民族教育とアイデンティティ・
ポリティックス』岩波書店、2012 年、114 頁。

22 梁陽日は「在日外国人の自己概念公的的に確立するための必要な諸条件」を検証
する必要性を説いている。『大阪市公立学校における在日韓国・朝鮮人教育の課
題と展望』.Core Ethics vol.9. 2013。

23 金石範、『過去からの前進』（上・下）岩波書店、2012 年、参照。

24 安田、前掲書。

25 鵜飼哲、「レイシズムを語ることの意味」前田編、前掲書。

第9章　日本国（家）を愛せない理由— かといって愛せる国（家）もない

　数年前、ある友人から「づら研」に参加していると聞かされた。「なにそれ！」と聞き返すと、「生きづらさ研究会」だという。米国から日本に戻って十数年、トランプ政権以降の米国同様、日本社会は確かに年々生きづらくなっていると感じる。この感覚は第2次安倍政権が続くこの数年間、とみに強くなっている。戦後の日本の在り方、方向性を歪めることが明らかと思える安保法制成立に反対するデモが、数万人の規模で起こった。しかし、多くの人が反対する中でこの法案は成立した。法案成立後、成熟した市民社会を願う人びとの熱気は行き場を失ったかのようだ。在日韓国人である私には国政レベルでも地方レベルでも参政権はない。それゆえ、日本の政治に対しては主体的な関与ができない。そのため事態の推移に際して傍観者の立場に追いやられてしまう。日本政治の劣化が進行する中で、無力感はなくともこの無力な立場の自覚には気を滅入らせるものがある。

　変革ではなく安定を望む「国民」の保守性や保守志向を利用する政治家と保守的な心性を持つ有権者が「共犯関係」的に政権を安定させている。この安定志向の下では「加計問題」や「森友問題」のスキャンダルな腐敗は政権の致命傷とはならない。この政権の安定ぶりの危うさは「3・11後」の原発事故汚染水漏洩問題に象徴されている。生命に直接影響する問題でさえ、隠蔽し続けることができる体制がこの安定の内実なのだ。この安定が多くの声なき民を圧しているという意味では、一種の暴力だと言っても過言ではない。

　メディア操作や外交パフォーマンスに熟練したスキルを見せる安倍政権による権力の私的利用が可視化されたとしても、その問題性が大きな社会問題とならないのであれば、だれのための民主主義かと憤然とした思いになるのは私だけではないだろう。近年の日本社会は政治も国民感情も右傾化の度合いを強めている。社会が右傾化すればするほどマイノリティーは

生きづらくなる。そのことは歴史が証明済みだ。今の右傾化の問題点は右傾化が新自由主義と手を携えて進行したことだ。そのため国民各層の間で雇用面では「正規か非正規か」といった分断を生み出し、他方では朝鮮高校への授業料無償化を拒否し、日本に住む民族的マイノリティーへの差別待遇を強化しているといった具合だ。この社会には政権の安定ぶりがむしろ重圧となっている人たちが存在するのだ。あまりの安定ぶりはそういう人たちにとって現状の変更不可能性を意味する閉塞感を生んでいる。

　日本社会で民族的マイノリティーとして生きるということはこういう閉塞感に身を甘んじることではないと思いつつ、この社会の安定は重い。

　こんな思いを抱きながら生きる日本国というものは、在日朝鮮人２世以降の世代にとって何だろうか。生まれ育った故郷？　生活や活動の空間？　存在の基点？　１世（親の世代）たちの苦難を記憶する場？　差別を経験する場？　あるいは文化人たちの間でよくテーマになった「在日を生きる意味」を追求する場？　自分の実存の場として選択する場？

　一体なんだろう。私にとっては、在日朝鮮人に対する、また朝鮮半島に対する日本人のまなざしが変わる日を夢見る場、つまり植民地主義の遺制と再生産がなくなり、日本人と朝鮮人が思想的にも個人的にも心底友人になれるのかという問いの応えを探る場である。

　私が描く友人関係とは政治的、社会的問題を含め、知的交流や社会活動などを通して得る信頼関係以上のものを作れる可能性が含まれるものだ。寝食を共にした者同士が培うような、醜態や弱さ、羞恥、怒りなどもさらけ出し、互いに生産的な批判ができる、その上でなお残る信頼関係と情が伴う友人関係だ。そのようなものが構築されるために、朝鮮人と日本人はどう変わらなければならないのだろうか。

　米国で第２波フェミニズムが受けた批判として、それが白人中産階級女性の解放思想であり運動であるとして、非白人女性たちの異議申し立てがあったことはよく知られている。その文脈で黒人女性たちが共通して語っ

たことは、「白人たちは黒人、とりわけ黒人女性たちの経験を本当にわかっていない」というものだった。同様に日本人は、在日朝鮮人たちの差別の具体的な経験はさることながら、差別以外の経験や日本に対する思いなどを、どれぐらい理解しているのだろうかと思う。被差別の主体（他者）以外の主体として、在日朝鮮人はその生活空間や地域でどのようにイメージされ、また語られているのであろうか。

　世代交代とともに日本社会への同化が進み、日本人との結婚が「普通」のこの時代に、在日朝鮮人対日本人という2項対立的な問題の立て方そのものが時代錯誤といわれるかもしれない。また、冒頭で述べたように、現在の日本社会は多くの住民にとって生きることが精神的に苦しく、職場等で嫌な思いをすることが増えている。このような時代状況では、より普遍的な問題について語るほうがいいのかもしれない。だが、本稿は今一度、前述した問題意識と願いを交叉させながら、日本人と朝鮮人の関係性を築くための前提となりうるものを個人的経験の省察から探ってみたい。

〈語り1〉
　私は在日朝鮮人コミュニティの象徴ともいわれてきた大阪の生野区で生まれ育った。20代の時、同世代の多くの朝鮮人女性と同じように、「女」であるということや経済的理由から大学に進学できず、働きながらその地で社会活動に参加し、30代で学問に対する未練と関心から渡米し、40代で出産、育児をしながら今日まで研究生活を続けてきた。そして50代で高等教育の現場に立つことになった。その間、生活環境や条件、そして私の立ち位置は変化したが、20代に実践を通して培った問題意識そのものは変わらない。ただ、変化しているものがあるとするならば、私の意識と考えが年々、ますますラディカル（根本的）になっていることだ。ここでいうラディカルとは「日本的な和」を乱したくないために言うべきことを控えたり、「あ

いまいさ」を残すことによってその場の雰囲気を壊さない「気配り」をするといった、人間関係を表面上は取り繕う処世的態度を、私自身は取らないということだ。ラディカルになる理由の1つは、逆説的だが、そうなればなるほど他者に寛容になれるからだ。また、理論上や言葉上の次元だけでなく、生活の場でジェンダーとセクシャリティ、そして「民族」の属性から生み出される差別と、その後遺症（トラウマ）から何年経っても葛藤し、悩み、苦しんでいる者の存在に加えて、私自身もそのような葛藤を抱えて生きてきたためだ。つまり、ラディカルになることでかろうじて自分自身を支えることができるともいえる。どの社会にも存在する差別構造がもたらす問題（いじめ被害は本人だけでなく家族全員が苦しむ）には、日本人家庭でも起こり得る共通のものもあるが、在日故の差別も存在する。その「在日」故の差別体験は個人レベルを超えたものだ。つまり、個人の努力如何で事態が変わるということはあまりないうえ、後々まで尾を引く深刻さがある。

　植民地主義の清算がなされないままに続く差別構造の中で、その差別構造が生み出す不条理が世代を超えて在日の家庭内でも継続してしまうこの負のスパイラルの中で、その在日故の不条理さからの解放の困難さに打ちひしがれる若い世代の中には、心の病を抱えて生きることを余儀なくされる人もいる。差別するものが苦しむことなく、差別される側がいつまでも苦しむというこの不条理は被差別の当事者にとっては、頭で考えて着地点を見出すのは容易なことではない。

　対人関係や社会に対する恐怖心から、自らを解放する出口を見出すことができなくなってしまうのだ。機会均等という平等性を権利として行使できなかった世代には選択肢は限られていた。主に、職業上の選択肢を与えられなかった在日の世代には、生きる上で必要な安定した経済的基盤を築くことは難しく、築いたとしてもその基盤そのものが脆弱なため心理的にはいつも不安定である。家族の誰かの経済的困窮や破綻は、他

の親族や友人関係にまで影響を及ぼす。その割合は在日の場合、体験的範囲（見たり、聞いたり、直接体験したり）でいえば日本人より多いであろう。また、同化して「日本人」として生きようとしてもいなくても、個々の心の深層には元々は朝鮮人であることの自覚から「自分は何者か」というアイデンティティ・クライシスに陥りやすい。そういうアイデンティティ・クライシスは、例えば日系アメリカ人のそれとは様相が異なるであろう。在日朝鮮人というカテゴリーから解放されたいと思いながら、良い意味でも悪い意味でも、やはりそこに引き戻されるのだ。

　多くの在日朝鮮人にとって親が授けた自らの名前、いわゆる「本名」が自由に使えないという経験は誰しもが経験するものではない。私の兄は事業をしていたころ日本の銀行員に「融資申請には日本名のほうが通りがいい」と日本名の使用を勧められたことがあるそうだ。グローバル化以前のことだから、日本には朝鮮人の「存在」というのは問題を複雑化すると受け止められていたらしい。オールジャパンで行く限り、そこには複雑な問題は存在しない。本名を自由に使えないことは存在論的に言えば当人は自由でないということだ。

　本名を名乗ることにプレッシャーを感じる人は「普通」は存在しない。しかし、「在日」の場合、その「普通」のことが難しい。植民地支配下で行われた創氏改名のような直接的な強制性はないが、朝鮮人に対する社会的偏見からくるプレッシャーに揺さぶられ、差別によって生じた劣等感を拭えきれないまま、その劣等感を内面化するゆえに名乗れなくなるのである。これは自らの尊厳を放棄するようなものだ。

　これもまた21世紀に生きる在日朝鮮人を取り巻く現実の1つである。生き抜くために日本社会に同化しようと努力している韓国からの最近の移民や留学生は、当然のように自らの名前（本名）を社会生活の場面で使っている。しかし、多くの在日朝鮮人は使わない。使えないのだ。私のように「本名」を名乗り、大学教員という何がしかの社会的地位にありながら

も過去のアイデンティティ・クライシスや葛藤から解放されて伸び伸びと生きることは決してた易いことではない。「存在の耐えられない重さ」のようなものが私を含め多くの在日にのしかかる現実がある。こののしかかるような重さが日本社会の在り様だ、と言ってしまえば日本の方に失礼かもしれない。そういう意味で生まれ育った日本を愛することは、私にとっては努力目標とはなりえても実現は難しい。

　ナショナリズムの偏狭性は否定するが、この社会でマージナルな位置にありながらも、日本という「国民国家」で身体化され、精神構造に残る文化的影響を否定せず生きていくことは、私のアイデンティティと折り合いがつきにくい。しかし、内なる日本的なものを否定するということは、自らの全人格をそのまま受け入れられないという自己疎外、自己分裂を引き起こす。そればかりでない。今生きている環境を「No」と否定し続けることは消耗でしかなく、生産的ではない。人は「創造する」存在である。その創造力に対してたいていの場合、差別は抑圧的に作用する。差別に対する反発力が創造力の源泉となることもあるが、そういう例は例外的だ。

　もちろん、差別の被害者だけが創造力を生むエネルギーを奪われているのではない。マジョリティ、とりわけヘイト・スピーチで朝鮮人を「口撃」する人たちも、自己増殖的にエスカレートする憎悪によってまっとうに生きるためのエネルギーを浪費しているのだ。憎しみの力は愛の力よりも強い場合がある。ヘイト・スピーチで人の心を傷つける者は、その行為によって生み出すものが何もないことを知るべきだ。何も生み出さない行為にエネルギーを空費させることは、やがて当人にも跳ね返ってくる問題を生む。その問題とは様々の人びとが幸福に生きるための条件、共存の条件を破壊してしまうことだ。すべての生命は依存しあって存在している。差別や差別感情に基づくヘイト・スピーチはそういう人間相互のあるべき姿の破壊行為である。在日朝鮮人はあるべき人間の姿、そして、人間関係を実現するためにも差別と闘わなければならない。そしてその闘いのイニシアチブ

を握っているのは日本社会に生きる日本人なのだ。

＜語り2＞

　1980年代初頭に全国的に広がりを見せた、外国人登録時に求められる指紋押捺を拒否する在日側の運動とその運動を支援する市民運動を記憶している人は多いだろう。戦後の在日朝鮮人運動において政治的イデオロギーの対立を越えて行われた全民族的運動には、阪神教育闘争（1948年）や、いわゆる反「入管体制」運動で知られる出入国管理法改正（悪）反対運動（1969～71年）などがあるが、それらと並んで「指紋押捺拒否運動」も在日の歴史に燦然と刻まれるものである。

　戦後まもない1947年に、昭和天皇の最後の勅令として制定された外国人登録令は、日本の独立を認めたサンフランシスコ平和条約が締結された1952年に、外国人の治安管理を目的とする外国人登録法となった。言うまでもなく、治安管理の具体的なターゲットは朝鮮人や台湾などの旧植民地出身者であった。外国人登録の際の指紋押捺の義務化は、反対運動などもあったが、1955年に導入されている。

　1980年代に指紋押捺拒否が大衆運動として広がる以前にも拒否者はおり、そのなかには起訴された人もいた。しかし、草の根運動の広がりのきっかけになったのは、1980年9月、東京都在住の韓宗碩氏のケースであった。韓氏は3年ごと（82年に5年ごとに法改正）の外国人登録証の切り替え更新時に指紋押捺を拒否した。その後、1981年に北九州在住の崔善恵氏が、外国人登録法で規定されている最初の登録年齢である14歳（82年に16歳に引き上げ）の時に指紋押捺を拒否した。その時、崔善恵氏が未成年であったこと、そして、第1回目の登録切り替え時であったことで、彼女の指紋押捺拒否はマスメディアに大きく取り上げられた。その後、85年には切り替えをしなければならない人が多かったこともあり、1万人を超える人びとが拒否ないし、押捺留保という形で抵抗運動をした。

私は渡米するまで、他の指紋押捺拒否者の支援運動に関わっていた。神戸在住の日系米国人宣教師ロン・フジヨシ氏のケースである。彼は、日本在留中に再入国許可を取らずに出国したため、新規入国者扱いとなり、再度、外国人登録そのものを申請しなければならなくなった。その再申請時には、指紋押捺拒否運動が広がりを見せていたこともあり、区役所窓口の職員に指紋押捺制度について質問をした。単なる質問であって指紋押捺についての意思表示はしなかった。ところが質問を受けた職員はどう勘違いしたのか、外国人登録証の記載欄に押捺拒否と記入し、それを本人に手渡した。このケースでは、当事者の押捺の意思確認をしないまま押捺拒否者、つまり刑事罰の対象者にしてしまったわけである。

　当時、多くの運動体や活動家グループはこの指紋押捺制度を他の在日外国人ではなく在日朝鮮人の「治安管理」が目的だと見ていた。私の関わったグループ、とりわけ拒否者になったフジヨシ氏は、管理ではなく「同化支配政策」であると、主張して譲らなかった。当時、20代であった私は、この違い、管理と同化の違いを深く考えていなかったように思う。今、考えてみると指紋押捺の（強制的）義務化は、植民地主義の本質とも言うべき差別を組み込んだ同化による支配だとする、フジヨシ氏と支援グループの主張に、より説得力があると思う。もちろん、植民地時代にも行われていた同化政策をどう解釈するか、あるいは分析するかによって違ってくるかもしれないだろう。前述した差別の内面化の問題と併せて考えると、指紋押捺の強制的義務化は朝鮮人を屈服させることを目論んだかのような権力的同化支配のプロセスの一環だといえる。

　指紋押捺の強制は、隠れキリシタンが強要された踏み絵に類似する行為だという指摘もあったが、踏み絵とは決定的に違う作用があると今は考える。それは踏み絵の場合、踏むか踏まないかを最終的に決めるのは自らの判断と信仰に基づく思想を持った成人である。一方、外国人登録法の下で強要されてきた指紋押捺は、そういう成人なら意思を通すことはできても

14歳の少年、少女が決断的行為として行うことは難しいだろう。まして
やこの年代の少年、少女は朝鮮人に対する偏見をどう受け止め、あるいは
乗り越えるかわからないままに自己形成を行っている。

　言い換えると、正当な歴史的主体としての自己を取り戻す以前に、押捺
を強要されるということは、仮に押捺してもそれは全面的に自らの意思を
通したわけではないということだ。

　3年ごとであれ、5年ごとであれ、毎回、切り替え更新時にインクを付
けた指を45度回転させて押捺をする行為は、屈辱感を与えるものだ。こ
のような行為をさせる狙いは何であり、何を象徴しているのだろうか。通常、
指紋押捺は犯罪者に課せられるものだ。犯罪者でないものに犯罪者に用い
る指紋採取を朝鮮人全体に行うことは朝鮮人を犯罪者予備軍として見てい
るからだ。この見方は植民地当局者が被支配民族を見る見方と同じだ。そ
うだとすると外国人登録の際の指紋押捺は植民地主義的支配思想が戦後も
連綿と為政者の間で生き続けていることになる。

　支配者から押し付けられてきた「劣等民族」という理不尽な烙印を、そ
の都度、自らが受け入れているかのように仕向けていると勘ぐられても仕
方ないだろう。

　3年、あるいは5年と切替申請が求められるのは、歳月とともに風貌は
変わっていくから同一人物であることを確認するために行われているとし
たら、これもまたやはり登録者を市民として見ていないからだ。切り替え
時に直近の写真が必要なのはパスポートと同じで、パスポートも犯罪防止
を主眼としたものであるが指紋は要求されない。

　犯罪者でもないのに指紋を取られる、拒むと罰則が設けられているとい
うこの国家制度的暴力が現場で実務に当たる日本人職員を加担者にしてい
るという風に見れば、日本人もまた国家権力に追随しているという意味で
は同化支配されているのである。

　押捺拒否を理由に刑事訴追されたロン・フジヨシ氏と支援グループは、

裁判闘争で是非を争うことにした。その裁判の証人に立った在日朝鮮人3世の牧師である申英子氏はその証言の中で、「在日朝鮮人は日本を愛する権利を奪われている」と主張した。弁護団はこの証言を日本国憲法第13条にある「個人の尊厳、生命、自由、幸福の追求の権利」（注1）の保障とつなげて、指紋押捺義務は違憲であると弁護した。

　紙幅の関係上、この裁判闘争について詳細に論じることはできないが、結論を先取っていうと、裁判は最高裁までいきフジヨシ氏は敗訴した。被告のフジヨシ氏は、罰金1万円の科料を言い渡された。しかし、フジヨシ氏は罰金の支払いを拒否した。罰金を払う代わりに五日間の労働刑を選び刑務所に収監された。ここで1点だけ強調しておきたいのだが、押捺拒否をして起訴されたケースのうち、唯一このケースだけが、前述の「新規入国登録者」扱いであったために、最高裁まで行き、そして最高裁の判決が下されたのである。他のケースは1989年に昭和天皇が亡くなり、その死亡に伴って「恩赦」がなされた結果、裁判を継続する権利は当人の意思とは関係なしに奪われることとなった（注2）。そして、指紋押捺拒否運動の影響もあり、外国人登録法における指紋押捺義務は1993年に廃止された。現在は、「特別永住」という法的カテゴリーに属する者については指紋押捺義務の対象から外されている。しかし、在日朝鮮人の中には「特別永住」とは異なる他の法的地位の人びとも多く存在する。たとえば、「一般永住」や「特別在留」などの在留資格をもった人は、現在も海外へ渡航し、日本に帰ってくる毎に、空港で入国審査として指紋と写真を取られている。

　先ほどの申英子氏が証言で述べていた「日本を愛する権利を奪われている」という意味を私は長い間、理解することができなかった。だが、ある経験から、もしかして、こういうことなのではと思うようになった。米国南部のノースキャロライナ州立大学で教えていた時のことである。大学が位置するローリ市や隣接するケーリー市は、1990年代からアジア系移民

が年々増え続けている街であった。アメリカ南部の街は私が長く住んだことのあるカルフォルニアやニューヨーク市と違って、街で見かける人びとは圧倒的に「白人」と「黒人」である。そんな街の中に1950年代後半から60年代にかけて当地へ移住した日本人女性たちが暮らしている一角があった。日本が米国占領下にあった時代に、米国人のGI（米兵）と結婚し、そのGIと共に米国に渡った日本人女性が少なからずの数で当地に住んでいた。彼女たちのなかには何十年も日本語をしゃべっていないせいで、たどたどしく日本語を話す人も結構いた。その彼女らのたどたどしく日本語を話す姿になんとも複雑な思いにかられた。なぜならその姿は、近代国民国家の構築において想定されている日本国民の条件、すなわち言語（日本語）と国籍（日本国籍）が一致する日本人ではないからだ。彼女たちの第1言語がたとえ日本語であるとしても、それは過去のことであり、現在は英語がその生活空間で主要言語になっている。国籍もまたしかりで、日本ではなく米国籍である。にもかかわらず、彼女たちのアイデンティティは日系米国人ではなく、日本人女性としてのものであった。

　このような背景を持つ彼女たちや、他の諸々の理由でかの地に住むようになった日本人を対象にしたキリスト教会に、同僚の日本人教員に誘われ時々参加していた。ある日、日本からの団体訪問客を迎えて行われた教会主催による特別集会に参加してみた。プログラムの中に日本の唱歌を歌う企画が組み込まれていた。耳慣れた懐かしい音楽を聴くと、人は誰でも感傷に浸り、懐かしい人、愛しい人が思い出されるものだ。小・中・高と日本の学校に通った私にとっても、日本の童謡や唱歌は懐かしいのだ。会場で参加者とともにその懐かしい唱歌を歌いながら思わず涙が出てしまった。日本にいる家族や友人が思い出されたからだ。しかし、日本の故郷を象徴するような「赤とんぼ」や「ふるさと」を歌い始めた途端、異郷とも言えないが故郷と呼ぶのも憚れるような出身地日本に対する複雑な思いや感情がこみ上げてしまい、懐かしい人びとを思いだして流した涙

が、孤立感の涙に変わっていった。日本を感傷的に郷愁の対象にしてはいけないという自戒のようなものが、懐かしさに耽ることを禁じるかのように私の「在日の心」に働きかけたようだ。

日本国外で複数の日本人に囲まれ、朝鮮人は私1人というところからくる孤立感だけではなく、差別を内面化した結果もたらされる屈折した遠慮、それは、日本の古くからあるものを懐かしがったり、大切なものと思ってはいけないのではないかというような感情とでも言おうか。いや遠慮もあるが、日本の古き良きものを朝鮮人の私が大好きと言って日本人から迷惑がられる、あるいは忌避、拒絶されるのではという恐れのようで、何かしら言葉にならない寂しさや疎外感を感じてしまい、涙が止まらなかった。その時の感情をどのように表していいのかわからないが、言語化してみたい。

この日本人集会（教会）は、人種主義の露骨な米国南部にあるアッパーミドルに属する人びとが集う「白人教会」を借りて行われていた。これは、日本人がアメリカで「黒人教会」を借りるということは想定しがたいということと表裏の関係にある現実である。日本人は非白人の黄色人種である。そういう意味では黒人と同じ有色人種である。白人から見れば黒人と同じ有色人種でありながら日本人は、人種主義の被害者である黒人たちの側に立って、寄り添うよりは、白人の位置に憧れるかのように自己をアイデンティファイしてきたように見える。長い間アパルトヘイトという人種隔離政策下にあった南アフリカで、日本人は「名誉白人」であるとされた。黒人への差別の上に築かれた国で、「名誉白人」の地位に与えられる特権を駐在員として、あるいは外交関係者として、享受した。このような特別待遇に違和感や疑問を持った日本人はどれぐらいいるのだろうかと考えていたことと通底するものを、この日本人集会と白人アメリカ人との関係に見てしまう。

私の独断かもしれないが、米国社会の中でマイノリティである日本人が、

白人つまり支配者側に同一化していく姿に、醜さと怖さみたいなものを感じるのだ。もちろんこのような支配文化に同化する傾向は日本人グループに限られたことではない。ただ、私にとっては、教会が日系アメリカ人ではなく日本からの日本人宣教牧師によって運営されていることや、白人と結婚している教会員が多いということもあって、白人と日本人という2つの支配者を意識してしまい、そのためよりマイノリティ感というか、緊張がつのり、自己疎外を起こしてしまう。

　こんな環境では私の「在日性」などを全面に出す事ははばかられ、一方「在日性」を認めてもらうことに何の意味付けをしようとしているかと自問自答するのだ。おそらく、あなたも私もすべての人はハイブリッド（混交性）だという認識を確認したかったのかもしれない。ハイブリッドであることを大前提に尚且つ差異を認め、尊重してほしいということなのだ。だが、この教会に参集するメンバーだけではないが、米国に住む日本人は、日本語を第一言語とする私のアイデンティティや経験をもってしてもこの町に増え続ける韓国からの移民と私を区別できないし、する必要性も感じていないように思えた。日本に住む一般日本市民も似たようなものだ。

　一方、私の話す言語のせいか、時には日本人の「仲間入り」をさせられる。それも上から目線の、あたかも自分たちは「純粋日本人」で優れていると無意識に思っているかのようにだ。その現れの一つが、「日本人と変わりませんね」というニュアンスを含んだ挨拶をすることだ。このコメントが当の私にどういう意味をもたらすのかをわかっていないのだろう。逆に日本人が「朝鮮人と変わりませんね」と言われたら、侮辱だと受け止めるのではないかと想像する。

　朝鮮人としてのアイデンティティを取り戻すことで自己尊厳を回復し、ホーリスティックヘルス（holistic health）的な朝鮮人でありたいとする者に、「日本人と変わりませんね」ということがどういう意味を持つか。無意識に褒め言葉と思っているのかもしれないが、その実存を否定しているこ

とになるということに気が付いていないのだ。日本ではそのように言われることがほとんどない。それはまだましだということではない。なぜなら、日本で在日朝鮮人は実存の存在として出会うのではなく、日本人が描く朝鮮人像の他者、あるいはメディアや支配者によってスティグマ化された朝鮮人としてしか出会っていないからだ。逆に言えば、そのような日本人にしか出会っていない私は、やはり日本人が朝鮮人を警戒する以上に日本人を警戒してしまう。こういう事が息苦しいのだ。

「日本を愛する権利」とは、それを持つことによって少しは息が楽になるものなのかもしれない。自分の体内にある「日本的なもの」を自分のものとして記憶することにはばかることなく、音楽という普遍的なものだけではなく、「在日」の私の好きな「日本の文化」を選べるということが、「日本を愛する権利」の回復なのかもしれない。

〈語り3〉

2019年6月28日にハンセン病患者の家族だったという、ただそのことだけをもって長い間差別されてきたという理由に基づいて、国を相手取った国賠訴訟（ハンセン病家族訴訟）で、原告側が勝訴するという快挙のニュースが届いた。2001年の患者当事者への謝罪と賠償を勝ち取った裁判の判決も画期的なことであったが、今回はその家族への賠償ということでさらに注目に値する。長年、この問題に関わってきた友人から歓喜に満ちた報告メールをいただいた。このメールに続いて今回の熊本地裁の判決に対して国が控訴しないようにと訴える署名活動のアピールメールが矢継ぎ早に届いた。

安倍政権は選挙前のタイミングゆえか、561人という比較的数少ない原告者ゆえか、あるいはほとんどの家族が日本人（561人中3人が朝鮮人あるいは中国人）ゆえか、あるいは運動の影響か、早い段階で控訴しないと発表した。粘り強く活動を続けてきた運動のすばらしい結実だといえる。

しかし、この安倍政権の控訴断念の背景には、選挙を前にした政治パフォーマンス、あるいは何か他の政治的な思惑でもあるんじゃないかと、友人のようには手放しで喜べない自分がいる。

　私が小学生の頃、1960年代の初めに、早くも姉たち（姉と在日大韓キリスト教会の青年会）は、岡山県にあるハンセン病国立療養所長島愛生園を何度か「慰問訪問」していた。その活動内容を姉から聞いたのが頭のどこかの片隅に残っていたのか、その当時から長島という地名を今まで忘れたことがない。2016年に長い間の念願がかない、友人の案内で長島愛生園を訪れることができた。そういうこともあって、ハンセン病患者当事者とその家族の苦難の道のりには、私なりに共感し、理解してきたつもりだ。ただ、今回の裁判結果を知った私は、日本政府が植民地主義についての「清算」は韓日条約で決着済みと言い続けないで、ハンセン病患者の家族のように、植民地主義被害者の末裔である在日にも、一度は公式の謝罪と国家賠償があっても良いのではないかと思った。もちろん、文脈が違うといわれればその通りだが。

　戦後の在日朝鮮人の社会運動の中で、法廷で「民族差別」だと認められたものに、1970年から74年の朴鐘碩氏の日立就職差別裁判闘争がある。多くの在日朝鮮人が差別と貧困に喘ぐ時代に、朝鮮半島の分断がもたらす在日朝鮮人コミュニティ内部の葛藤など、諸々の事情で「民族差別」を訴え、裁判闘争に持ち込むという発想を持つことすら容易でなかった時代に、「民族差別」を法廷に持ち込む事ができるのだということを知らしめた画期的なものだった。

　この戦後初の「民族差別」に対する法廷での勝利は時代を画する画期的なものだった。このケースは就職差別を受けた当事者が原告であり、被告は国ではなく企業であったという点で責任所在など争点がクリアであった。つまり、ある意味で闘いやすかったといえるだろう。その点、今回のハンセン病家族の訴訟とは根本的に違うといえる。皮肉なのは、昨今の「徴

用工問題」ではまさに日立と同じように企業を相手取った訴訟であるにもかかわらず、日本国、日本政府が韓国に対して経済制裁を科すという介入をおこなった。

　この問題に限らず、少なくとも私の周辺にいる活動家たちは、支援や連帯を個別のケースから普遍的な問題へという原則をもってきた。だからこそ、2001年のハンセン病患者当事者に対する賠償を勝ち取ったのち、その結果を担保に、韓国のハンセン病患者にも賠償金が支払われるように運動し、それを勝ち取った。この運動の繋がりと広がりの根底にあった問題意識の根源には、朝鮮半島の南端に位置する小鹿島に建設されたハンセン病患者の隔離施設が、朝鮮総督府下で推進されたという事実認識がある。また、日本にいた朝鮮人もハンセン病患者であれば、朝鮮人であるという理由で日本国内の施設より更に遠い、この小鹿島に送られたという事実もある。このような歴史的事実から、支援、連帯する日本人活動家の人びとは、より普遍的に「日本帝国」の問題として両国の患者への補償を訴え、その結果を出してきた。

　ハンセン病患者を巡る諸々の成果を前に、やはり日本軍性奴隷のケースは何故、当事者が納得できる国家賠償をしないのかという疑問をあらためて考えていかねばならないと思った。

おわりに

　「日本国（家）を愛せない理由」という「過激」なタイトルを掲げ書き進んできた。ここで書いてきた理由に説得力があるかどうかはわからない。しかし、日本を愛せない理由とは、翻って言えば、申英子氏が言う「愛する権利が奪われている」ということと弁証法的な関係にある。また、日本を愛せない理由の背景にあるものは、朝鮮人を普通の人間として尊重し、あるがままのその人となりとぶつかってほしいということだ。人権や社会運動活動家や、リベラル知識人たちが、それぞれの限られた出会い、経験、知識、個人的

利害関係などの範疇のみで在日朝鮮人を見、語るのではなく、他の語りの可能性を探るべきではないか、という問いかけとして、いくつかの体験を綴ってみた。

　日本人知識人が在日朝鮮人との対談を通して、あるいは朝鮮半島に関連する学術書などを通して書く内容は、韓日関係における歴史問題や日本社会の問題など、「問題を語る」ものが多い。専門家とはそういうものだから当然なのかもしれない。しかし、私はその専門家たちが、書物や人的交流などの出会いから得た率直な朝鮮人観を知りたい。というのは、建前と本音の乖離が大きい日本社会では、朝鮮人に対する本音が活動家や知識人であっても言いにくいであろうからだ。また、朝鮮人が描く日本人観についてもどう感じているのかを知りたい。日韓関係に関する領域で語られる日本人としての主体の意味、そして徹底した自己分析（無意識に出てくる強者の傲慢、その対極にある良心的呵責）を基に出てくる、自らの葛藤をもっと知りたい。そこからしか日本人と朝鮮人の対等な関係性を生み出すことはできないのではないかと思う。活動家や知識人は往々にして理想主義者である。理想主義は往々にして「べき」論に傾きやすい。つまり、そういう理想主義は朝鮮人と日本人の関係性の場では往々にして日本人の側に「配慮と遠慮」が付きまとうことを私は体験的に知っている。

　日本人がそれぞれの仕事を通して率直に語る在日朝鮮人像や韓国人への洞察が、朝鮮人自身の自己批判の材料となることもある。その自己批判を通して植民地主義や民族差別の被害者として自己を措定する「特権性」も相対化される。その相対化によって自己呪縛された自己イメージからの解放の可能性が得られることもある。

　私の甥や姪、そして子どもの世代でも終わらない植民地主義、そして朝鮮人に対する態度（attitude）が変わらない日本社会を変革するのは、在日朝鮮人が自らを re-present することから始まるのではない。日本人自らが re-present するべきであろう。日本に対する批判を無意識の内に

防御的（defensive）に受け止めるのではなく、互いが日本国家や支配者・権力に同一化しないために努力していければと思う。そのためには、自戒、自省する感性と問題意識、そして、行動が必要だと思う。

　互いが自己省察し、互いのステレオタイプを砕く共同作業と信頼関係を築くための土壌作りを模索するべく書いた本稿が、究極的には〇〇人としてではなく、人間としての出会いの条件の1つになりえたのかどうか、もどかしい。だが、ここから日本を愛する可能性を見出したい。

　注
(1)　この証言をめぐっての裁判闘争の記録は申英子と弁護士熊野勝之の共著『闇から光へ─同化政策と闘った指紋押捺拒否裁判 証言と弁論要旨』社会評論社、2007年を参照
(2)　この恩赦の対象になった韓基徳氏は令和と代替わりしたことで30年前の当時を思い出して「人権侵害の法律」を訴える機会を断たれたと新聞インタビューで語っている（https://www.asahi.com/articles/ASM4H51B0M4HOIPE01H.html 2019年7月2日閲覧）。

V部　民族、宗教、ジェンダー

第10章　和解の概念を考える──差別のトラウマの視点から

　「『差別』再考」との特集が組まれるという。一瞬、今さらなんでまた
と思った。というのも近年ヘイト・スピーチにみられるような以前にはな
かった露骨な差別が増え続け、外国人に対する排外主義的言説も一向にな
くならず、差別問題を語ることは単に「消費」されるものでしかないとい
う思いが脳裏をかすめたからだ。だがふと、ああそうだ天皇の代替わりだ
からかと勝手に解釈した。国民統合の象徴とされる戦後の天皇制、その天
皇制下の空間に存在しながら「国民」でない者にとって、天皇制に内在す
る文化的支配イデオロギー装置を差別の問題とつなげずに考えることは難
しい。

　フランスの哲学者ルイ・アルチュセールの分析概念に「国家のイデオ
ロギー装置」というものがある。ずいぶん前に日本でも広く紹介されたそ
の論文の主張をここで詳しく説明することはしないが、その核であり本稿
の意図と関係する点を述べておきたい。この論文の一番の貢献とみなされ
ているのは、「国家のイデオロギー装置」が法律や社会制度という「公的」
な領域だけに潜んで作動しているのではなく、教育、メディア、宗教、そ
して組織や団体など、私たちの身近な生活空間で様々な媒体を介し、貫徹
されているとの指摘だ。そして、そのようにして支配的価値観、規範、排
外的ナショナリズムなどが再生産され、私たちの意識や無意識を蝕んでい
るという。

　アルチュセールの指摘を待つまでもなく、私は差別を常に制度的な側
面からよりも、意識の側面から見ようとしてきた。とりわけ個々人の中で

日々、男性中心主義的価値観や規範が蓄積して潜在化し、それが無意識のうちに現れる差別意識に関心を寄せてきた。それは、制度や法律などは社会運動や政治の力学によって変革されうるが、個々の意識変革、ましてや無意識をも含む意識変革は一筋縄ではいかないからだ。無意識の差別言動は発する側がその差別性に気がつかないまま他者を傷つけていることが多い。また無意識は内面化された支配的価値観と結合しうるため、人は自らの差別的発想や言動を正当化しがちで、そのため自身の立ち位置を自覚することがますます難しくなる。

　本稿では在日朝鮮人として生きる日本での経験とアジア系アメリカ人として暮らした北米での経験から私が感じる無意識の差別の問題性を綴り、キリスト教の教義がドグマ化し、イデオロギー装置となり、差別をごまかす道具になっているのでは、ということについても問いを投げかけたいと思う。

没主体と無意識の差別意識

　私が学位を取ったニューヨークユニオン神学校は、2018年に亡くなった黒人解放神学の旗手ジェームス・コーンが教鞭を執っていた神学校だ。彼のクラスをいくつか取ったが、中でもコーン教授が和解について感情的に力説し、学生と熱い議論になった情景が忘れられない。20年以上も前の授業の内容を詳しく説明できないが、コーン教授が白人キリスト者の理解する和解（reconciliation）について疑問を呈し、彼らの認識に苛立ち、そこから議論が始まったことを印象深く記憶している。

　そもそも白人に限らずマジョリティに属する人びとにとって、その社会でマイノリティ化されている人びとと和解するとはどういうことなのだろうか。

　さらにいえば、差別が変容しながらも再生産されている現実の中で、それも差別する側とされる側という非対称な関係の間で、和解はありうる

のだろうか。和解を可能にするためにはどのような前提条件が必要なのだろうか。また、マイノリティに属する者でありながら所属階級、ジェンダー、性的指向、障がいの有無によってさらに疎外され、周縁化されている人びととの和解はどのような意味を持つのだろうか。

　いわゆる「被害者」間に内在する権力関係を凝視できないならば、マイノリティはさらに分断され、差別の「本質的」問題の所在がぶれて見えなくなってしまう。そして和解への一歩も踏めなくなるだろう。

　甘く美しい響きのある「和解」という概念は、不可視化された個人の差別意識を考察するのにも有効である。日本軍「慰安婦」問題をめぐって書かれ、物議をかもした朴裕河著『和解のために―教科書・慰安婦・靖国・独島』（佐藤久訳、平凡社、2011 年）や『帝国の慰安婦―植民地支配と記憶の闘い』（朝日新聞出版、2014 年）などは、和解という美辞麗句とは何かを考える格好の例である。

　2013 年に韓国で、2014 年には日本でも出版された『帝国の慰安婦』は、その内容に「慰安婦」を侮辱する記述、たとえば「慰安婦の中には日本人軍人と恋仲になる者もいた、同志のような関係の者もいた」などがあるとされ、被害者たちから名誉毀損で訴えられた。著者は一審では無罪だったが、韓国の裁判所は歴史解釈の問題性に加え、生存者が特定でき、ゆえにその方々の名誉を損なったという観点から二審で有罪判決を下した。

　この判決の是非についてここで議論する余裕はないのだが、この判決に抗議文を出し、記者会見を開いた日本人リベラル知識人の行動は理解できない。彼・彼女らはこの判決が「表現の自由」「学問の自由」への弾圧だというのだ。

　加害国に属する「日本人知識人」がなぜ被害当事者を支援するのでなく、むしろその尊厳を無視するような行動に走ったのか。和解のために書いたと主張する著者の安直な動機や意図、そして、その著作の内容を慎重に検証した上での行動とは思えない。学問と表現の自由を守るという立場から

著者を支援するという行為が結果的に被害者を貶めることになるという想定はなかったのだろうか。彼・彼女らに「慰安婦」を2度も3度も傷つける権利はないはずだ。裁判所という権力は見えても、訴えた被害者は見えなかったというのだろうか。なんとも錯綜した事態になる根本的要因は何なのだろうか。様々な解釈がありうる。しかし抗議活動の決定的な問題点は、それが被害と加害という非対称性を生みだす歴史的構造悪によって被害を受けた者の経験と、そのコンテキストを無化する行為だということだ。

　他者の生存・実存に関わることを書いているにもかかわらず、著者は生存者たちの「証言」を自らの立ち位置からのみ恣意的に解釈し、当事者と共にその内容を確認しなかったようだ。ここに著者の基本的な問題がある。言い換えれば、本事例は「被害者に寄り添う」ことの限界と偽善性を露呈させた例とも言える。「当事者の声」とされるものが当事者性を奪われてきた者の主体の回復や立ち上げのためではなく、代弁者（著者）自身のために使われてしまった。ここには代弁者の不可視化された権力という構造的な問題が内在していることがわかる。誰が何のために和解を求めているのか。それを推進する際の主体は誰であるべきなのか。

　この著者は韓日の和解のために「共通の悪」、つまり植民地主義とそれを追求した帝国主義者を究極的な敵とし、韓日の「国民」は互いにその犠牲者なのだから、そこを見据えて権力者でない「国民層」は和解しなければならないと主張しているように思える。

　著者は被害者側の国に属する者ではあっても、「性奴隷」という被害の当事者ではない。それなのに、被害の当事者から求めていない問題の核心を身勝手に解釈し代弁する行為が、果たして和解への一歩となるのであろうか。むしろ、加害者側に属する日本人リベラル知識層が長い間抱えてきた「心のトゲ」を取ってあげるための代理作業をしているように見える。このたぐいの代理作業が可能なのは著者が被害の当事者でなく、また「内なる他者」である「在日」でもなく、「韓国人知識人」、つまり日本人にとっ

て距離の置ける「外なる他者」であるからだ。

　私たちは和解に向けた、あるいは差別に抗するための行為主体が誰なのかを常に分節化して考えるべきだろう。たとえ、アドボカシー（権利擁護の代弁者）の行為であっても、それは当事者から望まれて初めて行われるべきだ。第三者的「知的エリート」評論者である朴の意見が日本人リベラル知識人層に受け入れられ、支持されるという事態の背景に、加害集団に属する側の没主体的な無意識の差別意識が見える。

　話をキリスト教に移そう。伝統的な教会は「他者の罪を許し和解する」ことをキリストの教えとして宣教してきた。それゆえキリスト者の中には、その教えを美徳として受け入れ実践している人も多い。しかし、和解の概念を個々の「生の現場」に分節化して慎重に考えることをせずに、「キリスト教の教え」として安易に実践することは許されることなのだろうか。それぞれの具体的な事柄や関係性を歴史的、政治的、文化的支配コードと差別の再生産という現実的な側面から見ることなく、宗教的使命の名の下に和解に向けた実践が始められるならば、そこには教義を優先する没主体の加害者と実存を否定された被害者しか存在しなくなるだろう。

　神学的に「和解」と同義語となっている「贖罪」という概念も、自省できる行為主体の構築より、むしろ没主体の構築に貢献しているのかもしれない。あえて単純化して言えば、贖罪（償い）についての解釈を「福音派」はイエスの十字架刑により私たちの罪が贖われ、救いがもたらされたと解釈する。他方「リベラル派」はイエスを時の権力者に抗した犠牲者であるとし、その生きざまを、社会変革を志すロールモデルと解釈する。過度な単純化ではあるが、ここには共通する問題がある。それは、いずれの解釈もイエス中心の考え方であるということだ。つまりいずれも「イエスと私」の関係において考えられているのである。そこでは、私たちにとっての他者は言うまでもなく、イエスを取り巻く他者、さらにはイエス自身が他者化していたかもしれない他者が見えないまま「教会でのイエス・キリスト」

が再構築される。そこに依存する「没主体の私」が生成される。主体のないところに変革はあり得ず、当然のことながら無意識の差別意識や言動を掘り起こして省察し、関係性の中で分析する必要性も自覚されない。そればかりか、そのような「没主体の私」は自身の立ち位置が権力関係に取りこまれ、自身も権力を志向していることを自覚できないまま差別問題を語るのだ。結果として現実の中で差別されている他者が何を思い、何を望むのかを聞こうとはしない。そして差別が起こる構造も見えない。

　差別する側に客観的自己検証能力がなければ、無意識の差別意識をあぶりだせないばかりか、よく言われるような「他者の痛みに寄り添う」、あるいは「共感する」行為が自己満足や自己の存在証明のための行為でしかなくなる。言い換えれば、他者の痛みに寄り添うということがどういうことなのかわからないまま、そのことに信仰的意味付けをして行動している可能性があるということだ。そうなるとそこには「イエスと私」の関係性、あるいはキリスト者としての使命感の下に客体化され、他者化された施しの対象としての「他者」と「私」の関係性しか残らない。

　他者と私の水平的な関係性の構築は「寄り添う」ことから始まるのではない。それは、その他者が他者化され疎外され「弱者」として周縁化されている歴史的由来、政治的制度や文化的背景を識別し、弱者を生み出す、あるいは周縁化する支配原理が変容しながらも維持され、そのことによって弱者が再生産されていることを常に意識し、差別を生む構造悪に怒りを覚え声を発することから変革は始まる。

　フェミニスト倫理学者のビバリー・ハリソンは「愛は怒り」（love is anger）と表現したように、愛する人びと、愛したいとする人びとが差別され続けているのに、その差別を放置し続ける権力とその暴力への怒りをまず持たなければならないだろう。差別する側もされる側もその状況と自らの生がどう関係しているのかというアカウンタビリティ（説明責任）を自身の思想、あるいは信仰として「受肉」することによって初めて無意識

の差別意識を自覚し分析できるようになるのではないか。そうした主体の構築こそが和解への第一歩となりうるのではないだろうか。

差別を内面化した者の発想

　抑圧者グループが持つ無意識の差別意識という問題と同様に、差別を考える上で重要なことがある。それは被抑圧者グループが被害者意識を植え付けられ、そこから様々な問題が派生するということだ。被害者意識は人格形成に大きな影響を与える。

　私の娘は12歳という多感な時期、それもメディアによる過度な「北朝鮮」バッシングが猛威をふるっていた時期に、日本語の読み書きもできないまま日本の公立中学校に入った。その後、高校はインターナショナルという名がつくものの英語での授業がいくつかあるというだけの私学に通った。

　一見、多様性と開放性に富むかのような高校であったが、「日本人」「在日」「ニューカマーコリアン」「ハーフ」など人為的かつ恣意的にカテゴリー化されたどのグループにもあてはまらない娘は、学校で孤立した生活を送った。その経験からか、娘は差別問題に非常に敏感に反応する。その娘と人種主義や民族差別についてよく話すのだが、その中で彼女は何度か私に「日本人に対して劣等感はまだあるのか」と聞いてきた。私の答えは「これっぽちもない」である。年の功か、自分の思想性に確信を持てるようになってきているせいか、あるいは人生の目的を「他者と自らの解放」と考えて生きてきたためか、そのようなコンプレックスはまったくないのだ。しかし、差別を内面化した名残とでもいうのだろうか、私の脳に沈殿している無意識の被害者意識ともいえる発想はことあるごとに現れてくる。たとえば、以下のような事例がある。

　ある団体のニュースレター上で数号にわたって神学をめぐる議論がおこなわれた。そこに私も寄稿したのだが、それに対して他の読者から私の寄稿内容をよく理解していないと思われる感想が寄せられた。私の言いた

いことが届かなかったのは仕方がないと済ますことができる。しかし、その感想のもの言いの無礼さにむっとしながら、差別を内面化した反応が起こった。それは、もしかして私が「朝鮮人」だからか、面識もないのに「大阪の李さんの文章は……がすっぽり抜けている」と固有名詞を出してまで批判にならない批判をするのだろうかという疑念だ。このニュースレター上では「○○さん」という表現が常用されているが、おそらくそれは面識があったり、知人である場合が多いと思われる。しかし、私はその狭いネットワークに属さないまったくの他者である。したがって、その独特のニュアンスを伴う言い方と内容に、やはり「朝鮮人」は「朝鮮人」という他者としてしか存在を認識されないのかと疑心暗鬼になってしまうのだ。そればかりか、その感想を寄せた人にはどうも「朝鮮人」である私が、ある「日本人」を擁護したように見えたらしい。もしそうであれば擁護されたとする「日本人に迷惑では」、とふと思ってしまった。相手の意図がなんであれ、このような発想がいかに不健全なことかは自分が一番よく知っている。

　このように、私には日本社会に蔓延している「朝鮮人」への忌避感やその劣等性をあたかも自らが認めてしまうような発想が、差別されてきた経験を通して根づいている。日本人の根強い差別意識を自らに内面化せざるを得ないこのような様態を、自己変革・社会変革への問題提起の言説へと転換するにはどうしたらよいのだろうか。差別の残酷性を乗り越えることはマジョリティにとってもマイノリティにとっても実に困難だ。しかし、私たちはたとえ半歩でも歩みつづけるしかない。

おわりに

　無意識の差別意識と差別がもたらす被害者意識の克服に日々努力し、共に差別に抗する主体構築を目指したいという思いが本稿の執筆動機だった。そのプロセスで和解の意味についても互いに再考したいとの思いから、キリスト教の問題も指摘した。

キリスト教は多くの問題と矛盾を抱えている。いや、すべての宗教は
それらを抱えているからこそ宗教たりえているのかもしれない。しかし、
問題と矛盾を抱えていても聖書の言葉によって支えられ、慰められ、命を
つなぐ新しい息吹を、そこから得ている人びとが私の周りにはたくさんい
る。

　がんで３つも臓器を取った姉は、執刀医から３年生存率は５人に３人、
５年生存率は５人に２人と告げられ、そのことを聞いた私は悲痛な思いで
米国に戻った。それが20年前のことである。その姉は術後の慢性的な痛
みと常態化した薬の副作用に苦しんでいるが、それでも命は守られている。

　姉の奇跡とも言える生命力を支えているのは、聖書を自らの生の現場
でコンテキスト化して解釈する姉夫婦の信仰だと思う。当事者の闘病生活
以上につらい介助の生活を強いられてきた、義兄の謙虚で寛容で朗らかな
性格は、キリスト教の良質な部分から培われてきたのだろう。私はこのよ
うな人たちがいる限り、どうやらポスト・クリスチャンにはなれないよう
だ。

　最近姉が電話口で愚痴る私に一言、「聖書にはすべてに感謝しろとある、
いいことだけを感謝しろとは書いていない」と言った。姉が信仰を通して
長い闘病生活を受け入れ、前向きに生きていることがわかる言葉だった。
もしかすると、差別がもたらす被害者意識の克服はこのような信仰理解か
ら始まるのかもしれない。

第11章　信徒と教職の権威を考える 1 信徒のつぶやき

　信徒と教職の関係性は教団や教会によってどれほど異なるのだろうか。教会は牧師がいなくても、信仰共同体として成り立つ。しかし、牧師がいても、信徒がいなければ教会としての存在意義はないだろう。それにもかかわらず、牧師の存在意義は信徒よりも大きく、独特の権威も与えられている。それが教会のあり方の原形として常態化している。つまり、組織の論理、伝統という名の教会文化や規範などによって教職・牧師がすべての中心にあらねばならないという絶対的ともいえる暗黙の大前提を、多くの既存の教会はよしとしている。なぜなのだろう。

　『福音と世界』は宗教改革から500年を記念して、ルターの提唱した「万人祭司説」にちなむ特集を組んだ。それに即し、本稿では信徒と教職の権威と関係性について、一信徒のつぶやきを綴ってみたい。

　私は神学校に行く前も卒業してからも、ルターの神学に関心を持ってこなかったため、ルターについて直接言及はしない。しかし、神学校で牧師になるためのコースである牧会修士（M.Div.）を取り、社会倫理学で博士号（Ph.D.）を取った私にとって、信徒と教職の関係性、それに付随する教職の権威と役割についての問題意識は、常に心のどこかでくすぶっていた。

　私は神学校を卒業してずいぶん経つが、牧師にならない理由はいくつかある。そのうちの1つが「牧師の権威」なるものに対する反発である。

　教職の権威に対する意識や権威の行使の仕方は、個人や教団によっても違うが、韓国教会は多分に権威主義的傾向が強く、近年の在日大韓基督教会（以下、在日大韓教会）においてもその傾向が顕著だといえる。

　そこで、私のコンテキストである在日大韓教会での経験から信徒と教職の関係性、ひいては教職の権威について考えてみたい。

権威とは何か

　そもそも権威とは何だろうか。カリフォルニアでの神学校時代に指導教員から「あなたの権威は何ですか？（What is your authority?）」と聞かれたことがある。「権威」を常に権威主義や権力と結びつけて考え、否定的な意味でしか捉えてこなかった私はこの質問に戸惑った。質問の文脈は記憶にないが、すべての者が等しく持つものとして肯定的な意味合いでの「権威」について問われたのだと記憶している。

　辞書には、英単語の authority の語源は、ラテン語の author（生み出す人）と ity（である）とある。なるほど、だから「著者」とも訳されるのだと妙に納得させられた。翻訳の限界という問題もあるが、言語文化の違うところでは、一つ一つの言語・概念の持つ意味合いがこうも違うのである。

　これが権威の語源である。この本質的な意味を理解すれば、すべての人が何かを生み出す存在として権威を授かっていることがわかる。そして、教会という共同体を運営するために牧師も信徒も同等の権威をもって働いており、どちらか一方だけが権威づけられて良いわけではないということがわかる。それにもかかわらず、牧師の権威は教会のヒエラルキー的構造によって守られ、保障される。また、韓国教会においては儒教的な家父長的イデオロギーによって、ますます牧師への空疎な権威づけが行われているように思える。もし牧師に権威があるとするならば、それは神から与えられたものでなく、牧師自らも含む人びとの権威や権力に対する弱さから創出されたものだといえるのではないだろうか。

　人が集まるところにはどこでも問題と不満が存在する。教会も同じである。多くの信徒たちは信徒間の人間関係に傷つき疲弊し、また牧師に対しても疑念や不満を持っているようだ。だが、だからといって牧師に対しては正当な批判や要求をしようとはしない。一方、牧師たちは信徒の声を真摯に受け止めようとしているようには見えない。そのことは、教会内でなにかしらの問題が浮上してきた時の解決策の決定プロセスに、顕著に現

れる。教会行政には、牧師に好意的な一部の長老たちと牧師によって決められていく傾向がある。そこには本来の権威の意味である、何か新しいものを共に生み出すという姿勢は見出せない。既成のものを守り、それらの再生産を正当化するために「権力」を行使しているように見える。さらに、牧師をトップに据えた教会運営は、信徒間においてもヒエラルキー的パターンと価値観を生み、その永続化へとつながる。結果として、信徒間でも、「長」となる者が同じように権威づけられるという悪循環による再生産が繰り返される。さらに、正統性を欠いた権威とそれを支える教会独自の文化的風土は、教会内で牧師と長老間に相互依存の関係性を作り出す。それは互いを認め合う自立したものではない。ここに、信徒と教職の関係性における権威の弊害がみえる。この点に気づかない限り、教会内で常に「権力層」が生まれ、分裂する危険性と可能性がある。

権威主義と教会の分裂

　一般的に社会の日の当たる場所で活躍できないマイノリティは、小さな共同体、たとえば、教会内で得られる権威に対してより執着する傾向があるようだ。それは言うまでもなく、社会で疎外され、能力も発揮できず、存在そのものを否定されるような状況に追いやられているからだ。

　小さな共同体で行使される権威は、それに従うグループとそうでないグループとの分裂を生むことが多い。アメリカに住む韓国人の8割が教会に通っているといわれるが、在米韓国人コミュニティで、あまりにも多くの教会が頻繁に分裂するのに驚かされたことがある。私の通っていた教会も分裂した。よくよく考えてみると、8割という高い比率の理由は、教会が移民たちの社会資源（情報交換やネットワーク作り）としての役割を果たしているからだけではなく、小さなコミュニティ教会内での「権力争い」にも一因があるのかもしれない。つまり、信徒はある教会が嫌なら他の教会へ移り、そのまま権威を持つ牧師や長老が一部の信者を引き連れて、新

たな教会をつくり分裂していくのだ。もちろん分裂の要因は他にもある。しかし、牧師の権威と信徒たちの利害関係が一致した場合や、牧師や長老たちが権威を振りかざして自分たちのエゴを貫こうとした時に、往々にして教会内で亀裂が生まれ、分裂にまでいたる。同じような現象が現在の在日大韓教会でもみられるようになった。

歴史的共同体意識の崩壊

　在日大韓教会が2008年に宣教100周年を迎えてから丸8年が経つ。10年ごとに宣教の標語が採択される。たとえば、宣教90周年に向けて設けられた目標の1つが、既存の教会も含めて日本で100カ所の自立教会を建てることであった。「在日韓国人」のクリスチャン人口は、在日韓国人全体の1％に遠く届かないにもかかわらず、現存する教会だけでは不十分だと判断したのだろうか。教会の数を100にするという設定の背景と意図はなんだったのか、ここでそれを論じる紙数はないが、在日大韓教会は、北は北海道から南は沖縄までに今ある教会の数をさらに増やす計画を進め、つい最近では「在日」の住民がほとんどいない対馬にも伝道所をたてた。その結果、現在76の教会と13の伝道所を有する教団となった。

　各地の教会に集まる信徒の大半はいわゆる韓国からの「新移民」1世である。1980年代後半から90年代に急増する韓国から日本への移住者が、信仰共同体または社会資源を求めて、在日大韓教会に足を運ぶようになった。昨今では在日大韓教会に属さない、教団の違う他の韓国系の教会にも集まってくるようになった。一方、「日帝の落とし子」である日本生まれの「在日」はどんどん教会から離れていく。教職者も「在日」は少なく、宣教協約を結んだ複数の韓国の教団から牧師が派遣されてきている。果たして、現在の在日大韓教会に赴任している韓国からの牧師たちが、「在日」の「歴史的共同体」としての独自性やその特殊性に対して、「在日」との

共通認識や共通の問題意識をどれくらい持っているのか疑問だ。彼らの多くは在日大韓教会に属しつつも、韓国の出身教団への帰属意識が強く、在日同胞の置かれている状況にあまり関心がないようにみえる。在日1世牧師たちは少なくとも、多くの在日同胞と苦難に満ちた体験内容を共有しているため、苦しい生活に呻吟する信徒に良き知らせ・福音を伝え、希望を持って生きるための力の一助になろうとする姿勢があった。植民地期あるいは解放直後に日本に渡ってきた在日1世の牧師たちが行使した権威は、現在とは少し違っていた。もちろん、儒教的、家父長的、あるいは自己の権威は神から託されたと信じているような権威主義的な牧師も多くいたが、相対的には信徒との関係性や距離が現在とは異なっていたように思う。

　美化することは避けたいが、1世の牧師たちと信徒は同時代に生きる者として共通の経験があった。つまり、俗な言い方をすれば、差別という「にがい飯を食う」ような苦難と貧困の中で、共通の感性や意識から醸成される「情」があった気がする。もちろん衝突もあったし、前述したように社会で認められていない権威を教会内で高圧的に示そうとする教職者たちもいたが、それでも信徒と牧師が物心両面で支えあうそれなりの信頼関係があった。社会運動に直結しなくとも、差別に抗する、あるいは少なくとも朝鮮人として堂々と生きる、人間としての尊厳を表明するという「時代的使命」が彼らにはあったように思う。しかし、私自身の記憶と経験から感じとってきた牧師と信徒のこのような関係性は、現在、崩壊の危機に瀕しているように思える。

　この事を時代の流れによる変化と受け止めることももちろん可能だ。しかし、過去の良き側面が喪失していることを憂うだけではなく、1世の生きざまを身近に見てきた2世たちが、自らの記憶と経験をもとにかつては存在した「良質」な信徒の権威—新しいものを生み出すもの—を再発見していくことはできるのではないだろうか。

聖書と権威

　時代とともに在日大韓教会で失われつつあるもの、そして、教職者や信徒の出身の変化（「在日」出身者から「本国」出身者へ）について、2世としての記憶をもとに述べてきた。信徒と教職の望ましい関係性とは、また牧師の権威の相対化とはなにかを考えるために、まず私にとっての聖書の捉え方を少し述べてみたい。

　私は職業柄、聖書を読むというよりは解釈書を読むほうが多かった、しかし、ここ数年、キリスト教（だけではないが）の説教や聖書講読・聖書解釈書に拒絶反応に近いものを感じるようになっている。以前は聖書が発するメッセージの内容や聖書の世界の解釈によって、時には慰められ、時には勇気づけられたりもした。しかし最近の、生理的ともいえるこの違和感はなんだろうと自問し、自己分析をしていると、自分なりのいくつかの理由が見えてきた。

　1つは、対極的な聖書解釈の立場や視点を持つ人びとが、結局どちらも私たちの行動のあり方に対する模範（exemplar）として自らの論を提示してくることである。それがどのような立場であれ、クリスチャンであることの自負を導く規範に誘導される結論には抵抗を覚える。つまり、キリスト者としての模範を示すことが、他者と自らを差異化し、しばしば優越的になる危険を伴っていることに気づいていない教職者や研究者に苛立っているのである。なぜなら、その模範や規範を解釈し語る教職者の発話の位置に、すでに権威主義を感じるからである。教えの結論が発話する側にあり、読み手や聞き手はその結論から出発するという、いわば「既製品」を受け取るような構造に違和感を覚える。この構造は、聞く側に考えるプロセスを与えず、発話者自身が期待する結論しか出なくなる。そのような、結論がないというような葛藤の部分が隠ぺいされてしまうのだ。そこでは受け止める側の主体的な判断が遮断されてしまう可能性がある。そして、発話者は、触れられたくない部分を隠すために自らに権威づけをす

ることが必要になってくる。このことは、教職者がその権威に甘んじていたり、自分は権威を振りかざしていないと思い込んでいたり、あるいは権威を内面化して自己矛盾が見えなくなっている場合に起こりやすいように思う。

　私にとって苦痛に感じる説教がある。それは牧師が聖書に書かれた内容を絶対視し、権威の源泉をそこに求めているような話である。死に至る直前にイエスが発した「わが神、わが神、なぜ私をお捨てになるのですか」という言葉に象徴されるイエス自身の葛藤の意味を教職者は考えるべきだと思う。それによって発話者の権威も相対化されるのではないだろうか。どの宗教もそれぞれの教理を絶対化する傾向があるが、聖書の権威を振りかざしてキリスト教を絶対視することがあってはならないと思う。たとえ、それがイエスの教えの根幹なるもの、すなわち「弱者」や周縁化された人びとへの徹底した共感を語る言葉であってもだ。

　イエスの教えを「立派」に語る話を聞いていると、発話者が教会外の実践の場で本当に「弱き者」に共感しているのだろうかという疑問が湧いてくる。その内容が「立派」であればあるほど、発話者が人間の苦悩や葛藤を読み取ることができていないように見えるからだ。思うに、思想としての信仰ではなく制度としての信仰が、権威的位置に立つ発話者に、自らの内的葛藤を吐露できなくさせているのかもしれない。それは発話者自身の問題なのだろうか。あるいは教会という狭い空間で与えられる教職者への権威が、発話者の葛藤をさらけ出す意思を抹殺してしまうのだろうか。たしかに私たちは軸となる価値観、ルター的に言えば「ここに立つ」ものがなければ転んでしまうのかもしれない。しかし、教会内での権威を、聖書や伝統の名によって絶対視することは、前述した相互依存する文化が継続して生まれる環境を作りあげてしまうことになるだろう。

信徒の生きざまが権威

　今日の教会内で権威とされているものを否とするために、１世たちの聖書の読み方をもう１度想起してみたい。単なる過去への郷愁あるいは美化なのかもしれないが、１世の牧師と信徒には共通して好む賛美歌や聖書の箇所があった。おそらく在日１世のクリスチャン、とりわけ女性たちが、幾重にも抑圧される状況を共に経験したことが、結果として同じ賛美歌と聖書の箇所を愛することにつながったのだろう。よく言われてきたが、彼女たちの心にもっとも響いたのはマタイ６章34節の「明日のことまで思い悩むな。明日のことは明日自らが思い悩む。その日の苦労は、その日だけで十分である」という聖句だった。この聖句の前半では食べるもの、飲むもの、着るもの、寝るところなどを心配するなとされている。食べることさえ困難であった時代を生きた１世の女性たちに、その部分はどう響いたのだろうか。彼女たちの生活状況からすればまったくの理想主義的な言葉として受け止めたのだろうか。あるいは理想としてではなく、信仰としてそのまま信じたのだろうか。明らかなのは、彼女たちが後半部分の言葉に慰められ、また新しい１日を迎えることができたということである。

　「母国語」と日本語の、どちらの言語も読み書きができなかった１世の女性たちの多くは、教会で聖書を読むことを通してハングルが読めるようになった。だが読めても書くことには限界があった。耳から言語を習得したためハングルのパッチム、いわゆるスペルが正しく書けないのである。教会に通う１世の女性たちすべてがそうだとは言わない。だが、それはおそらく、多分に１世女性に共通した経験だと言える。私の母親もそうであった。しかし、読めるということは大きい。耳から入った説教の単語、物語を想起することが可能になるからだ。

　私の母は１日のはじまりにビタミン剤を飲むかのように祈り、そして聖書を読んでいた。制度的教会や、その中で培われ再生産され続けている権威主義的価値観を美徳とする教会文化に反発してきた私でさえ、母親

が拙いながらもつぶやくように聖書を一生懸命に読む背中を見るたび、神がそこに臨在しているように感じた。だが、私にはそのような信仰や神に対する姿勢はない。人生の終盤の時期に入ったにもかかわらず、いまだに信仰とは何であり、キリスト教会や宗教とは何なのだろうかという問いに確たる答えを見出すことができない。ひとつ明確な事は在日１世の信仰はもっと自律的であったということである。牧師や、その権威以前に、自らの生活の中に聖書の言葉が深く響く現実がまずあった。一日一日、場合によっては一膳の糧を心配しなければならない状況が、聖書の言葉をより輝かせ、そして響かせたのだろう。つまり彼女たちは、聖書の言葉や牧師にもともと備わっているとされる権威を見ていたというよりは、自分たちの現実に応答してくれる言葉や、共に苦しむ牧師の姿に権威を見出していたのではないだろうか。聖書が権威となるのは、読み手が権力者からどれほど踏みつけられても、生き抜く力の糧となる言葉をそこに見出すことができた時、すなわち、読み手自身の判断による権威が確保された時ではないだろうか。在日１世の女性クリスチャンたちはそうであったのではないかと思う。

おわりに

　信徒と教職の関係性や権威について、在日大韓教会の文脈で考えてみた。言うまでもなく、私の目的は在日大韓教会内部の問題を披瀝することではない。日本の教会でもあるいは教会外でも、社会的地位の高さや財力でもってエゴと権威・権力を振りかざしている人びとが存在する。その意味で、このつぶやきが普遍的な問題提起として読まれることを願っている。自戒することは、権威に反対する私の論そのものが、もう１つの「説教」あるいは「権威」づけをしようとしているのではないかということである。そうではなく、私の動機はむしろ、在日１世（とりわけ女性）の生きざまや、貧困の幼少期、青年期を送った２世女性たちの生きざまから、聖書に

出会い、生活の場で何かを生み出してきたところにこそ権威があるという
ことをもう一度共に喚起したいということである。

第12章　今、ドロテー・ゼレを読む意味―「共苦」する主体形成を求めて

　日本の代表的フェミニスト神学者は誰かと尋ねられれば、絹川久子と山口里子と答えたい。しかし、残念なことにこの2人は聖書学者である。聖書学者だから残念なのではなく、他の領域、つまり組織神学や歴史神学あるいは倫理学の分野で活躍している人は皆無に近いということが残念なのである。

　数少ないフェミニスト聖書学者も含めて日本でフェミニスト神学の領域の研究者は絶対的と言ってよいぐらい少ない。それ故か、あるいはキリスト教学をめぐるアカデミック風土故か、ドイツの神学者、とりわけボンヘッファーなどの研究者はいるものの、ドイツ人フェミニスト神学者ドロテー・ゼレに関する研究者は管見の限り見当たらない。私自身もドロテー・ゼレ研究者ではない。しかし、後述するが、彼女と直接言葉を交わすことはなかったものの、一つの出会いの空間に遭遇したこともあって、長い間心のどこかで気に留めていた神学者の一人である。彼女の神秘主義に基づいた神の理解、非戦・反戦に対する発言にちりばめられているポストホロコーストを生きるドイツ人としての立ち位置の一貫性に関心があったのである。この立ち位置を被害者と加害者という図式でみるならば、ゼレは加害者である。もちろん、加害者―被害者というような二項対立的な枠組みでのポジショニングの議論はすでに多くの論者によって批判と脱構築がされてきた。加害者―被害者あるいは抑圧―被抑圧という構造は重層的で複合的なものであることは十分理解している。にもかかわらず、その枠組みは、時としてあるいは混沌とする社会状況下では、無視できない思考回路と現実の問題を解決するためにまだまだ有効であるはずだ。言い換えれば、同時代に生きる者たちが共に社会正義を考える共通基盤を模索するためには、個々人が置かれている歴史的、社会的条件、つまり立ち位置に向き合

うことが不可欠だということである。そして、その向き合うことの不可欠さは、私たちが神を語る時―社会正義や人間解放について―により一層強く求められているのではないだろうか。そのことを大前提にして尚且つ、歴史的抑圧状況に対する複合的視点による分析が、必要不可欠であることは言うまでもない。

　ジェンダー、階級、そして民族などはすべて歴史的、社会的に構築された概念でありかつ実体的に認識されてきた。にもかかわらず、権力者はそれらの変数でもって巧妙に人びとを分断し支配してきた。複合的視点による分析が重要なのは、社会を単一の原理で説明したり、解釈したりすることがもはや不可能な時代に私たちは生きているからだ。例えば、中世は神の存在ですべてを説明することができた。マルクス主義は歴史を階級闘争で解釈した。

　だが、ややもすればその複合的視点による分析は分析者の個人としての歴史的責任を見えにくくしてしまう。あるいは正当化させてしまう可能性を内包する。というのは、細分化された変数においてはそれぞれの抑圧状況が相対化されてしまうため、分析者そのものが何らかの次元では被害者でありうる。その立ち位置が曖昧になる隘路に陥ってしまうからだ。

　ゼレはドイツ人でありフェミニストである。しかし、そのジェンダーの変数、つまり、フェミニスト的立場でもって自己を代表しているため、ナチスの犯罪に対してはドイツ人という加害者性を相対化しない。この原則とも言える確固たる主体性と立ち位置は、第2次世界大戦時、ユダヤ人の大量虐殺を行ったナチスドイツと同盟関係にあった日本人が自己を戦争の加害者として、すなわち加害の主体として考える上で有効である。アウシュビッツとヒロシマと並置することによって見えなくなってしまうものがある。ドイツも日本も第2次世界大戦においては共に侵略国である。戦争犯罪としてアウシュビッツ・南京と並置することは正しい。しかし、そのような並置を行わず、アウシュビッツ・ヒロシマと並置すれば侵略国であっ

た日本人がユダヤ人同様、戦争の被害者としての表象が可能になる。

　現在、日本は周到な既成事実の積み重ねによって軍事大国化への道を歩んでいる。その際、「北朝鮮の軍事的脅威」は軍事大国化への道を正当化するための「素材」としてフレームアップされる。このような日本の軍事大国化への歩みを懸念し憂える人にとって、あるいは人類が共存の道を歩むために背負う課題を問う者たちにとって、ゼレの言葉は40年たった今も傾聴に値する。集団的自衛権法制化の事態にある日本社会にとって示唆に富むものがある。

　本稿はこのような現在の日本社会の危機的な状況の中で、ゼレの語る神、そして、加害者の立ち位置から発する「共苦」の考え方から今私たちに問われていることを思い巡らし、そこにある普遍的な挑戦を見出そうとするものである。

　ゼレが活躍したのは80年代、90年代の欧米社会であった(注1)。しかし、時代こそ異なるとはいえ21世紀（2010年代）の日本という文脈で再読する意味は大きい。その中でも強調したい点はやはり、9・11以降、国際関係秩序の形成において軍事力という暴力がますます優勢となっていることもある。安全保障という大義によって各国が更なる軍事化への道に邁進する昨今の世界情勢や歴史を理解するうえで、ゼレは私たちに大きな力を与えてくれる。軍事力が重視され暴力が正当化される時代にゼレの言葉に耳を傾けることの意義は小さくない。先述したように日本でのゼレ研究者は少なく、彼女の日本語訳出版物も限られている。限られた日本語出版物をもとに、ゼレの語る言葉に耳を傾け現在の日本を読み解く一つの方法としてゼレの思想的営為とのダイアローグを試みようと思う。

ゼレとの出会い：問題意識として

　レーガン政権時代のアメリカの覇権主義、つまりパックス・アメリカーナとキリスト教右派の結びつきを指して、ゼレは「Christ-fascism」と痛

烈な批判を行い、アメリカの一国主義的かつ世界制覇的であるための軍事力の膨張に警鐘を鳴らしている。

そのラディカルな神学者ドロテー・ゼレに初めて会った、いや見かけたのはニューヨークユニオン神学大学院時代の potluck（持ち寄り）パーティーであった。そのポットラックは学期終了と同時に神学校と隣接している教授宅でよく開催されていた。

ゼレはかつてユニオンでも教鞭を取っていたことや、彼女の神学の実践としての非戦運動の拡大と連帯という面からも、ユニオンの旧同僚や友人との交流が続いていた。ゼレは多くの人にフェミニスト神学者としてだけではなく文学者としてもよく知られており多数の作品を残している。しかし、それほどまでに生きる力に溢れたゼレは、2003 年に心臓麻痺で、燃え尽きるようにあっけなく 73 年の人生を閉じた。亡くなった直後の「噂」では、平和運動のデモ中に発作が起こったという情報が流れたくらい、ゼレの軍事化反対の活動は情熱的であり広く知られていた。

当時ゼレの名前と顔が一致していなかった私は、そのパーティーの場で小柄な女性が頻繁に動きまわっているのが目に付いた。何度か目と目が合ったが声をかけ合うことはなかった。その小柄で素朴な雰囲気を醸し出すゼレを初めて見る人は、彼女がかの著名な神学者とは思いもよらないだろう。人懐っこいその目は、明らかに人間あるいは他者に関心を持つ目であった。そのまなざしはそれ自体がその人の生き方を表しているかのようであった。

議論好きな教授や院生たちがいくつかのグループで話し込んでいても、そのどこかに座り込んで話すこともなく動きまわるゼレの姿は、その身体的動きとは対照的に落ち着いた、そして穏やかな「静」の佇まいを放っていた。その日は結局、ゼレがその場に集って人びとと議論している光景をみることもその声を聞くこともできなかったが、目と目が合ったときに何か声を掛けようか、話しかけようか、あるいは声を掛けられるのを待って

いるかのような瞬間の表情が今も鮮明に私の記憶に残っている。「静の存在感」という表現がふさわしいかどうかわからないが、ゼレが放つ存在感は強烈で、私には計り知れない深い印象を与えた。

　通俗的に言えば、ゼレがどのような生き方をしてきたかということの表出なのだろうと思う。彼女の体全体から放たれるオーラのようなカリスマ性が何十年後の今も余韻となって残っている。

　後日、その人がドロテー・ゼレだと知り、彼女の政治神学についてより関心を抱くようになった。そして最初に手に取った彼女の本が『The Window of Vulnerability（壊れやすく脆い窓）』であった。この本については後述するが、手にした理由はタイトルに使われている vulnerability という単語に惹かれたからであった。

ゼレを読み解くコンテキスト

　冒頭で何故今、日本というコンテキストでゼレを読もうとするのを述べてきた。この項では日本の軍事拡大に向かう危機的な状況をもう少し具体的に確認したい。

　日本の戦後史を大きく変えたと言えるぐらいの 2014 年は、いみじくも第 1 次世界大戦から 100 年を迎えた節目の年でもある。本来であれば戦争の悲惨さを顧み、戦争への道のりをあらゆる努力を払って阻止すべきであろうこの年に、日本はむしろ逆方向に向かうかのように、戦後政治の核心とも言える平和憲法の根幹を揺るがす道へと進んだ。集団的自衛権や武器輸出禁止の三原則について拡大解釈され、憲法 9 条が形骸化、無化されるかのような状況である。

　一方で、ヘイト・スピーチというような集団ヒステリー現象が目につくようになった。

　「表現の自由」の名のもとに朝鮮人を罵倒する人たちはそれによって何かを訴えているつもりなのか、自分たちの存在の卑小さを直視したくない

ためにただ単に罵倒の対象を必要としているように思える。

　「在日特権を許さない市民の会」（在特会）の人びとが京都朝鮮学校の児童に向けた言語の暴力はまるで、朝鮮人を人間と見なしていないと思えるほどだ。もちろん朝鮮人に向けられてきた差別発言は今に始まったものではない。一昔前の朝鮮人に向けられていた差別的 representation（表象）は「臭い」、「汚い」、「うるさい」、そして、とどめは「国に帰れ」というようなものであった。しかし、京都朝鮮学校の児童に直接向けられたものはそれらに加えて「ゴキブリ」、「うじ虫」、「ウンコ」、「死ね」「日本から出ていけ」など、これが大人が子どもたちに発する言語かと耳を疑うものが多い（注2）。知性も羞恥心もなく、その暴力性にも全く気付いていないかのようである。91年前の1923年9月1日に起こった関東大震災時に何千人もの朝鮮人が虐殺された。その原因の1つが震災後の混乱の中で発生した流言飛語だと歴史家たちは指摘してきた。昨今のヘイト・スピーチは、当時の朝鮮人への襲撃・虐殺を彷彿とさせる。一体この社会に人間としての道徳規範はあるのだろうか。「在特会」を中心にした少数の人びとの問題だと片づけられるのであろうか。

　いわゆる「従軍慰安婦」をめぐる「朝日新聞」の誤報騒動とも言えるメディアを始め様々な領域の人びとの反応もこれらの憎悪発言の変形した共通分母のように思えてならない。よりよい社会をめざすためにある批評言説空間はまったく麻痺しているようだ。社会的道徳規範として物事を見る軸がないとしか考えられない。

　この後、朝鮮半島や他のアジアの国々から多くの女性たちが駆り出されたという歴史的事実もなかったかのように極めて恣意的あるいは作為的に歪曲されるようになった。アウシュビッツはなかったと誰が言えるだろう。だが、アジアからの「性奴隷」とされた女性たちは存在しなかったとは言っているのだ。無制限な言説がマルチメディアを駆使して垂れ流されている状況に歯止めになる良心の壁となった層を80年代〜90年代前半までは日

本社会でも見ることができた。しかし、現在の日本社会はどうだろうか。

　代案としての道徳的原則がないからか、「個」というものがないからか、この社会の批判的精神を持つ層がどんどんなくなっているように思える。個人が考えることをできなくさせている社会状況、大衆文化やメディアや教育の責任は大きい。人は考えることで育つのではないだろうか。人間の本来の「力」とは何だろうか。2006年の秋に日本に戻り、しばらくして頻繁に聞かされるようになったのが、○○力という言葉だった。一種の流行語なのか、あらゆる既成の名詞に「力」が付随する。もちろん、一昔前から、行動力、学力、能力、など「力」を用いての単語は複数にあった。しかし、若者から生まれてきたとされている○○力という表現が出版業界において随分多用されている。たとえば、鈍感力、人間力、人格力、はたまた最近では今の若者は怒られるとすぐ仕事を辞めるということから表層的な「怒られ力」などというタイトルの書籍までも出てきた。

　私はこの現象にずっと違和感を持ってきた。それは「力」あるいはパワーといわれているものに、男性中心主義の価値観に基づくものが想定され、その「力」なるものが現代日本社会では劣化している、すなわち価値ある男性的基準に基づいた「力」が失われているという危機感の反映とも読めるからだ。この危機感が一方では軍事力拡大への支配者の野望に追随的になる文化を広げているのかもしれない。このような男性的強さを強調する「力」をもたない他者を受け入れ、他者の痛みに連帯できる主体の立ち上げが必要だと思う。

　ゼレの「力」に対する価値観は全く逆である。ゼレの思想の根底には他者と共に生きるための条件ともなる主体がある。そのような主体はどのようにして形成すべきなのだろうか。

神学する主体とその課題
　様々な解放の神学について語る神学者に共通の出発点といえるものは、

それぞれの置かれている歴史的社会的状況の中で、自らの立場性の表明であった。ゼレもその１人である。

　ゼレの最初の著作は1965年に出版された『代理』で、副題は「神の死後の一断章」となっている。そこでゼレは人間はどのようにして自己の同一性を見いだすことができるのかと問うている（注3）。この命題は「ドイツ人としての主体」という意味で、生涯ゼレの神学の横軸であったと言える。ゼレは、『幻なき民は滅ぶ―今ドイツ人であることの意味』の中で、ポストホロコーストに生きるドイツ人として次のように語っている。

　　　幻＜ヴィジョン＞なき民は、自己のアイデンティティを失う。しかし幻の担い手とは誰なのか。この問いに対する答えとして聖書的伝統は預言者を挙げている。預言者は、聖書に出てくる模範とすべき人物像の１つで「神の代わりに口を開く」と言われた人びとであった。彼らは貧しい人びと、教育を受けていない人びと、女性たちであった（注4）。

　この語りをどう読むのかについては、各々の立場の解釈によることはいうまでもない。私はゼレの命題の中で、主体の形成は必須であるということを強調している点はもちろん、それ以上に、『代理』の中で問われている「どのようにして」という方法に更に深い問いかけが内包していると考える。そして、その問いの答えの１つがこの引用文に凝縮されていると思える。ゼレの論理は、自己のアイデンティティを持たない民は滅びるので、ヴィジョンを持たなければならないが、そのヴィジョンは、社会的に周縁化された人びとの状況、社会的実体を見ることから始まると言うことを語っている。

　この点は一般的にキリスト者なら、自分の利害関係を脅かされない限りにおいて、ほとんどの人たちが共感するであろう。しかし、ここで重要なことはドイツ人としてどのような批判の矢が向けられ、代価を求められても、そうありえるのかということを言いたいのだと読み取れる。

ゼレにとってのドイツ人としての加害者性についての主体形成は、聖書的にも哲学的にも避けて通れないのだ。だからこそ、ゼレは常に黄色い星（ナチスがユダヤ人に強制したユダヤ人であることを証明する印）を見る時に、またその反対軸にある軍拡への道を進んでいる世界を見る時に、どのように向き合わなければならないのかを常に自身の神学課題として、そして生き方そのものとして問うているのだ。ゼレにとってホロコーストをもたらしたドイツ社会を考えずに、自分が何者であるかという主体形成はありえないのである。日本人にとっての加害者性（アジアへの植民地支配）、アメリカ人にとっての加害者性（例えば原爆の投下）を考えずしてその主体形成は可能なのだろうかという問いにつながるはずだ。

　自分が何者であるかという命題は、往々にしてある社会のマイノリティたちの命題として考えられがちだ。日本にいて日本人であることの意味を考える必要がないと理解されがちである。しかしマイノリティにとっては命題にならざるを得ない。なぜなら、他者として作り上げられてきた主体は他者から規定されたもので本来の主体ではないからだ。だから自らの主体を回復しないとサバイブできないのである。

　被植民地被害者の末裔である私は、朝鮮人であるという被害性の意味を問うことが生涯の命題になっている。生涯というと少し誇張したように聞こえるかもしれないが、日本社会での日常生活を送る中で、ふとした瞬間の場面で無意識的な差別発言に気分を害したり、私自身の中に巣くっている内面化した被害者意識の残存との葛藤が生じたりする。そして、その被害者意識から解放されたい、されなければならないという声にならない叫びは身体化されている。だからそういう意味で生涯の命題と言える。

　この被害者意識というものはマイノリティあるいは被抑圧者の中にのみ生育されるものではなく、日本人の中にもある。それは原爆の被害国、ＧＨＱ時代の占領被害国—この時代を植民地経験と表象する研究者さえもいるが—としての「被害国民意識」が醸成され、再生産されている。その事

の意味を客観的に検証できる主体がない限り、加害国家の加害者としての戦後責任を考える事や現在の軍事化への道を留まらせることはできないだろう。したがって、日本人にとってもゼレの命題と同じ問いに依拠する自己同一性・主体構築への限りない葛藤が緊要である。

ゼレの活発な実践が知られるようになったのは、1979 年の NATO の二重決定（注5）を契機に、1980 年代以降の全欧州的と言ってよいほどの反核運動が大きく拡がった時代である。

しかし、ゼレは地元ドイツでよりも、アメリカでより受け入れられ知られていたようだ。その理由は色々考えられるだろうが1 点だけ明らかだと思うのは、受け皿としての客観的事情、つまり公民権運動の流れの中で生まれた第2 フェミニズム運動の余波から、アメリカでフェミニスト神学関係者の活発な言説活動や政治運動などの土壌の裾野の広がりがあったためだろう。そういう背景もあってゼレは、1 年の半分をドイツで、そして、後の半分をアメリカで過ごし、その時代に前述した『The Window of Vulnerability』を出版している。

それぞれの用語、語彙、概念は多義であるため、書き手や読み手によって、文脈も無視され自由に解釈される。ましてや翻訳になると更にその用語の意味は、時には著者の意図と大きくずれる可能性があることは言うまでもないだろう。この点を前提にするならば、Vulnerability（弱さ・脆弱さ）の単語も日本語では傷つきやすい、もろい、弱点などと「弱さ」を連想させる。この書の日本語版は『脆弱性の窓』であるが、『もろい窓』と訳しても良いのかもしれない。ゼレは何を意図してこのようなタイトルを付けたのであろうか。

この本のタイトルの由来をゼレは序文の中で説明している。この用語は軍事戦略家たちによる中距離・準中距離弾道ミサイルの使用についての効果と危険性の議論の中で使われた言葉だという（注6）。そして、その議論の文脈から日本語版は「脆弱性の窓」となっている。

世界の軍拡の深刻さは軍事力が拡大すればするほど、人類全体が壊滅的になるという事を暗示・警鐘するためにゼレは逆説的に軍事家たちの用語をあえて自著のタイトルにしたのである。おそらくゼレはそれを自身の書名にすることで、軍備の拡大がエスカレートする中で、開かれるべき窓が閉じられて行くことの危険性を私たちに伝えようとしたのだろう。つまり、「もろい窓」であっても、閉じるのではなく、天と人に向かって大きく開くことを提言したのである。

　社会のいたるところで、軍拡が進行する現代社会にあって、このままでは新しい空気を入れる微かな窓も閉じられてしまっては、私たちは窒息する。そうならないために、「もろい窓」であっても「天国」につながる窓が必要だというのである。もちろん、彼女にとって「天国」とは、この現実世界における「神の国」である。「神の国」とは極めて現実的なヴィジョンなのである。それは、軍事力を背景にした大国によって、搾取され貧困化し貧富の格差が国家間、個人間で生まれないような社会なのである。ゼレはクリスチャンが「社会主義者」でないことはあり得ないと断言する（注7）。

　ゼレの理解する「神の国」が具体的であるのは彼女の政治思想からだけではもちろんない。むしろ、神秘主義を基礎にした彼女の神理解が極めて現実的な事柄と直結しているのである。ゼレは神秘主義を以下のように具体的に定義する。

　神秘主義の古典的な定義で最良のものといえるのは、Cognito Dei-Experimentalis、すなわち、経験を通しての神の認識である。
　それは、本や宗教的教えの権威、または聖職者による儀礼によってではなく、たとえ宗教的言語で分節化され、思考されるとしても、まずは人間の生きた経験、つまり、教会という制度と関係のないところでの生活で遭遇する経験を通して神を知ることである（注8）。

短いこの表現の中で、キリスト教指導者の多くが様々な形で謳歌してきた「権威」を相対化し、さらに厳しく批判している。教会で強調されてきたことは、礼拝を捧げることによって神を経験するという、極端な考え方をする教会指導者は、教会の中にこそ神が存在し、教会での礼拝を守ることが神を経験することだと教えてきた。そのような考え方を無化するかのように、ゼレにとって神秘主義とは、キリストの教えのドグマ化に対するカウンター概念だと言えるのかもしれない。カウンター概念はゼレの神観にも明らかである。ゼレにとっての神は、無力と見なされるほど無防備な愛である。次の短い彼女の神観にある深い解釈を読み手の私たちはどのように解釈すべきであろうか。

　　God as one who is vulnerable because the power of God is power-
　　less love. 無力な神こそ神の力である。なぜならそれは無力な愛の神
　　だから。

　ゼレの神観からすれば、神は弱い。なぜなら神の権威は力を強調しない愛だからだ。
　このような神理解をするゼレが「弱い窓」というタイトルを選んだのにはもう１つの理由があったと思われる。この本を手にしたとき私は、イエス的逆説の価値観を直感的に感じた。それは弱さの中にある「強さ」である。軍拡を広める権力者たちが用いた言語をタイトルにする意図の伏線は軍事戦略で覇権を進めることがどれほど愚かなことであり、それは「力」でなく軍事に頼るしかその権力の座を守れないということの中にある弱さだということなのではないだろうか。逆説的なのはもう一方の伏線である。抑圧されて来た者が、極限の生活を強いられる状況下であっても、サバイブしようとする意志、それは生きる、生き延びる「強さ」である。

奪われ、打ちひしがれ、暴力にさらされているただ中にあっても、生きるためのオータナティブを考え出す弾力性に富んだ知恵の「力」とでも言えようか。

　軍事力や経済力、抑圧の構造によって保たれる権力者が持つ「強さ」「力」は空疎なものにすぎない。最も小さくされている者の「力」を信じる、それがイエスの本質的逆説の価値観であり、それを象徴するのが「弱さ・vulnerability」である。この逆説的「強弱」の価値観を前提に軍事力で支配しようとするものたちを見るならば、彼らの信じる「力」と「力」の対決は実はいかにもろいものかということが示されているように思う。

　「力」でない「力」という逆説的ヴィジョンは軍需産業がもたらす莫大な利益でもって集められた巨大な資本家を憂い、一握りの人びとによる不平等な富の独占と分配で保たれる構造的矛盾による支配は、実は極めて危ういのだと私たちに認識させる。グローバル経済の原理は人間を人間として扱わない。ゼレはこの原理を「新自由主義経済の地球規模の暴力」という（注9）。その支配のあり方は「力」でなく弱さである。だからこそ、弱いものとされている人びとの中にこそ、本来的な人間の計り知れない可能性と力を見るという価値観が今の時代ほど求められている時はないのではないか。

　軍縮を叫ぶのは反戦運動の人びとだけではない。軍事同盟のパートナーを変えながら軍拡を進める覇権主義者たちも軍縮を時と場合によって叫ぶ。なぜなら、軍拡のために軍事同盟は常に変化しながらも維持される。軍拡を目論む国々にとっては、核の脅威論や「仮想敵」も必要なのだ。

　その機会主義的な態度は、冷戦期には「赤」が敵であり、冷戦以降は「イスラム」「北朝鮮」が敵である。つまり実体としての敵ではなく「仮想敵」が常に再生産されることによって維持拡大しようとしているのである。映画のシナリオで書かれているかのような現代世界の軍事文化と暴力のような流れを、私たちはどのように抗し生きていかなければならないのだろう

か。１つは、ゼレの言う「共苦」できる主体の立ち上げ、あるいは回復であろう。

共苦と主体

　ゼレの語る「人はどのようにして自己の同一性、つまり、主体を確認するのだろうか」この閉塞的な状況に必要な内実とはなんだろうか。それは共感や共生ではなく「共苦」なのである。同時代人として他者の置かれている状況に自ら応答できる主体の立ち上げと日常的な他者から見た主体の検証である。その検証のためにも「共苦」という理解は重要である。

　日本語版にもなっているゼレの著書『Suffering』の中でSufferingは苦しみと訳されているが、苦しみを個人のものと理解するのでなく他者との「共苦」を意味している。ゼレは語る。

　　われわれが苦しみという主題に近づきうるのは、苦しみの諸状況から出発して、それがどのように理解されているか、それからどんな変革が生じてきたかを示す場合である。しかし少なくともそれと同じほど重要なのは、意識して苦しんだ人を目前に描くことである、われわれが知っていて、苦しんでいても善意があり痛々しげにはならない人びとと、自由意思で他人のために苦しみを自ら引き受けたといった人びとである（注10）。

　虐げられた者に寄り沿う、そしてそこから見る視点はもちろんのこと、良心的心情の発露として、他者の痛みに共感することは重要だ。だが共感で終わらない。つまり、他者の声を聞いて消費で終わらせないために、「共苦」の理解が必要なのである。「共苦」とは苦しみを理解するだけではなく、苦しい状況に置かれているその状況の根源的要因に対する怒りを持たなければならない。怒りは虐げられている人びとを愛するならばその愛する人びとが追いやられている状況に対し、おのずと怒りを覚えるはずだからである。そのような怒りを見出すためには徹底した歴史に向き合う主体の立ち上げが必要になってくる。その主体はおのずと他者のためにではなく加

害者としての歴史的責任応答として、ゼレの言う他者の苦しみを自ら引き
受けるという自らの意志としての選択である。

　また、ゼレはその主体が祈りを通して、私たちを囲い込んでいる苦難へ
と具体的につながるという。その祈りは中産階級にいる人びとの矛盾を明
らかにするというのである。その中産階級の人びとを「社会の矛盾を見な
いで済む特権があり、また無感動な自由を基礎にした無関心のままでいら
れる、そしてこの無関心は資本主義を更に進める」というのだ (注11)。

　この痛烈な中産階級への批判はゼレ自身が帰属している階級だからこそ
自分に向けた批判でもある。また権力者は一握りであるが中産階級は大多
数である。だからゼレの「共苦」する主体とは、権力者に向き合う個人一
人ひとりに求められるだけでなく、その権力者に向き合わなければならな
い大多数の中産階級の人びとに語りかけ挑戦しているのである。確かにこ
の層の一般大衆が政治化、歴史化された主体を立ち上げることができるな
らば、世界の軍事化の流れを止めることに少しは貢献できるだろう。その
ためだけではなく、日常的に出会う様々な他者との出会い、そして、その
痛みに共に苦しむことができる主体の内実を考えるために「共苦」という
概念は大切だ。

おわりに
　ここで試みたゼレの考えに寄り沿うためのダイアローグは私にとってゼ
レの再発見であった。彼女との最初の出会いで得た直観的印象はやはり、
「正しかった」と言える。本稿を書きながら私は神を信じることの重要さ
より、知ることの重要さを再確認した。ゼレにとって「神を知る」ことは、「共
に苦しむ」ということを抜きに語ることはできない。なぜならゼレにとっ
て人の痛みは神の痛みであるから。だから神を知るという行為は常に関係
性の中で問われる。その関係性の成立の前提は誰とどのような時に、どの
ようにして、と考える主体があってのことである。

現在の日本社会に向き合うためには私たちがそれぞれの主体をどのように確認、形成していくのかという問いが必要だ。そして、これらの問いは横軸と縦軸というよりは対であることの認識が必要である。

　ゼレの思想を読むことを通して、イエス的価値観とマルキスト的世界観を信仰的あるいは政治理念的側面としてのみ見るのではなく、世界を変革し、軍事化反対、非核化への道を選ぶための戦略にもなりうる。非戦、平和運動にはこの戦略と原則が必要である。主体と「共苦」も対をなしている。他者の痛みを compassion・「共苦」（注12）できる感性と能力は主体なしでは偽善か、温情主義になる。個人主義でない、社会と繋がる「個」、つまり政治的主体形成に神学が有効でありうるという希望が、ゼレの思想から見えてきたのではないだろうか。

注
1 日本でも 1990 年代に戦後責任についての議論が多くなされ、いくつかの議論は
　今日再読されるべき内容を有している。
2 師岡康子『ヘイト・スピーチとは何か』岩波新書、2014 年、参照
3 山本泰生「戦後思想としてのキリスト教―ドロテー・ゼレの場合」『横浜国立大学
　教育人間科学部紀要』12 巻、2010 年、33 頁
4 ドロテー・ゼレ、山下明子訳『幻なき民は滅ぶ―今ドイツ人である意味』新教ブッ
　クス、1999 年、44 頁。幻という日本語訳にヴィジョンと振り仮名がついている箇
　所があり、私はヴィジョンとして読んだ。幻ではどうも意味不明になってしまう
　からである。
5 NATO 二重決定（Double-Track Decision）とは西側が NATO に対抗して設立され
　たワルシャワ条約機構に軍縮を呼びかけながら核兵器を搭載した中距離・準中距
　離弾道ミサイルを配備するという NATO の決定。
6 Dorothee Soelle, The Window of Vulnerability, Fortres Press. 1990、P. IX
7 山本、前掲書、33 頁
8 山本、前掲書、40 頁
9 The Independent, 2003 年 5 月 26 日版

10 ドロテー・ゼレ『苦しみ』新教出版、1975 年、215—216 頁

11 Sarah K. Pinnack ed, The Theology of Dolothee Solle, Trinity Press International, 2003,

12 英語、compassion は日本語で思いやりや共感と訳されるが、語源は com ＝ to-gether（共に）そして、passion=suffering（苦しみ）の意味で、すなわち苦しみを共にすることである。したがって、本稿で使用してきた「共苦」は共に痛みを共有するということである。

第13章 「聖なる権威」への抵抗―在日大韓基督教会女性牧師・長老按手プロセスにおける「民族」の位置

　宗教が個人の救いのために存在するという前提は広く受け入れられるであろう。

　だが、では救いとは何かという問いに対する答えは様々である。以前、アメリカの神学校時代に韓国から民衆神学者安炳茂が客員教授としてやってきたことがあった。そのとき新約聖書学者である安教授がクラスで力説したコメントがある。それは、解放（liberation）とは救済論（soteriology）における救い（salvation）よりも広い意味があり、ある種救い（salvation）の counter notion・対抗概念という内容のものであった（注1）。それ以来、私にとって、宗教は人間解放にとってどのような働きができるのかという問いと関心を持ち続けてきた。またそもそも解放とはどういうことなのかということを考え続けてきた。魂の救いという次元にとどまらず、1人の人間が抑圧されている様々な状況から解放されるためには宗教ないし宗教団体は、その構成員に更には社会にどのような影響を与えてきたのであろうか。一方、多くの宗教団体は「救い」という名のもとで女性たちを抑圧し、従属させてきた現実とどう向き合ってきたのであろうか。

　本稿では宗教法人在日大韓基督教会（Korean Christian Church in Japan 以降 KCCJ と記す）、というキリスト教団を取り上げエスニシティとジェンダーの交差する視点から教団の問題点を浮き彫りにし、その中で見えてくる「民族・エスニシティ」の位置を検証する。検証する教団は、これまで私が一教会員としてまた両親も生前関わってきたところである。ただし、その間の数十年は米国に留学・居住に伴い地理的にも心理的にも教団を外から見る位置にいた。したがって本稿は、インサイダーだけでなく、一定の距離を保ちながらアウトサイダーとして教団を見てきた経験と立ち位置から書いたものである。

検証する基本的問いは 1）女性信徒たちのジェンダー意識はどのように培われてきたのか。2）「民族解放」運動は「女性解放」につながるのか、つながらないのかなどである。具体的な方法としては、教団内における女性牧師・長老の按手が認められるプロセスにおける女性たちの働きを、女性たちの声を読み取ることができる機関誌『コゲ・峠』をもとに分析する。

KCCJ の略史とその特性

　本論の中心議論である教団内での女性たちの位置と働き、そして彼女たちにとって「民族」という要素がどういう意味を持つのかということを紹介する前に、まず KCCJ の歴史を日本社会との関係から素描したい。

　KCCJ は在日朝鮮人社会で唯一、戦前に設立されたキリスト教団体である（注2）。宗教団体であるということやその数そのものが少ないということ等もあって、一般の日本人コミュニティはもちろん、在日朝鮮人コミュニティでもその存在はあまり広く認知されていない。しかし、その歴史は決して短いものではなく、その存在意義は教団の歴史を辿っていくと確認することができる。

　2010 年は「日韓併合」100 年を迎えた年であり、歴史的な節目とあって様々なところで、「日韓併合」に関連する行事や言説活動が多く見られた。KCCJ の歴史はその「日韓併合」に先立つ 2 年前に始まっている。朝鮮が日本の植民地になる数年前の 1906 年に東京に来ていた留学生を中心に東京朝鮮基督教青年会（現、在日本韓国 YMCA）が設立され、その留学生たちが 2 年後に立ち上げた東京教会がその発端である。そして、2008 年10 月には宣教 100 周年の記念式典を持ち、現在に至っている。

　植民地朝鮮における日本帝国主義の不条理な植民地政策の激化に伴い、1920 年代〜 30 年代に日本に移住する人びとが増えていった。そして、人びとは互いを支え合い協働して各地に教会を建て始めた（注3）。一言でいうと彼・彼女たちの歴史は民族の苦難の歴史に翻弄されながらも「祖国」

の歴史に寄り沿い歩んで来た。戦前は日本の植民地下における自主独立のための闘い、戦後は朝鮮半島の平和的統一のための働きや在日朝鮮人の人権問題と民族差別問題など、その置かれている抑圧状況に敏感に対応し、少なくとも応答しようという動きが70年代、80年代にはかなり見受けられた。

　戦前は在日本朝鮮基督教会として、戦時期の国家神道体制下においては、日本の様々な教派とともに日本基督教団の中に吸収合併されていった。戦後、日本基督教団から脱退、独立し1948年に、在日大韓基督教会総会と名称を変更する。名称変更とともに、組織教会としての連合体を構成し、そのもとに各地方の個教会が集められ1つの教団として現在に至っている（注4。）現在 KCCJ のローカルチャーチは99の個教会が日本全国に散在している（注5）。

　KCCJ はその教団の特質を、1）エキュメニカル性（超教派）、2）マイノリティ性、3）ダイバーシティ（多様性）と規定し、それを宣教課題の根幹とみなしている。

　エキュメニカル性とは歴史的に韓国の2つの教派（長老派とメソディスト）の人びとによって始められたことや世界キリスト教協議会（WCC）、日本キリスト教協議会（NCCJ）、韓国キリスト教協議会（NCCK）など、超教派的な教会組織や韓国の教派の違う多様な教団と宣教協約を結んでいることなどが上げられる。次にマイノリティ性であるが、マイノリティといってもその定義は様々であるが、ここではエスニック・マイノリティのことであり、単に数の問題としてではなく権力関係において支配される側という意味のことである。3点目の多様性とは教団内の構成メンバーにおける背景（出自）のダイバーシティ性のことである。日韓間の国際結婚によるいわゆる「ダブル」の背景を持つ人びと、80年代以降に増え続けている韓国からのいわゆるニューカマー（新1世）や戦前からの1世代から戦後生まれの4世代まで、世代的背景の違いなど、「在日」といって

も一括りにできない様々な背景を持つ人びとが構成メンバーであるという実情を多様性と規定している。本国生まれか日本生まれか、両親のいずれか1人が日本人であるかどうかなどの背景の多様性は「在日」としてのアイデンティティや差別の経験、そしてそのトラウマの解釈と考え方、ひいては信仰理解においてもその様相は多様である。

3つの特質が言説化され強調されてきたのはこの40年ほどである（注6）。とりわけ、マイノリティ性に関しては教団の自己規定として対内外的に強調してきた。そして、マイノリティ性を規定する核となる概念は「民族」である（注7）。しかも、この概念は個別的特殊性として位置づけられながら、一方で「信仰」あるいは「信仰共同体」という普遍的価値と時には拮抗し、時には合体してその特異な教団形成をなしてきた。「民族」を核とする信仰共同体という特性は、とりわけ冒頭で言及した1970年代、教団総体として人権の問題、つまり、民族差別撤廃運動などに積極的に取り組んでいった。

教団内の「進歩派」は少数ではあるが、70年代から90年代にかけて指導的役割を担っていた一部牧師や信徒たちを除き、信仰的には極めて保守的だ。そのような信仰理解を持つ者が多数占める教団が、どうして人権問題等の社会運動に積極的に参加できたのであろうか。「イエス運動」を解放運動とし、その教えが人間の救いに繋がるという解釈をして、理解する人びとは極めて限られた層である。にもかかわらず、民族の解放というメッセージは、旧約聖書にある出エジプトの出来事と重ねて語り続けられている（注8）。このような側面から見るならば、KCCJは「民族教会」という他者規定に応答するような特性と存在意義を、意識的にも無意識的にも自己認識してきたといえるかもしれない（注9）。

自己認識であれ、他者規定であれ、「民族解放」あるいは、在日朝鮮人としての人権に関する大義に対しては政教分離の原則を掲げ、社会運動や政治運動に関わるべきでないとする牧師たちにとっても、民族解放運動に

参加することは矛盾しないことなのである。しかし、残念ながら男性聖職者をはじめ、教団指導者の「民族解放」や人権回復のための問題意識は決して女性解放とつなげて捉えられることなく今日に至っていると言える。

　教団内の70％が女性信徒であるにもかかわらず、女性の位置、役割は旧態依然という実情が多々ある。だがそんな中にあっても歴史の進歩と言える「事件」が起こるものである。

　女性たちの意識と声が高揚するきっかけとなったイッシューがある。それは、1978年にKCCJの教団憲法が改正されるまでに至った女性長老・女性牧師擁立に関してのことである。ここで教団内の女性の位置を女性牧師・女性長老按手問題のプロセスを概観し、そこで「民族解放」運動という大義がどのように影響したのか、そして「民族」とは彼女たちにとってどのようにアイデンティファイされてきたのかを述べてみたい。

女性牧師・長老按手プロセスにおける「民族」の位置

　教団内での女性の存在意義は単に数の多さという次元だけでは語れない。私の両親が通い現在私も通う在日大韓基督教大阪教会は、2人の女性信徒の祈りから始まったと言われている。この2人の女性とは釜山から大阪の紡績工場に来た金義生姉妹である。彼女たちは日本に来る前にすでにクリスチャンであり、日本に来てからも、独自に聖書を読み、祈りの時を守っていた。彼女たちは異国の地で出会った同胞労働者を慰め、共に祈る働きをしていた。その姉妹と当時神戸の神学校に留学中であった金ウヒョン神学生との出会いが教会設立につながったのである（注10）。

　大阪教会が創立された1921年という時代的背景として、当時大阪の紡績工場に多くの朝鮮人女性が「出稼ぎ」に来ていた（注11）。故国を離れ、差別冷遇の中で酷使されていた人びとが祖国の香りを共有できる同胞と交わることができる場として、教会を建てて発展させてきたことは以下の文章からも容易に想像できる。

大阪教会は、ふたりの韓国人女性の祈りによって生まれました。大阪生野の地にあって、貧しく、虐げられ、弱くされた在日同胞の心の拠り所となって、救い主イエス・キリストによる信仰の灯火を高く掲げてまいりました。中略。より豊かにと励んできた今日の日本社会に、充たされない心の渇き、傷ついた魂をかかえ、苦しい人びとのいかに多いことでしょう。国と民族のちがいをこえて、共にイエス・キリストの御言葉に聴き、賛美と礼拝をささげましょう。きっとあなたの傍らに主がおられます（注12）。

　大阪教会のホームページに書かれているこの文章は創立当時から今日に至って「民族」という特殊性は宣教の中心課題の背景としてあったと読むことができる。一方でその特殊性の限界をいとも簡単に乗り越えられるかのように普遍性としての「信仰」に依拠して国と民族の違いを乗り越えようと呼びかけている。「民族」という境界は乗り越えられると前提し、乗り越えられなければならないとする。だが、創始者である2人の女性について言及しながらも、ジェンダーの境界、女性の苦しみや抱えている問題への問いは不在である。この不在性は今日においても、女性の主要役割の1つである「台所での奉仕」を再生産させ続けているのである。そのような教団内の文化風土の中であっても女性たちの意識は変わりつつあった。その大きなきっかけは女性牧師・長老が按手を受けるための資格規定変更への要求であったといえる。
　2年に1度開かれる在日大韓基督教会総会において、幾度となく建議に上がった女性牧師・長老の按手問題は、1978年の総会においてやっと認められ、ついに教団憲法を改正させるまでに至った（注13）。画期的なことではあるが、女性たちが早くからそのことに対する問題意識を持っていた点を考えると、彼女たちの主張が認められるに至った時期としては遅す

ぎると言わざるを得ない。その遅すぎる結果から、男性指導者たちの反対や抑圧がいかに強かったという事がわかる。

女性たちの能力、先見の明は現在すでに開所している「在日女性」の高齢者のためのケアハウス「セットンの家」を建築するという問題意識に見ることができる（注14）。

1956年に教団内の女性連合体によってすでに在日1世たちがキムチを食べ、「母国語」を自由に喋れる環境の老人ホーム建設決議がいち早く採択されている。

女性たちの社会への貢献を見据える意識と比較しても教団の男性指導者たちの女性に対する態度、ジェンダー意識は低いと言わざるを得ない。

遅すぎた採択ではあるが、本国教会の趨勢や主要宣教協約を結ぶカナダ長老教会で、女性牧師が認められたのが1975年ということを鑑みると、決して遅れているとも言えない。しかし遅かれ早かれ、決議に至った背景には、女性たちの粘り強い働きかけによるものであった。ではその働きを支え動機づけとなった意識とその背景は何だったのだろうか。

教団の内部からこのイッシューの改正劇をみると、単独の議案としては却下されており、当時の憲法内容の簡素化も含めた他のイッシューとともに採択され、一種いびつな通過のしかたであったと言われている（注15）。

しかし、1978年という当時の社会的風潮、つまり、前述した70年代初期からの「民族」にまつわる人権運動や、70年代の韓国の民主化運動の高揚など、社会に対する意識がキリスト者としての社会参与を積極的に押し進めた。このような教団内の風潮とその問題意識が改正に至った要素ではなかっただろうか。そこで、1970年代の教団内外の社会状況を少し述べてみたい。

1970年代の在日朝鮮人社会は戦後の社会運動を考える上で緊要な時代である（注16）。1世から2世への世代交代と共に、日本の文壇、論壇で在日朝鮮人の言説が流通するようになった時代である。また、70年代は

苛酷な状況にも屈せず韓国の民主化闘争が高揚した時代で、日本社会でも
その闘争に連帯する運動が大きく展開した時期でもある。韓国の民主化闘
争への連帯運動のみならず、戦後初めて、「民族差別」が日本の法廷で問
われた日立就職差別反対運動とその勝訴が広く世論で取り上げられた時代
でもあった（注17）。

　このような在日朝鮮人を取り巻く日本社会の動向と同質のものが教団内
で主流になりつつあった。たとえば、1971年に在日朝鮮人の人権とコミュ
ニティのための会館が大阪市生野区という当時在日朝鮮人人口最大の密集
地域に立てられ、1974年には韓国人問題研究所（RAIK）が東京に設立さ
れ、同年にはマイノリティ問題と宣教戦略と題する国際会議が欧米の教会
代表を招いて開催され、また、黒人解放神学の主唱者であるニューヨーク
ユニオン神学校からジェームス・コーン教授が招かれ講演会や研修会も開
催された。また、人権シンポジウムが定例化されるなど、KCCJ青年会全
国協議会をも巻き込んで活発な動きがあった（注18）。

　教団内外の進歩的な時代背景が女性牧師・長老を認めていく運動と直接
的に連動したと実証することは困難かもしれない。しかし、このような流
れは少なくとも男性牧師、長老たちが教団憲法改正に反対し続けることを
困難にしたといえる。彼らの排外的態度を無化する目に見えない力として
「民族」に関連する社会運動の影響があった。結果的には教団憲法改正2
年後の1980年に初の女性長老が輩出され、83年に初の女性牧師が誕生し
た。

　現在女性牧師は男性86人中12人、女性長老は男性81人中19人である（注
19）。まだまだ、信徒数の男女比からすると低いと言わざるをえない。また、
牧師や長老になることが1つの権威であるとみなす価値観がはびこってお
り、その価値観が女性牧師や女性長老になった後、本来的なジェンダー意
識を深め、その意識をベースとする価値観の構築に弊害になっていたりも
する。しかし、女性たちの働きかけで成し遂げたものとして一つの歴史的

発展として評価をすべきである。

　様々な課題をまだまだ多く抱えながらもこの１つの大きな流れを変えた出来事から明らかになったと思えることがある。教団の牧師や長老たち、とりわけ「在日」の女性牧師や女性長老は、少なくとも、自らの民族的アイデンティティの根拠とジェンダーの視点に立つことによって様々な問題が見えてくることを体得したのではないかと思う。またその視点に立って気づく事柄は、教団の男性中心主義の矛盾と諸問題が女性の従属化に繋がっているということである。

　変革主体としてのジェンダー意識のめばえ、そして KCCJ の女性たちによる女性牧師・長老按手を成し遂げた成果は、その後教団内や社会にどのような影響を及ぼしただろうか。

　対外的には、80 年代の外国人登録法における指紋押捺拒否運動のような「民族」に関連する社会運動に関わる人びとが増え、90 年代に入っては日本社会でも大きな問題となった「従軍慰安婦問題」などに支援連帯していく中、遅々たる歩みとはいえジェンダー意識はさらに培われていった。

　外からの刺激による小さな意識変革であったものが、自らの意識としてジェンダーの視点が根付いたと言える１つの「事件」がある。2000 年に教団内で起こったいわゆるセクハラ事件である。関西にある KCCJ 所属の個教会牧師のセクハラが発覚し、KCCJ の女性たちがその問題解決に関わったのである。

　この「事件」は教団内での牧師の権威を利用して押し付けられてきた諸問題の１つとして、はじめて表面化した問題である。表面化する原動力となったのは被害者の勇気ある告発と女性たちの被害者への支援、真相究明と問題解決に向けた積極的な働きであった。そのような働きがなければうやむやにされ、闇の中に葬られてしまっただろう。

　事件発覚後、女性たちは教団常任委員会へ加害者である牧師の免職要求を行ない、加害者が損害賠償の義務を不履行にするために起こした訴訟を

取り下げさせるなどの取り組みを展開した。最終的に加害者である牧師を免職にまで追いやった。だが免職に至るまでの経過は、教団男性執行部と免職か停職かとの見解の相違、事態に対する認識の違いなど紆余曲折があった。にもかかわらず、加害者を免職という結果まで導いたのは、在日大韓基督教会全国女性連合会に集う女性たちの力であった（注20）。その中でも中心となったメンバーは女性教職者と女性長老たちであったことからも、牧師、長老は男性だけと限定されていた時代に比べ、実質的な変革勢力になったとみなすことができるだろう。この闘いは、2004年9月に開設されたDVホットライン「女性のための電話相談セットン」という活動に発展し、現在もその活動が続けられている（注21）。

　事件の真相究明などのために発足した「性差別問題等特別委員会」は後に自然消滅したかの如くなくなった（注22）。当時その委員会の名でセクシュアル・ハラスメントについて信徒に向けた韓日両言語による教育用小冊子が発行されている。発刊の辞に次のような文章がある。

　　　この小冊子は、我々の教会に切実に要求されるものでありますが、読んで多少抵抗感があるかも知れません。韓国・在日で暮らした信徒は教会で性的問題を正面から取り扱った経験が乏しく、個人の人権侵害の問題を公で明らかにすることを教会でタブー視するふしがあったからです。このような慣習が、永い間セクシュアル・ハラスメントの被害を表面化させませんでした（注23）。

ここに書かれた文章からは教団の体質を如実に語り、その体質にチャレンジ、変革していこうとする思いを読み取ることができる。そればかりか、多くの人びとから共感してもらうためにぎりぎりのところでこれまでの教会のあり方について批判を試みている。具体的な問題にかかわるなかで、女性たちの意識は更に、教団の変革勢力になりつつあることを示すもので

ある。

　在日大韓教会に限らず、キリスト教会は「性」について、非常に敏感に反応し、タブー視してきた。その原因を分析することはここでは出来ないが、韓国の儒教倫理観の文化の中で育った人びとがキリスト教の性倫理観に出会い、より保守的で硬直したものが育っているだろうと考えられる。そういう文化的体質の中でこの文言は今後、女性たちが更なる変革勢力に育つための担保になると言えるのではないだろうか。

　小冊子が出たのは2004年、初の女性長老、牧師を輩出してから20余年経ってのことだ。教団内での発言権を得るためには、牧師、長老というステータスが場合によっては構造上必要であるといえるかもしれない。その既得権がこのような運動を可能にし、小冊子発刊まで至らせたのだろう。しかし、この小冊子が出る随分前に、女性牧師・長老を輩出するバックボーンとなったともいえる。そしてこれらの運動の「前夜」ともいえる女性たちの表現の場である機関誌『コゲ・峠』が創刊された。

　以下、その機関誌に現れる彼女たちの考え、思い、意識から「民族」がどのように関連しているのか読み取ってみたい。その作業は本稿のテーゼである。ジェンダー意識の気づきは「民族」にまつわる経験・アイデンティティと密接につながっている事を示すためである。

機関誌『コゲ・峠』に見られる「民族」の位置

　在日大韓基督教会女性たちにとって、経験を通して身体化される「エスニシティ」・「民族」という概念が彼女たちのジェンダー意識にどのように作用し、影響しているのだろうか。ジェンダー意識の胚芽とも言える当時の教会女性の機関誌『コゲ・峠』から彼女たちの問題意識とアイデンティティを探ってみたい。

　機関誌『コゲ・峠』は1973年に産声をあげ、2009年に13号まで発行され、定期刊行物ではないものの時には年に数度刊行されてきた（注24）。近年

は発刊が停止されている。他に活字としての媒体は2年ごとの大会記録や、非定期に出される「女性会ニュース」などがある。しかし、女性たちの問題意識が反映され、生の声が聞ける全国レベルの媒体としては唯一これだけである（注25）。

創刊号の「発刊の辞」にある次の文章は明らかに、「民族」にアイデンティファイしていたことが伺える。

　　去年の10月3～4日、第24回全国女伝道会連合会総会が大阪教会（KCC会館内）でひらかれ、役員改選によって新しいメンバーのもとに、テーマが「学ぼう我々の歴史」ときまりました（注26）。教育局として比の主題に沿って文集を出すことを計画しました（注27）。

この創刊号の発刊の辞だけではなく、初期の『コゲ・峠』には民族や人権の問題についての論考がかなり目につく。また、民族に関することは男女共通するものとしてか女性たちの声だけではなく、日立就職差別闘争の当時者である朴鐘碩による投稿や「民族問題を考える」というような特集が組まれた。また、80年代に入ってからは1世女性の聞き書き証言集や、研修会の講演テーマに女性に関することが目立ち始めている。

理論的に整理されたものではないものの、女性意識の変化が顕著に表れる短いエッセイを紹介したい。78年の女性牧師・長老按手問題における教団憲法の改正に先立つ、76年に女性長老について書いたものである。匿名ではあるが、

　　最初は女性が長老になるのは反対であった。女性は従順であるべきなどという価値観を内面化し反対だったのだけれども、イエスが復活後に最初に現れたのは女性の前だという事などを学んでいくうちに、認識が変わった（注28）

ここで特筆したいのは、『コゲ』は日韓両言語で発行されているものの、執筆者と編集人の大半が日本語を第一言語とする在日２世女性であるということだ。この事が何を示すかと言えば、１世と違って２世は教育の機会に恵まれ、活字で自己を表現できるということもあるが、同化と差別の狭間で育った２世以降の世代にとって、民族問題と女性問題は分離して考えにくいということである。言い換えるならば、大半の２世たちは民族差別の経験から他の差別が見えやすい位置にある。

　もちろん、多くの教会女性がまずは信仰の問題、そして民族の問題、最後に女性の問題が優先事項の順位になっていることも現実である。しかし、少なくとも、抑圧の原因の諸要因が何であれ、被抑圧の経験をした者にとって、他の要因による抑圧の矛盾には敏感になる感性がおのずと育っていると言える。

　たしかに、70年代の民族解放運動のリーダーシップは男性牧師であり、『コゲ・峠』の投稿者の中にはその「牧師」の家族によるものも見られる。しかし、民族問題と女性問題を繋げて考えていくという主体的行動を取った人びとの大半が一般信徒である女性たちであったことは否めないだろう。

　民族とジェンダーが交差する視点の反映ともいえるものに、１世の語りを聞き取った『コゲ・峠』臨時号の刊行がある（注29）。

　聞き取りの対象となったのは全員女性である。１世女性からその信仰の証として、また民族の苦難の生き証人として彼女たちのオーラルヒストリーを記述し残していくという作業をしたのも女性たちであった。彼女たちは１世世代が味わった露骨な朝鮮人差別の話を聞きながら、また、家庭内で耐え忍び難い女性ゆえの理不尽な苦痛と苦労を聞くなかで、理屈ではない二重、三重の抑圧を認識してきたのである。

　ある時は教団を支える縁の下の力持ちとして、ある時は教団変革の闘士として、そしてある時は未来を担う次世代のため、女性たちはその働きを

大切な記録として機関誌『コゲ』に書き残してきた。その記録はジェンダーとエスニシティそして階級の視点が不可欠なものとして、語りつがれて行くべきであろう。

解放運動の主体に向けて

　教団内部から見れば、自己批判しなければならない問題が山積みされている。たとえば、先述したように、牧師、長老というステータスが1つの権威とみなされている傾向がある。つまり、男性たちが作り上げた権威主義を内面化し、女性たちの間に権力関係が生まれるということも現実に起こっている。にもかかわらず、教会女性は解放のための主体を確立し、教団内外の社会運動を民族とジェンダーの交差する視点から更に発展させて行く可能性があると言える。なぜならば、良かれ悪しかれ、教会女性は組織化されてきた歴史があるからだ。

　マンネリ化されたプログラムではあるが日曜礼拝と違うレベルの集まりや研修会が定期的にある。教会というパイプは世界とのネットワークが「在日」の他の民族団体よりはるかにある。なによりも毎週日曜日に定期的に集まる意味は大きい。これらの好条件を民族解放と女性解放に繋げ、更なる発展をするためにはやはり、宗教団体である以上どのような聖書解釈のメッセージを聞き、礼拝後どのようなプログラムを持つかで数の上でも質の上でも更なる意識変革が可能になるだろう。つまり、教団の一定程度の共通する神学理解が打ち建てられなければならない。だが、教団のエキュメニカル性・超党派性は一方で多様で包括的ではあるが、他方で保守的な教団も含まれているため、社会参与への共通認識を持つことの弊害になるとも言える。

　在日2世・3世世代から神学生が育たない現実があり、80年代後半以降は急増する韓国からの移民にともない、韓国の教団から送られてくる牧師たちの数が増えている。それが基本的な信仰理解を共有しにくくさせて

いると言える。彼らの神学的背景は全くと言ってよいほどばらばらである。中には危険とも言える聖書の言葉を絶対視する教職者も教団内にいるのが現実だ。もちろん、聖書解釈は1人ひとりが違っていて当然であり、多様であるからこそ、多くの人びとに意味をもたらしてきた事実もある。

しかし、最低限度の基本的信仰理解やKCCJの歴史的背景とその構成員の背景を理解し、その人びとにとって解放（救い）につながるメッセージがなされるべきであるが、韓国からの牧師たちは「在日の文化」や日本の文化などへの理解がないまま、護教的で、「福音派」的な内容の多様性になっている実態は単にアイロニーだということで済まされない深刻な問題にまでなっている（注30）。

このような深刻な状況を現実として受けとめながら、また、牧師たちに影響されながらも牧師たちの神学理解や女性問題に対する意識を変える主体は教団内で闘ってきた女性たちであるように思う。だからこそ教団の未来は、彼女たちが「在日」としての経験と女性としての経験を言語化し、複眼的な視点に立って自らを解放する神学そして社会とつながる実践とプログラムがつくられるかどうかにかかっている。ジェンダー意識のさらなる変革とともに女性解放運動の一歩として主体的に考えていくことが求められているだろう。

（2011年9月、日本宗教学会、宗教とジェンダー部会で発表した原稿に加筆修正）

注
1. カルフォルニア太平洋神学校大学院 1989 年 fall semester 新約聖書学のクラスにて。
2.「在日朝鮮人」という表記は朝鮮半島の南北の国家のどちらを支持するのかというイデオロギー的な意味合いを含むものではない。むしろ、日本人社会で造語となった、在日韓国・朝鮮人という中黒入りに意義を申し立てるという立場、朝鮮半島の分断以前から移動して来た人びとによって形成されたコミュニティである

ということを強調するためのものである。ただし、本文中では在日や在日１世・
２世という表記も使う。

3. 戦前は 60 近い教会が建てられたが朝鮮の解放と共に多くの人びとが帰国し、戦
後は 10 数か所の教会が再建された。

4. 教団の詳しい歴史の記述として、李清一「感謝の百年・希望の百年：在日大韓基
督教会の歩みと展望」に詳しい。在日大韓基督教会編『宣教１００周年記念合同
修養会のハンド・ブック』2008 年、更に戦前の女性伝道師に関する貴重な資料に、
呉寿恵『在日朝鮮基督教会の女性史研究』、同志社大学大学院神学研究科博士論文、
2009 年、がある。

5. この数は KCCJ に属している韓国教会の数であって、90 年代以降ここに属さない
韓国教会が雨後のタケノコのように増え続けている。

6. この特性は 1968 年に宣教 60 周年を迎え「キリストに従ってこの世へ」という標
語のもと強調されていく。また、1973 年に出された宣教基本政策や 1989 年 80
周年の宣教理念にも打ち出されている。

7. 私はこの「民族」という名詞を同化と排外を強要されてきた被抑圧者としての経
験、国際政治の利害に翻弄されてきた朝鮮半島の歴史的経験と抑圧に抵抗してき
た経験という動詞的意味として定義したい。

8. 教団最初の神学体系と称される李仁夏『寄留の民の叫び』新教出版、1976 参照。

9. 大阪大学博士課程にいた崔恩珠は KCCJ を「民族教会」と規定して発表していた。
2009 年 9 月 22 日社会福祉法人シャローム「セットンの家」主催フォーラムにて、
参加者ほとんどが在日二世女性だったがその規定に彼女たちから強烈な反発を受
けた。その反発は極めて感情的なものであったが現在の KCCJ の個教会の現状の
一端を如実に表していると言える。それは、80 年代後半以降に増加し続けてきた、
韓国からのいわゆる「新一世」たちとの葛藤である。韓国語を解せない二世以降
にとって、「新一世」たちの言語力とあらゆる面で精力的な彼・彼女たちの存在
は脅威にちかい緊張関係を生じさせてきたからである。また、「民族」を経験す
るということと、外から規定されるということは違うという証左であったとも取
れる。このような感情的な反応を経験し、当時の発表を含み 2011 年度に博士論
文として書き上げたが崔は一貫して KCCJ を「民族教会」と規定して論じている。
この規定は一つの方法論といえるかもしれないが、その「民族教会」の定義によっ
て本文で紹介してきたように、教団員の「民族」に対する理解、アイデンティティ
そして、経験の実態から逸脱する可能性があるだろう。私個人としては KCCJ を「民

族教会」という用語や概念でもって規定する場合の明らかな前提や定義がなされ
ていないことに不満と同時に違和感をもつ。ただ、崔の論文はジェンダー視点で
書かれた数少ないKCCJについての論文として貴重な研究の1つといえるだろう。
論文のタイトルは「民族教会と女性、そして愛をめぐって──在日大韓教会に対
するジェンダー論的な "読み" を試みる」、大阪大学大学院文学研究科、2011年。

10. 大韓基督教大阪教会編『在日大韓基督教大阪教会55年史』1979年、75頁。

11. 当時の労働者の環境は金賛汀『朝鮮人女工のうた』岩波新書、1982年、参照。

12. thtps://osakachurch.or.jp/ja/

13. 興味深いことに、戦後最初に作られた1948年版の教団憲法には女性が「聖職者」
になる規定の文言はなく、1954年に改正された憲法に牧師試験を受ける資格は
27歳以上の既婚男性と明記される。在日大韓基督教会憲法18条牧師視務の項
参照。そして、1978年の改正でその文言が外される。

14. 全国女性会が母体となり献金を集め建てたケアハウスである「セットンの家」
や女性のための電話相談セットンも名称にセットンが入っているがこれは韓国
語で、色々な色が混ざったレインボーカラーのことで、まさに、アメリカのジェッ
シー・ジャクソンが立ち上げた「レインボーコーリション」と同じ意味合いが
込められている。つまり、多様性を認めて合って尚一つであるということだ。

15. 当時この問題を中心的に取り組み働いていた女性会二代目の総務、申英子牧師
とのインタビューによれば、一種どさくさにまぎれて、通過したものだが、も
ちろん、そこに至るまで何度かの建議書を教団総会に提議しているということ
であった。申自身も神学校を出ているものの総務時代は女性牧師が認められて
いなかったので、日本基督教団で按手を受け、現在は日本基督教団ハンイル
チャーチの担任牧師である。2011年8月3日、大阪天王寺区にあるハンイル
チャーチにてインタビュー。

16. 70年代の在日朝鮮人社会運動の断層については私の論文を参照。李恩子「70年
代の抵抗文化─在日朝鮮人社会運動史─断章─」、『前夜』2006年、7月

17. この闘争の連帯運動として、韓国のキリスト教女性連合会とKCCJの女性連合会
は日立製品不買運動を世界教会協議会（WCC）と協力して展開。「民族解放」運
動が個人の意識変革に与えた影響を推測するに値すると言えるだろう。

18. 年表的な歴史はKCCJホームページに詳しい。http://kccj.jp/

19. ただし女性牧師19人中7名は無人所である。つまり女性を迎える教会はまれで
あるということである。

20. 「在日大韓基督教会全国女性連合会」という団体名は過去三度名称変更されているが、その変化そのものからも女性意識の変化が読み取れる。在日大韓基督教女伝道会全国連合会→在日大韓基督教婦人会全国連合会→在日大韓基督教全国教会女性連合会と現在に至っている。

21. 女性のための電話相談セットンに関して詳しくは設立当初から相談員として中心的に活動している崔浅子「小さき者と共に」聖公会生野センター機関誌ウルリム（響）39号、2006年6月。

22. 画期的とも言えるこの委員会がなぜなくなったのかということを当時の委員数人に聞いてみたが、明らかな答えはない。恐らく、具体的な事件を解決するための方策として結成された経緯から加害者の当事者追放という一応の解決を見た段階でなくなったのだろう。また、委員会の名称自体「過激」と受け止められる委員会は教団内の男性指導者たちの圧力でなくなったと推測できる。

23. 在日大韓基督教会性差別等問題特別委員会編『性差別とセクシュアル・ハラスメントについて』2004年7月4日発行。

24. 1976年から78年にかけて、岐阜教会の李蓉子教育局長の時代に2年に3巻と一番多く発行。民族問題、社会問題に関連した内容が多く組み込まれている。

25. 『コゲ』が発行される背景として、在日朝鮮人問題が可視化されることによって民族意識の高揚なども考えられるが、発行人である女性たち、実務者の総務、教育局の委員が在日2世代であるということからも、日本社会で教育を受けた人びとへの世代交代が1つの背景として考えられる。

26. 原文では日本語版においてもこのテーマの部分は韓国語で書かれているがここでは日本語の意味だけを書き記した。我々の歴史とは教団の歴史ではなく「民族」の歴史である。

27. 当時教育局長であった李錦容の『コゲ』発刊にあたって、在日大韓基督教女伝道会全国連合会教育局編『コゲ』創刊号、1973年、5頁

28. 匿名「女性長老制度賛成」『コゲ』第4集、1976年、8〜29頁。

29. 在日大韓基督教婦人会全国連合会編『コゲ』第7集（1世のオモニの証言特集号）、1986年

30. 深刻な問題の一つとして、韓国からの教団派遣宣教師や元来のKCCJに移籍したのちも、本国の元来の教団との絆が強く、KCCJという教団に属した以上そこで一致していかなければならないのが、むしろ、それぞれの本国とのつながり（教）派閥をKCCJ内に作り分裂の火種をくすぶらせている。

第14章　解放運動における〈原則〉——日本のバックラッシュに抗するために

はじめに

　この論考は先日、立教大学で開催された公開シンポジウム（2007年3月16日、日本基督教学会関東支部会主催）での応答発表を予定していたものに、シンポジウム参加後加筆修正したものである。このシンポジウムのテーマは「民衆の苦難とアジアの神学」という重いテーマであった。基調講演をされた韓国の若手神学者、金鎮虎氏は苦難という言葉を使わず苦痛という言葉を繰り返し使っていた。その理由は苦難というと、どうしてもイデオロギー化しやすいということであった。同時に苦難ではなく、苦痛と表現することによって被抑圧者のみがより苦痛の伴う現実に直面しているという想定を覆そうとする金氏の意図も読み取れた。言い換えれば、苦痛と規定することで、二項対立的な抑圧——被抑圧という枠組みで考えられがちだった政治的苦難の問題を、より幅広い意味で人間の抱える痛みとして捉え直そうとする試みであった。そうすることによって、いわゆる被抑圧者である民衆の中で起こる様々な事件に内在する権力問題と関連させて考えたいという意図もあったのではないだろうか。

　たしかに、私たち人間の身体的、精神的苦痛には、それぞれの階級、エスニシティ、ジェンダー、セクシャリティ等の属性や背景の違いいかんにかかわらず、普遍的な共通の痛みが多分にある。その上で、私はそれぞれの身体的、精神的苦痛は歴史的、社会的、政治的、文化的文脈化の作業の中で共感されるべきであり、そうすることでのみ、その原因と緩和のための方途が見出されると思っている。また、執拗にこれらの文脈化にこだわるのは、やはり私の「在日2世」としての背景が、どこに住もうが陰に陽に私の人生を翻弄し、その生を規定してきたからである。以下に書き綴った内容は、その歴史的被抑圧者としての生を与えられながら、ぎりぎりの

生活の中で、私なりに常に社会変革と自己変革のための解放運動の現場につながろうとする意思と経験にもとづくリフレクションペーパーである。

問題の設定

　私は日本で最大の韓国人集住地である大阪の生野区で「在日2世」として生まれ育った。20代、その地で様々な人権問題に関わり、30代で渡米した。そこで当初全く予定していなかった神学校に入学するようになり、最終的にはキリスト教社会倫理学で学位を得、卒業後は一般大学で教鞭をとり、2006年、20年に及ぶ滞米生活を終え、生まれ故郷に戻ってきた。

　戻ってきた理由は、個人的に抱えている問題からだった。しかし、究極的には私の応答責任の現場は日本であるという選択によるものだ。この応答責任という用語は、英語のresponsibilityを責任として訳すよりも、良いと思う。というのも、学問をする人、特に人間の生の現場を扱う神学関係者にとって、誰に向けて何のために何を語りたいのかという発話のポジションが、常に問われるからである。その問いは、自らのアイデンティティを問う作業とともにとても重要である。また、神学や私の専門である倫理学の対象―実はどの学問においても人の生の営みを対象化すること自体に疑義を呈するべきだが―になるだろう「在日」の状況についてもここでは言及しない。確かに、日本社会で「在日」として生きる道とは、様々な意味で今日のテーマであるアジアの苦難〈suffering〉の1つと数えられるだろう。しかし、その中身を列挙しだすと「差異の政治学」〈identity politics〉に見られる問題にまで議論を広げて展開しなければならず、本題から逸れてしまうと思うので差し控える。

　さらに、「在日」についての話は聞き飽きた方々もおられるだろうし、私自身も語り疲れているというか、語ったことで何が変わったのだろうかと虚しくなり、建設的でない場面に幾度となく遭遇しているので、あえてしない。ただ、実際問題、娘が日本に戻ってきてから娘の在留資格がすぐ

に出なかったことに関することだけでも、日本社会の矛盾をあぶり出すような話は山ほどある。しかし、ここでは神学化の対象となる個別の苦難・苦痛について語るのではなく、牧会や地域の現場で信徒や人びとの苦難に関わろうとする者にとって、あるいは、苦難を神学化しようとする者、いわゆる「知の世界」にいる我々にとって「苦難」とは、そして「苦難」のために働く「現場」はどこで、社会正義を打ち立てるために、どのような関わり方をすべきなのかという設問を前提に、現場・民衆・関係性・文化というキーワードに関連させて考えてみたいと思う。

罪の意識からの解放

　私は渡米当初「現場」─あえて定義すれば「苦難の闘争の場」であると同時に「新しい関係性を再構築する・できる場」と便宜上しておく─を離れたという罪悪感に苛まれていた。その要因は複雑で単純化できないのだが、当時の感情とアイディアについて、自己分析して得た結論がある。それは、罪の意識は2つの側面からみて間違っているということだ。1点目はヒロイズムとの関係から、2点目は闘いの実践の場を狭めてしまうという関係からである。この2つの結論に至る罪の意識、〈guilt・guilty〉という言葉を、私たちは日常的に意識しないで使っていると思う。この使い慣れた言葉が持つニュアンス、使われ方、その背景にある考えが、間違いであるという結論を2つのエピソードを紹介しながら説明していきたい。

　1つ目は、アフリカ系アメリカ人とイタリア系アメリカ人の間に生まれた友人との対話の記憶だ。彼の皮膚の色は全く「白人」だが、アフリカ系アメリカ人として生きている方だ。文脈は忘れたのだが、私が使った〈guilty〉という表現に強く反応した記憶がある。どうしてなのかと聞いてみると、レイシズム・人種主義がはびこるアメリカ社会で〈guilt・guilty feeling〉とはレイシズムの存在を容認、ひいては隠蔽するものでしかないというのだ。なぜなら、その表現をする時の発話者の中に潜む優越

感がまさに、レイシストのものだというのである。このことを聞いた時、良心的日本人が「韓国の方々が差別されている状況に対し罪の意識を感じる」とか、贖罪意識か優越意識からか「日本人と全然変わりませんね」とよく言われたことを思い出した。彼の分析に従ってこのような日本人の反応を考え直してみると、そのように言う発話者は意識していなくとも、そう発話することで「救われる」という転倒した結果が生じる。また、その罪の意識という感情移入したかのような表現そのものを発することによって、自分の意図とは別に、日本の植民地主義の遺制であり、再生産である「在日」に対して、日本人としての応答責任を回避する「免罪符」の役割になっていることに、気がつかないでいるという問題もある。更に、そのように発話することが他者を「劣等者 or 下位」の位置にさらに貶め、他者を傷つけていることに無自覚であるという問題も残る。

　２つ目のエピソードは、私の指導教授に私が自分自身の学業からのプレッシャーのため１人娘に母親として十分なことをしてやれず、〈guilty〉罪の意識を感じると言ったときのことだ。その教授は〈guilty〉だと思うのは間違っているという。そう思う私の頭の中に、理想の母親像—それは家父長制社会の価値観のもとで作られてきた像—というものがあり、それを内面化していたところから発せられているということだ。余談だが、オックスフォードの英英辞書に〈guilty〉の例文の１つとして「彼女は子どもを置いて仕事に出かけるのが〈guilty〉だと感じている」というのがあった。ジェンダーの問題がこんなところにも現れていて、少し驚いた。つまり「良い母親」とはどのようなことを指し、誰がそのことを決めるのか、という権力関係の分析が必要であるということだ。ちなみに、この教授の新しい著書の中で、〈guilt〉とは反革命的感情だと言い、それに対決することを通して解放に向けての働きができるとも語っている 。

　さて、この２つのエピソードから罪の意識についての問題性が少し見えてきたのではないだろうか。私はこの〈guilty〉罪の意識というものが、

先ほど述べた「苦難」に参加するための「闘いの現場」を再考し、「関係性の再構築の場」にしていくための大切な分析概念になるのではと考えている。

　「苦難」に共にコミットしようとする者にとって、必ずと言っていいほど「抑圧者」-「被抑圧者」、「加害者」-「被害者」、あるいは「エリート」-「基層民・民衆」等、二項対立的関係性の問題が介在してくるからだ。神学を含めて学問をする層は、階層出自に関係なく、学問的営為を通しての仕事で生計の糧を得、食べていくことができる。しかし、神学の対象とされる、特に〈contextual theology〉や解放の神学の重要性を認識している神学者の対象とする人びとの「苦難」の現実は、食べていくこと〈survive〉そのものがむずかしいことである。この分裂した現実を私たちは生きており、両者間の距離と位置の違いからくるディレンマと問題は解消されていない。

　この明白な現実的ギャップを神学化する側は、良心的、信仰的レベルでは認識できているかもしれない。しかし、現実的にはその間には越えがたい壁があるために罪の意識にかられるのだが、実はこの意識には先ほどのエピソードで見てきたような問題をはらんでいる。それは、その罪の意識の無意識に内在する優越感がもたらす〈paternalism〉—家父長的温情主義としておく—のためである。時には良心的とも映るリベラル有識層に一番よくみることができる温情主義的な言動の背景にある無意識的な優越意識は、神学書の行間にも散見することができる。先ほど例をあげた、相手をほめるように「日本人と変わらないですね、同じですね」などという「配慮した」表現自体が、無神経な言動の典型的な例だと思う。だから、この潜在意識的な優越意識ともとれるメンタリティから自由でない加害者・エリート層にいる者は—この位置は可変的なのだが—そのことに自ら気づき、そういう優越意識から自由になり、「苦難を」自らの問題として受け止められなければ、本来的意味での苦難への「同参」、連帯は築けないだ

ろう。連帯できないばかりか、神学者の書く書物は結局アカデミックな世界だけのものとなり、人びとの苦難をテーマに扱ったものでも、人びとを慰め、エンパワーする社会変革のための言説にはならないと感じている。

現場再考―関係性の再構築に向けて

　では、〈guilty feeling〉から解放されていくためにはどうすればよいのか。そのためには、言うまでもなく加害者側のグループにいる人も被害者側のグループにいる人も自分の位置、それも常に変化する位置であるという認識を、関係性のなかで自己省察、自己検証するプロセスでしか生まれないと思う。ここで注意したい点は、その検証・省察のプロセスを常に歴史化しなければならないということである。そうでなければ、その省察の努力と自己批判の作業は、個人的レベルの「善良な人間」になるための自慰的行為に終わってしまうだろう。傲慢に聞こえるかもしれないが、私はこのような自己検証を不十分ながらも日々行ってきたことで見えてきたものがある。それは罪意識を持つことの原因と問題性、そして、そのように思わせる現場とは、一体どこで、誰のものなのかという問い直しが大切だということだ。そして、それを問い直す作業の中で、先ほど述べたように罪意識は２つの側面から間違っているということに気がついた。そこで先ほどのエピソードを通して見えてきた罪の意識の問題性を、更に、私の経験に引き寄せ、２つの側面を見ていきたいと思う。

　１つ目は、罪の意識に内包するヒロイズムの問題である。私流に言えば〝マドンナ・メンタリティ〟という問題である。たとえば、ある現場で中心的な活動―学問的な言説活動も含み―から自分が抜けると現場に大きな損失を与えるという、思い上がった考え方が無意識のうちに潜んでいたのではないかという反省だ。この無意識的なレベルの思い上がりは、意識的なレベルにある、実践の現場のみんなに申し訳ないというへりくだった思いと紙一重だ。だから罪の意識を感じてしまうのだろう。

一見、中心的な役割を担っていた者が抜けることによって、運動が——運動だけではない様々な実務も含まれるだろう——弱化するという思い込みがある。一時的には弱化するかもしれない。しかし、長期的に見ればそうではない。それが歴史のダイナミズムだろう。それでも現実的には、社会運動の実践のなかではしばしばカリスマ的なリーダーシップが要求される。１人ひとりの対等性を担保にする主体的な参加が原則であるにもかかわらずだ。リーダーシップの必要性は戦略的な次元では理解できる。そういうリーダーシップの必要性があったとしても、その必要性は家父長的人物（男性）中心主義の発想の表れではないかという問い返しが必要ではないだろうか。地域活動、市民運動も含むすべての社会運動において、突出したリーダーを求める心情・心理的な側面に潜む問題を検証すべきだ。リーダーシップを望むということは、家父長的人物中心の運動のパラダイムを内面化したものではないかという評価もできるからだ。強い指導者の出現によって、運動は革命的変化を起こすのではないか（そういう側面もあるだろう）という期待を私たちは持ってしまう。その期待感は、一見不要に思われる民衆の主体性の回復確立が決して不要なものではなく、リーダーへの依存性を強める働きにもなるのではという疑問を投げかけて検証すべきということである。

　このようなヒロイズムの問題性は加害者の中にも被害者の中にもみられるだろう。しかし、ここでは被害者とされる者の中にあるヒロイズムの問題を更に１点だけ述べてみよう。その問題とは、マドンナ・メンタリティ的被害者意識の問題である。被害者意識のなかに横たわるヒロイズムの屈折した問題性だ。被害者意識〈victim mentality〉は、自分の問題だけが一番大変だという傲慢さを助長するだけでなく、良心的な加害者をマニュピュレート（自分の利害のために人を操る）してしまうという可能性をはらんでいる。

　ベル・フックスというアフリカ系アメリカ人のフェミニストの著作に一

貫して流れる思想の１つが、この被害者意識の克服である 。私がここで言いたいことは、どの関係性においても、「結果的に他者を操ってしまうことにつながるものはしてはならない」ということより、無意識のうちにある被害者の「特権」的な意識の問題である。この「特権」はややもすれば、他者を操ることそのものが「被害者」という立場のもとでは許されるという、自己を中心に置くことから生まれる〈甘え〉の問題を生み出してしまうことにもなる。加えて良心的な加害者は、その被害者のマニュピュレーションに甘んじることが良心の呵責から逃れることだと錯覚し、そのため没主体的な現場への関わりに終わってしまうという問題も生じる。このような両者の利害から生じる共犯関係を、双方が固定化してしまう安易な罪の意識は、否定されなければならないと気づいた。この気づきから、苦難のための社会運動というものに対する見方も変わった。

社会運動とは Move-ment というように、一人ひとりの生活状況や社会・政治状況が常に変化するダイナミズムの中で生じている問題群に対して、現在進行形で関わる社会的実践を意味するものと私は解している。当然、各個人の位置というのは常に変化し、二項対立的に抑圧する側とされる側に単純にわけられるものでなく、重層的（輻輳的）で複雑なものだ。したがって、それぞれの苦難のために働く者たち一人ひとりが問題解決のためのプロセスで、それぞれのポジションを確認し、お互いを高めあう関係性を築いていく努力が必要だと思う。一人ひとりが同じ目線で、互いの利害やコンプレックスによる共犯関係ではなく、公正な関係性で互いを高めるチャレンジが必要だと思う。そうすることによって、ある特定の指導者や、あるいは被害者というだけでその位置を利用し、リーダー格として中心になるという人物中心的でない、社会・民衆運動の視点と実践力を培っていくべきだと思うようになった。

この視点は、往々にして対象を神学化する人びとにとって、特にアジア系の神学者が西洋のオーディエンスに向かって語る時に、散見できるアジ

アの文化や「伝統」、民衆そのものを美化しがちな傾向を回避、相対化するためにも有用だと思う。もちろん、民衆、すなわち被抑圧者をも相対化するという点は非常に微妙で、下手をすると何が大切なのかを見失う可能性がある。前述した基調講演者の意図の1つであろう民衆間で起こる事件にみる権力関係の考察も含めて（金鎭虎「苦痛と暴力の神学的現象学（上）―民衆神学の現代性の摸索」『福音と世界』、2007年）、民衆の抱えている問題が語られなければならないだろう。

しかし、その考察が歴史化されず個人的個別ケースとして扱われるならば、〈民衆の多面性〉、元来すべての人間が持つ複雑で多面的な資質や特質は、考察する側の勝手な思い込みで、また1つの新たなステレオタイプが生み出されてしまうだろう。そればかりか、それぞれの、特に加害者側のポジションにいる者は、彼らがなさねばならない応答責任をごまかし、回避するための正当化にも使われていく危険性もあるだろう。そのようなことを踏まえるならば、民衆も含めて相対化の作業は必要だと私は信じている。

私自身、この必要性を自覚するようになってはじめて、「在日女性」という被抑圧者としての〝マドンナ・メンタリティ〟から自由になりえた。同時に、私の神学においても社会運動においても、イエスという1人の生き方だけから学ぼうとするのではなく、イエスに師事した多くの人びとの存在なしには成立しえなかった〈Jesus Movement〉という歴史における解放運動に目を向けるべきだという考えに変化した。「在日」という生を授かった被害者の1人としてではなく、1人の人間として歴史における様々な解放運動の実践の場にいかにコミットしていくのか、という自分自身へのチャレンジになった。この視点と発想の転換は史的イエスを追求した故安炳茂教授の言う「事件の神学」、すなわち歴史の中で限りなく起こる民衆の闘いの中に史的イエスを見ていくということ、と通底しているのではないかと思っている 。

罪意識が間違いであるという２つ目の気づきは、「苦難の実践の場」を政治的視点から特化した狭義の場にしていたということだ。つまり、抑圧状況からの解放の場を運動や神学化の対象として特化して考えるのでなく、日常生活の場で思考し、関与し、実践していくべきだということである。つまり、生野を離れた私の場合、アメリカ社会のなかで「現場」の再設定と再認識のプロセスが必要であった。この認識のプロセスは頭で考えて生まれるものではなかった。その社会で待ち受けていた実生活の辛さや苦労、そして、自転車操業のように止まると倒れてしまうほど経済的に追い詰められた生活の場、しかしその地で人権・社会正義のために闘っている様々な人びととの出会いを通して、これまでいかに社会変革のための「実践の場」―私にとってそれは「特殊地域」生野というところだった―というものを、狭義に、そして教条的に捉えていたかということに気づかされていった。自分の現場を固定し「絶対視」していたため、そこを離れたことで罪意識に陥っていたという気づきである。私の外国留学はある人びとからは羨望の目で見られていたのかもしれないが、一方で生野という現場を離れた時点で私はすでに地域の民衆でないといわれ、その事実性を基点に、生野という貧しい在日家庭が多い朝鮮人集住地出身の民衆の１人ではなくなったと規定された。

　そのように規定されたことも一因となって生じたかもしれない私の罪意識は、実は〈the privilege of the oppressed〉といわれる、被害者の特権の喪失を恐れていたのではないか、という非常にねじれた感情からだったと言えるだろう。そして、自分はもう民衆でないと規定されたからと言って地域の民衆に対して罪の意識を感じるというのであれば、それはおかしいと思うようになった。そればかりか、苦難の現場というものを極めて狭義に解釈してしまう発想をしていたと同時に、一方で地域を出た者を民衆でないというレッテルを張り付けるような決めつけ方をする発想のもとでは、自らのエゴを客観視して自省できず、そのエゴそのものが排除を生み

出すものであるという結論に至った。

　「民衆」、あるいは日本の文脈でいえば「地域の人間」とみなされなくなった私は、限られた条件の中で、他者から見ると「憧れ」の外国生活を生き延びるために必死であった。とりわけ結婚後、いわゆる新移民1世の韓国人コミュニティで、マイノリティ同士が足を引っ張り合うという、熾烈なサバイバル・メカニズムの中にさらされる経験を通して、「現場」だけでなく苦難そのものをもう一度再定義せざるを得なくなった（この点は、金さんのいう人間の普遍的苦痛という問題と関連するかもしれない）。

　この気づき・発見は、消極的に言えば現場の人間に何を言われようが関係ない、私の生活は大変なのだという居直りであり、積極的に言えばサバイバル・メカニズムの中で得た〈wisdom〉・知恵であり、与えられた条件の中で、自己を見失わず必死で保とうとした自己尊厳から噴出した抵抗の力によるものと思っている。

　これを「抵抗文化の創造力」と名づけたいのだが、この知恵や抵抗の力は、個人的苦境、あるいは苦痛と政治的・歴史的苦難を統合する重要性と、普遍的価値や普遍的闘いに向けていく重要性の再発見を促した。つまり、身体的に特定の地域に住むことが要求される闘争の政治的現場のみを「苦難の現場」と理解するのではなく、日常的な「生活の場」を苦難の闘争の場と見据えるべきだという結論だ。この結論はすでに多くのフェミニストたちが主張してきたことだろう。それでも、これまで実感として自分の中にあったかどうかは疑問だ。加えて、神学を教室内や学会の中でのみ講ずるのであれば、その限界は明らかであるということを確信するようにもなった。その役割を否定しているのではない。

　誤解のないように繰り返しておきたいが、すべての役割には限界と可能性があることを踏まえつつ、問題は私たち1人ひとりが自らの限界をいかに受け止めるのかということと、それぞれの役割が相対的なものの1つでしかないことを、それぞれの関係性の中でしっかりと認識しているかどう

かということが大切なのである。

「生活の場」を神学化する──文化を分析概念にして

　個別の社会運動であれ個別の神学であれ、それぞれの働きが相対的役割
であるという位置づけが重要であると述べたが、もう少し掘り下げながら、
私の結論につなげていきたいと思う。

　アカデミックな世界で、西洋中心のパラダイムがシフトしていると言
われて久しい。それにもかかわらず、方法論、〈idea〉、〈source〉など、
西洋を基準とした権威から私たちはまだ自由でないように思う。中で
も、神学界が最もそのパラダイムシフトができていないように思う。〈A
theology〉は認められず、〈the theology〉という風に、それは西洋の権威
しか認められない世界のように思えてならない。アジアの神学者がアジア
の苦難を英語という「帝国語」で語るとき、私はいつもその固有の文化的
歴史的背景を美化したり特化したりしてしまっているのでは、という「疑
いの解釈学 Hermeneutic of Suspicion」の目で読んできた。彼らのスタ
ンスは西洋中心のパラダイムに対するチャレンジなのか、承認を求めるた
めの営為なのか、権威に対するコンプレックスなのかはわからない。いず
れにしろ、それぞれのコンテキストあるいは現場を美化し特化することは、
歴史のある時点で必要なことなのかもしれないが、私はそう思わない。

　たとえば、70年代の後半に韓国で生まれた「民衆神学」が80年代に英
語圏で注目された時、大半の韓国の神学者たちが *minjung* という韓国語読
みの表記をそのまま使い、それは〈people〉でも〈the oppressed〉でも、
人民でも日本語の民衆でも大衆でも、今日的に言えばサバルタンでもない、
特有の概念だといっていたことを思い出す。

　原理的、心情的にはそれぞれのコンテキストを歴史化するという意味に
おいてその主張を理解するし、一定程度同意する。しかし、今日グローバ
ル化によってもたらされている様々な問題に直面し、宗教間紛争がますま

す熾烈化する現代では、それぞれの文化・宗教そして政治状況を記述する際の自国言語の使用にはらむ危険性が今までになくオープンに激しく議論されなければ、アジア神学の共通課題は認識されないと思う。

　また、現場から離れたということや罪の意識からの解放のために、そして文化を美化せず、苦難の現場を狭義に認識しないためにも、それぞれの「生活の場」で起こる様々な家庭内外の「事件」に対していかに忠実に誠実に向き合うかが、まずもってやるべきことではないだろうか。そして、その「事件」の中にある様々な権力関係を分析しなければ、私たちにとっての前進はないのではないか。その分析に文化という概念は非常に大切である。なぜならば、先ほど述べた罪意識を持ってしまう背景には、日常の生活の場に散在する支配文化を内面化しているからだ。それらを徹底的にふるいにかけなければ、「生活の場」は自己解放の場にならない。

　特にフェミニスト的視座に立つならば、日常的な抑圧における権力関係に敏感に対応できなければ、女性解放のための神学や倫理学は何ら意味がない。文化という分析概念は、日常的な関係性の中で生じる無意識の態度、振る舞い、言葉遣い、そして常識として自明視される生活習慣の中に潜む抑圧性を暴露するのに有効に働く。一見、些細な事でも「生活の場」での自己分析と自己省察を基礎にした実践は、歴史的・政治的・社会的・文化的「苦難の闘いの場」と直結できる思考回路と行動を生み出すだろう。この思考回路と行動が生まれてはじめて、加害者—被害者という図式を超え、罪意識から解放される神学が再構築でき、新しい関係性が生まれ得るのではないだろうか。

　社会正義のための活動をする者であれ、神学を学問とする者であれ、牧会の現場で働く者であれ、今私たちに求められているものの1つは、アジアの苦難の特性を語る前に自分のことを語ることではないだろうか。フェミニスト神学の最も大切な方法論の1つである自分のストーリーを、それぞれの歴史的・社会的苦難のコンテキストとつなげて語ることだ。この作

業は、昨今のいわゆるポストコロニアル的クリティークの視座から盛んに問われてきた、発話者のポジションの検証になるというだけではなく、被害者もそこから学び、〈人間の苦難・苦痛〉という普遍的な痛みをひきおこす原因を取り除き、ともに関与していくためにも必要だ。

　ジェームズ・コーンが一昔前に書いた本の中で、「神学者は自分の置かれている状況に正直であらねばならない」と語っていることの意味が思い起こされる 。自分のポジションに正直である自己検証、それは神と自分、あるいは自分と他者というリニアーな関係ではなく、神を円心に据えたサークル上で各自がつながろうとするそれぞれの関係性の中での検証である。そこからそれぞれの限界と役割が明確になり、そこから生きた神学になり「生活の場」と「政治的・社会的現場」を統合した「苦難の現場」で実践していけるものとなるのではないだろうか。

おわりに

　日本に戻ってからこの間、「日本社会の最悪の時」に帰ってきたと何人もの人から何度言われたかわからない。植民地支配を受けた国から見れば、20世紀最大の悪である植民地主義を不承不承にも清算しないままに国家・国旗法を成立させ、幕を閉じたはずの日本の21世紀は、現在「最悪の時」を迎えている。この事態は多くの良識者が憂慮してきたはずだ。

　現在の日本社会で生きる上で抱えている問題は、人によってはあまりにも身近で大きいのだろう。1人の友人が言っていた、「つながることによって辛うじて生きていられる」と。

　この論考は冒頭で述べたとおり、特集「バックラッシュを超えて」に合わせて書いたものではない。しかし、ここで一貫して流れる「苦難の闘争の場」における関係性の問題は、特集の意図に沿うものであると願っている。こういう時代だからこそ、つながるための、あるいはつながっていただろうと思うそれぞれの関係性をもう一度見つめ直し、歴史化する作業が

必要であると思う。今、一人ひとりが真摯に謙虚につながらなければ、バックラッシュに抗するどころか希望すらも持てなくなるからだ。

あとがき

　本書をまとめた 2021 年は私にとって奇しくも出版が重なった年だった。同僚の先生と共著で関学ブックレットシリーズ『帝国の時代とその後』を刊行した直後、欲張って、いや定年が一年後に迫っているという焦りから一度はあきらめた大学叢書の助成金申請に応募した。

　採択されたのは嬉しいことで、また感謝すべきことでもある。しかし、準備が十分整っていない中での作業は、多くの方々に多大な迷惑をかけることになった。

　当初、予定していた関西学院大学出版会の方がたに私の準備不足のため刊行変更になってしまったことをこの場を借りてお詫び申し上げたい。この度、このような大変厳しい条件の中で、私の強引なお願いを引き受けてくださった三一書房の関係者の方々に何とお礼を申し上げていいかわからないほど、深く感謝しています。

　日本語も英語も韓国語も「完璧」にほど遠い私の文章をすべてチェックしてくださった方がたにも深くお礼を申し上げたい。文章表現や説明不足、あるいはその反対に反復する点などの指摘を受ける度に落胆し、それでなくても差別問題を書く虚しさと闘いながらの中で心が折れそうな時もあった。彼・彼女たちの複数の手作業と激励の声がなかったなら、私の自転車操業的な出版作業は滞ったままで終わっただろう。

　小学生の時から強度の近視である私はここ数年、加齢の影響もあり、長時間集中のパソコン使用による目の酷使をしながら、ここまでして何故書くのか、強制する人もいないのにと毎日葛藤の連続だった。それでも進めて来られたのは、インタビューを快く引き受けてくれた友人たちへの応答責任、そして、書くべきだと背中を押してくださった周囲の同僚や、名前を挙げることはしないが私の原稿の良き読者でもありメンターでもある方がたのおかげである。その一人ひとりに深く感謝を申し上げたい。

最後に、まわりまわって「縁」がはじまった関西学院大学には本当に感謝している。今回の助成金だけではなく、学生たちとの出会いと対話は、ややもすれば、生きづらい日本社会で鬱っぽくなる私のメンタルヘルスを支えてくれた。関西学院大学との出会いがなければこのように1冊の書物となることはなかった。

2022年2月

イ　ウンジャ
李恩子

● 主要参考文献
・赤澤史朗ほか著『「帝国」と植民地——「大日本帝国」崩壊六〇年』,「年報日本現代史」編集委員会編, 現代史料出版 ,2005 年
・蘭信三他編著『引揚・追放・残留一戦後国際民族移動の比較研究』名古屋大学出版会 ,2019 年
・石田雄著『記憶の政治学 - 同化政策・戦争責任・集合的記憶』明石ライブラリー ,2000 年
・上田正昭ほか著『歴史のなかの「在日」』藤原書店編集部編, 藤原書店 ,2005 年
・牛渡亮著『スチュアート・ホール——イギリス新自由主義への文化論的批判』東信堂 ,2017 年
・金泰泳『在日コリアンと精神障害——ライフヒストリーと社会環境的要因』晃洋書房 ,2017 年
・黒川みどり, 藤野豊『差別の日本近現代史——包摂と排除のはざまで』岩波書店 ,2015 年
・ジュディス・バトラー著, 竹村和子訳『ジェンダー・トラブル——フェミニズムとアイデンティティの攪乱』青土社 ,1999 年
・田中東子ほか編著『出来事から学ぶカルチュラル・スタディーズ』ナカニシヤ出版 ,2017 年
・野間易通『「在日特権」の虚構——ネット空間が生み出したヘイト・スピーチ 増補版』河出書房新社 ,2015 年
・朴裕河『帝国の慰安婦——植民地支配と記憶の闘い』朝日新聞出版 ,2014 年
・樋口直人『日本型排外主義——在特会・外国人参政権・東アジア地政学』名古屋大学出版会 ,2014 年
・平田オリザほか著『街場の日韓論』内田樹編, 晶文社 ,2020 年
・前田朗『ヘイト・クライム——憎悪犯罪が日本を壊す』三一書房労働組合 ,2010 年
・松島泰勝『ミクロネシア——小さな島々の自立への挑戦』早稲田大学出版部 ,2007 年
・松田素二, 鄭根埴編『コリアン・ディアスポラと東アジア社会』京都大学学術出版会 ,2013 年
・三尾裕子ほか編『帝国日本の記憶——台湾・旧南洋群島における外来政権の重層化と脱植民地化』慶應義塾大学出版会 ,2016 年

・ミシェル・ヴィヴィオルカ著, 宮島喬, 森千香子訳『差異——アイデンティティと文化の政治学』法政大学出版局, 2009 年

・三谷文栄『歴史認識問題とメディアの政治学——戦後日韓関係をめぐるニュースの言説分析』勁草書房, 2021 年

・矢野暢『「南進」の系譜——日本の南洋史観』千倉書房, 2009 年

・好井裕明編著『セクシャリティの多様性と排除』明石書店, 2010 年

・吉見義明『買春する帝国——日本軍「慰安婦」問題の基底』岩波書店, 2019 年

・Aimé Césaire, Discourse on colonialism, translated by Joan Pinkham, Monthly Review Press, 2000

・Frantz Fanon, The wretched of the earth, translated by Constance Farrington, Penguin Books, 2001

・Mark Peatti, Nan'yo：The Rise and Fall of the Japanese in Micronesia in 1885-1945, University Hawaii Press, 1992

・Yaa Gy 脚, Homegoing, Penguin Random House, 2016

● 初出一覧

・第5章 「 忘れられたもう一つの植民地—旧南洋群島における宗教と政治がもたらした文化的遺制—」森田雅也編『島国文化と異文化遭遇—海洋世界が育んだ孤立と共生』関西学院大学出版会、2017年3月

・第6章 今私たちに問われていること—関東大震災朝鮮人虐殺80周年—」『情況』2015年8・9月号

・第7章 「韓日条約は在日同胞に何をもたらしたか—ポストコロニアル的視点—」『日東学研究』、韓国・江原大学・人文大学日本研究センター4号、2017年8月

・第8章 「日韓（朝）関係から考える在日朝鮮人の人権—ポストコロニアルの問いかけ—」『関西学院大学人権研究』20号、2017年

・第9章 日本国（家）を愛せない理由、かといって愛する国（家）もない、『女性・戦争・人権』学会誌18号、 2019年

・第10章 「和解の概念を考える—差別のトラウマの視点から—」、『福音と世界』、2019年1月号

・第11章 「信徒と教職の権威を考える—信徒のつぶやき—」『福音と世界』、2017年1月号

・第12章 「今、ドロテーゼレを読む意味—「共苦」する主体形成に向けて」『関西学院大学キリスト教と文化研究』第16号、2014年3月

・第13章 「ジェンダー、エスニシティ、「聖なる権威」への抵抗—在日大韓基督教会女性牧師・長老按手プロセスにおける「民族」の位置—」『関西学院大学キリスト教と文化研究』第15号、2013年3月

・第14章 「解放運動における原則—日本のバックラッシュに抗するために—」『福音と世界』2007年7月号

●著者

李　恩子(イ・ウンジャ) Eun Ja Lee
New York Union Theological Seminary
Social Ethics（Ph.D）学位取得
現在　関西学院大学国際学部教員

日常からみる周縁性
—ジェンダー、エスニシティ、セクシャリティ—
＜関西学院大学研究叢書　第233編＞

2022年3月25日　第1版第1刷発行

著　　　者　李恩子（イ・ウンジャ）Eun Ja Lee
発 行 者　小番　伊佐夫
発 行 所　株式会社 三一書房
　　　　　　〒101-0051 東京都千代田区神田神保町3-1-6
　　　　　　電話：03-6268-9714　FAX：03-6268-9754
　　　　　　メール：info@31shobo.com
　　　　　　ホームページ：https://31shobo.com/

DTP装丁　salt peanuts
印刷製本　中央精版印刷